◦ 2021年浙江省社科规划重点课题“新一轮宅基地改革的法理检视与立法转化”（22NDJC033Z）研究成果
◦ 2018年国家社科基金一般项目“三权分置下农地经营权入典问题研究”（18BFX155）研究成果
◦ 2019年教育部人文社会科学研究规划基金项目“宅基地三权分置法理阐释及其法律实现”（19YJA820063）研究成果
◦ 2021年绍兴市哲学社会科学研究规划重点课题“新一轮宅基地改革绍兴试点经验与法理分析”（145095）研究成果
◦ 绍兴文理学院出版基金资助

乡村振兴背景下 宅基地“三权分置”改革 法律问题研究

董新辉　著

法律出版社 LAW PRESS · CHINA
北京

图书在版编目(CIP)数据

乡村振兴背景下宅基地"三权分置"改革法律问题研究 / 董新辉著. -- 北京 : 法律出版社, 2021
ISBN 978 - 7 - 5197 - 5933 - 9

Ⅰ. ①乡… Ⅱ. ①董… Ⅲ. ①农村－住宅建设－土地管理法－研究－中国 Ⅳ. ①D922.324

中国版本图书馆 CIP 数据核字(2021)第 191952 号

乡村振兴背景下宅基地"三权分置"改革法律问题研究
XIANGCUN ZHENXING BEIJING XIA ZHAIJIDI "SANQUANFENZHI" GAIGE FALÜ WENTI YANJIU

董新辉 著

策划编辑 沈小英
责任编辑 沈小英 毛镜澄
装帧设计 汪奇峰

出版发行 法律出版社
编辑统筹 法治与经济出版分社
责任校对 周合芝
责任印制 吕亚莉
经　　销 新华书店

开本 710 毫米×1000 毫米 1/16
印张 15.75　　字数 258 千
版本 2021 年 9 月第 1 版
印次 2021 年 9 月第 1 次印刷
印刷 北京虎彩文化传播有限公司

地址:北京市丰台区莲花池西里 7 号(100073)
网址:www.lawpress.com.cn
投稿邮箱:info@lawpress.com.cn
举报盗版邮箱:jbwq@lawpress.com.cn
销售电话:010 - 83938349
客服电话:010 - 83938350
咨询电话:010 - 63939796

书号:ISBN 978 - 7 - 5197 - 5933 - 9　　定价:86.00 元

目录

绪　　论

一、研究背景与研究意义

17 世纪,英国著名经济学家威廉·配第曾说过,“土地是财富之母”。19 世纪,马克思主义创始人卡尔·马克思也曾指出,土地是“一切生产和一切存在的源泉”。[1] 20 世纪,土地经济学创始人伊利再次强调“土地是万物的基础”。[2] 21 世纪,英国学者安德罗·林科雷特纵观世界土地所有制变迁史,发出了“土地制度是整个社会结构的基础”[3]的感慨。土地问题是世界的,也是中国的。土地是孟子口中的“诸侯三宝”之一。《易经》有言,“万物本乎土”“百谷草木丽乎土”。《大学》里也有“有人此有土,有土此有财,有财此有用”的论述。在我国漫长悠久的历史长河中,朝代更迭每每伴随农民起义、土地革命等直接诱因,其背后总是或多或少地充斥着土地问题,尤其是农地问题的因素。中国人有深深的土地情结,在费孝通先生眼中,中国是乡土的中国,“直接靠农业来谋生的人是黏着在土地上的”。[4] 新中国成立后,土地制度成为我国最基础的政治经济制度,从社会主义改造后实现的土地去私有化角度看,甚至可以说是中国特色社会主义制度的重要体现。可以说,土地问

---

[1] [德]马克思、恩格斯:《马克思恩格斯全集》(第 2 卷),中共中央马克思恩格斯列宁斯大林著作编译局译,人民出版社 2005 年版,第 24 页。

[2] [美]伊利、莫尔豪斯:《土地经济学原理》,滕维藻译,商务印书馆 1982 年版,第 5 页。

[3] [英]安德罗·林科雷特:《世界土地所有制变迁史》,上海社会科学出版社 2016 年版,第 1 页。

[4] 费孝通:《乡土中国》,人民出版社 2008 年版,第 3 页。

题历史悠久、影响深远、意义重大。

农村土地问题又是土地问题的重中之重,是“三农”问题的核心。“农村问题设定了中国社会现代化的难度和限度,是中国社会改革的瓶颈所在”,中共中央从2004年起连续17年聚焦“三农”问题,表现出尊农思想。[1] 著名经济学家华生曾说,“三农”问题的核心就是土地问题。[2] 一切关于“三农”问题的研究都绕不开农村土地,一切关于“三农”问题设定目标的实现路径也无法脱离农村土地制度改革而展开。农村土地是农业发展的基础,是农村稳定的基石,也是保障农民权益的中坚要素。可以说,“三农”问题的核心是农村土地问题。

宅基地问题是农村土地问题的重要组成部分。在农村土地权利体系中,以土地承包经营权和宅基地使用权为主要内容,分别指向“耕者有其田”和“居者有其屋”。两者都是农民最主要,也是最基本的权利,是其享有其他权利的根本前提和保障,关乎整个农民群体的生存和发展。由于宅基地侧重对农民居住这一基本权利的保障,因此又使其相对而言保障属性更强,在农民的保障体系中占据更根本的支配地位。如果宅基地使用权不能得以有效实现,将影响整个农村土地改革的进程,危及农村社会甚至整个国家的稳定与发展。从这个角度说,宅基地使用权是农民根本权利中的根本,处于最重要的地位。

宅基地制度具有鲜明的时代烙印,是国家在特定历史条件下农民以农业为主要生产方式,收入构成单一,保障制度缺失等诸多因素共同作用交织的产物。诚如李昌麒先生所言,“土地问题的研究目标是维护相关土地权利人的利益和实现国家土地公共管理,为国家提供有益参考”。[3]

而宅基地制度改革的核心问题是宅基地使用权流转问题。20世纪90年代以后,随着我国经济的发展、城镇化的推进,宅基地使用权自由流转的民间

---

〔1〕 刘承韪:《产权与政治:中国农村土地制度变迁研究》,法律出版社2012年版,第4页。

〔2〕 参见华生:《新土改:土地制度改革焦点难点辨析》,东方出版社2015年版,第319页。

〔3〕 参见李昌麒:《为〈宅基地使用权流转法律问题研究〉一书所做的序》,载曹泮天:《宅基地使用权流转法律问题研究》,法律出版社2012年版,第1页。

诉求日益高涨,并引发了隐性流转等一系列社会和法律问题,引起学界的高度关注,形成了大量的理论研究成果。这些成果从法学以及政治学、社会学、经济学等不同视角切入,围绕宅基地使用权流转的必要性和可行性展开,提出了具体的改革模式、制度构建等务实的意见建议,深度和广度不断加强,关于宅基地制度改革的法律问题主要集中在以下几个方面。

第一,基础概念的界定。学界对宅基地使用权的概念还存在争议,王利明认为,"宅基地使用权是指农村集体经济组织的成员依法享有的在农民集体所有的土地上建设住宅的权利"。[1] 蒋晓玲、李慧英等则提出,上述定义缩小了宅基地使用权的范围,与现实情况不符,认为实现其房屋所有权持续地保有宅基地使用权自然也是其应有之义,并同时强调了收益和有限处分的权利。[2] 在宅基地使用权流转概念的界定上,学界对宅基地退出、宅基地租赁、宅基地征收等是否属于宅基地使用权流转的方式也存在争议。如在征收问题上,史卫民、王崇敏认为,征收属于宅基使用权流转的方式之一。[3] 向勇、张庆华等则认为,征收是农村集体土地所有权变为国家土地所有权,不是权利的移转,不属于宅基地使用权流转的方式。[4] 在对农村的认识和划分上,针对不同农村而得出的结论会有巨大差异。贺雪峰提出,"经过改革开放和市场经济的洗礼,中国已经不存在统一的农民和单一的土地,今天的中国农村已经发生了分化",[5]应以经济的发达程度和地理位置为标准,划分为发达和欠发达,抑或城市近郊和偏远两类,城市近郊的发达农村大约占

---

〔1〕 王利明:《中国民法典学者建议稿及立法理由》,法律出版社2005年版,第272页。

〔2〕 蒋晓玲、李慧英等:《农村土地使用权流转法律问题研究》,法律出版社2011年版,第154页。

〔3〕 史卫民:《农村宅基地使用权流转的法律思考》,载《理论导刊》2007年第9期;王崇敏:《宅基地使用权制度现代化构建》,法律出版社2016年版,第168页。

〔4〕 相关观点参见向勇:《中国宅基地权利发展研究》,中国社会科学出版社2016年版,第84页;张庆华:《新型城镇化背景下的农村土地物权流转法律制度研究》,法律出版社2015年版,第99页;翟帅:《农村土地"三权分置"下权利主体之风险防范:规则审视与制度设计》,载黄建中主编:《农地"三权分置"法律实施机制理论与实践》,中国法制出版社2017年版,第90页。

〔5〕 贺雪峰:《地权的逻辑——中国农村土地制度向何处去》,中国政法大学出版社2012年版,第72页。

5% ~10%。[1] 刘锐则将其划分为城中村、城郊村和一般农村3类。[2]

第二,现有宅基地制度的不足问题。学界主要从以下三个方面进行批判:一是流转的限制导致宅基地的利用受限,进而造成宅基地利用的低效;二是宅基流转的限制使宅基地的资产价值贬损,侵害了农民和农村集体的经济利益;三是流转的限制导致“隐形流转”现象严重,纠纷频发。在问题的成因上,学界将其主要归纳为现行宅基地使用权制度是由计划经济年代形成并延续而来,与我国优先发展工业的战略和城乡分割的二元结构相适应,农村宅基地采取了集体所有,由农民无偿、均分使用的行政调配方式,宅基地使用权带有强烈的福利保障性质,但与目前的城乡一体化进程要求已不相符。

第三,是否解除对宅基地使用权流转的限制,实现自由流转问题。主要有保持限制和放开限制两种主张。保持限制的观点基于宅基地使用权的身份属性、保障属性、“流民”和耕地红线虚置等各种社会风险、保护农民利益等多视角展开,其主要理由可以概括为:

一是宅基地使用权具有身份属性,是一种成员权,只能在成员集体范围内流转,自由流转不符合其固有属性。有学者认为,宅基地使用权尽管是一种财产权,但具有一定的身份性质,并不适合自由转让,所以只能在一定范围内转移。否则宅基地使用权就不再与农村集体的成员权联系在一起,不符合宅基地使用权固有的属性。[3] 还有学者认为,宅基地所有权属于农民集体,个人无权把宅基地使用权转让出去。宅基地不能实现市场化流转由宅基地本身的性质决定,采取无偿分配方式获得的宅基地作为农民生活的必需条件,其取得并不是市场化的结果,城市土地使用权有偿取得并市场化流转的

[1] 贺雪峰:《地权的逻辑——中国农村土地制度向何处去》,中国政法大学出版社2012年版,第76页;贺雪峰:《地权的逻辑Ⅱ——地权变革的真相与谬误》,东方出版社2013年版,第8页;华生:《人口城市化是厘清土地问题的主线》,载《中国证券报》2012年10月21日,第1版。

[2] 刘锐:《土地、财产与治理——农村宅基地制度变迁研究》,华中科技大学出版社2017年版,第33页。

[3] 参见王利明:《物权法论》,中国政法大学出版社2003年版,第475页;任中秀:《农村宅基地使用权制度研究》,山东大学出版社2012年版,第76页。

一体性是宅基地不具备的。[1]

二是宅基地使用权具有保障属性,是一种生存权,流转可能会导致“流民”等现实问题。有学者认为,从生存权的角度看,宅基地作为不可流转的权利,是生存权高于经济权的体现,因此,宅基地应不应该实现流转不是一个一般法律或基本法律能回答的问题,对这个问题的解答势必要牵涉宪法中对土地制度的根本规定。与土地承包经营权不同的,农村人口的变动不会导致土地用途维护和经营上的义务履行问题。因此,宅基地使用权的流转问题并不似土地承包经营权的流转问题那样急需法律的承认和规范。对我国宅基地现有状况来说,即使土地流转制度得到进一步发展,宅基地仍会作为特殊问题存在。[2] 限制流转的重要目的在于将出售宅基地这种不可逆的决策往后推迟,随着土地价值的不断上升,农民会更加清楚土地交易的意义,可能就不再选择出售宅基地。[3]

三是从保障属性上作出引申,学界对宅基地使用权流转可能导致的各类社会风险也作出了分析,主要可以概括为“流民”对社会稳定的风险、耕地红线虚置风险、农民阶层分化风险、工商资本侵占农民专属福利风险。其中除耕地风险外,其他 3 个风险都可以理解为对宅基地保障属性认识的进一步深化或延展。有学者认为,宅基地使用权流转往往会损害作为弱势群体的农民的合法权益,农村宅基地不得交易是农村宅基地分配制度的有机组成部分,开禁或变相开禁农村宅基地交易的主张不过是强势群体的利益诉求,不具有正当性和公平性。[4] 在流转后或致“流民”风险的问题上,有学者认为,禁止宅基地使用权自由流转,是出于现实农村政策的考虑。[5] 对于大多数农民

---

〔1〕 窦希铭:《土地流转法律制度比较研究——以中国、美国和欧盟主要工业国的对比为视角》,中国政法大学 2011 年博士学位论文,第 28 页。

〔2〕 窦希铭:《土地流转法律制度比较研究——以中国、美国和欧盟主要工业国的对比为视角》,中国政法大学 2011 年博士学位论文,第 28 页。

〔3〕 王旭东:《中国农村宅基地制度研究》,财政部财政科学研究所 2007 年博士学位论文,第 201 页。

〔4〕 参见孟勤国:《物权法开禁农村宅基地交易之辩》,载《法学评论》2005 年第 4 期。

〔5〕 中国物权法研究课题组:《中国物权法草案建议稿:条文、说明、理由与参考立法例》,社会科学文献出版社 2000 年版,第 482 ~ 485 页。

来说，最重要的财产可能就是宅基地及其房屋，如果允许自由流转，其很可能会失去生活的最后保障而变得无依无靠，沦为流离失所、无居无业的“流民”。[1] 宅基地制度的底线是保证农民不失所，稳住农民。[2] 同时，关于流转后或致耕地红线虚置风险，也是限制宅基地使用权流转的重要理由之一，反对农户宅基地使用权在城乡之间开放流转市场主要是为了保护耕地红线。[3] 合理的土地管理制度不仅带来城镇建设中土地资源供给的高效，而且能发挥降低城市化过程风险的“稳定器”功能，这类农村宅基地构成农民进城万一失败时的退路。农村宅基地管理制度设置，要与中国城镇化特点结合。

四是从利益视角分析，限制流转的立法目的保护农民利益。[4] 有的学者将宅基地的保障属性从利益平衡原则的角度作出进一步挖掘，认为限制流转是利益平衡后的选择和结果，其根本上也是从保护农民住房保障的角度出发的。首先，利益平衡的原则要求不损害社会公共利益。在一般情况下，非关涉个人基本人权的个人利益追求、集体利益、地方利益、部门利益不能损害社会公共利益。其次，要保护最大多数人的根本利益。所以，当个体的生存利益和经济利益发生冲突，当个体的经济利益和农民整体的生存利益发生冲突时，生存利益优先；当个体的短期经济利益和长期经济利益发生冲突时，长期经济利益优先；当个人利益与集体利益发生冲突时，集体利益优先。限制宅基地使用权流转就是出于对农民整体的生存利益和长期经济利益保护的考虑。[5]

五是从宅基地使用权实际权能的变化分析，现在的现实情况还不具备放开流转的条件。有学者认为，从宅基地使用权流转的现实条件来看，宅基地使用权自由流转的时机尚未成熟。[6] 还有学者认为，宅基地应不应该市场化流转是与我国农村经济发展水平、法治化水平紧密相连的。当前，我国城

---

[1] 参见孟勤国：《物权法开禁农村宅基地交易之辩》，载《法学评论》2005 年第 4 期。

[2] 刘守英：《农村宅基地制度的特殊性与出路》，载《国家行政学院学报》2015 年第 3 期。

[3] 秦小红：《经济法视域中的若干涉农制度研究——基于对农民理性的分析》，西南政法大学 2014 年博士学位论文，第 236 页。

[4] 汪军民：《土地权利配置论》，中国社会科学出版社 2008 年版，第 199 页。

[5] 沈仲衡：《论法律推理中的利益选择——兼评〈利益平衡论〉》，载张文显主编：《法学理论前沿论坛》（第 2 卷），科学出版社 2003 年版，第 129 页。

[6] 参见孟勤国：《物权法开禁农村宅基地交易之辩》，载《法学评论》2005 年第 4 期。

乡经济并未实现同步发展,一味追求城乡土地权利流转的自由程度或是城乡之间的自由流转不符合现实情况。[1] 禁止有偿出让宅基地使用权是符合国情的,具有重要意义。[2]

支持自由流转的观点基于宅基地使用权的财产属性、私权属性、用益物权属性、经济价值、农民合法权益保护、社会资源优化配置、宅基地使用权保障属性弱化等多维度展开,其主要理由可以概括为如下几个方面:

一是宅基地使用权本就是一种私权,是一种特殊的用益物权,随着宅基地财产权属性的日益凸显,应进一步强化宅基地用益物权属性,进一步重视宅基地使用权的财产功能,让宅基地使用权回归作为私权的特征。因经济发展、人口流动等原因,现实中的宅基地使用权实际权能已经扩张,财产权属性日益凸显,原宅基地使用权人不再使用其宅基地的,法律对转让或出租房屋使用权的行为不应予以限制。一方面,宅基地使用权的收益和处分在现实中不容否认,从宅基地上的房屋或者宅基地本身的出租中获得租金等孳息并不少见,私下买卖房屋和宅基地基也绝非偶发或个案,实际上也可以具有担保功能。另一方面,宅基地成为一种可独立交易的权利客体,"地票"交易和"宅基地置换"均反映了这种权利的存在。[3]

二是从产权的可转让性角度分析,只有流转才能实现资源的优化配置。可转让性是产权的基本属性,从产权的角度再认识宅基地使用权,其法律产权上的缺失,使权利人难以形成对其财产有效的收益预期,必须丰富宅基地使用权用益物权权能。[4] 基于宅基地使用权取得环节的社会保障性,它在性质上属于独立的用益物权,这和不可转让性是没有必然联系的,相反,不可转让性是其权能上的重大缺陷。有学者以资源配置优化论为基础作出分析,认为流转符合产权理论的本质要求,更能凸显产权可转让性的优势,限制物

---

〔1〕 参见窦希铭:《土地流转法律制度比较研究——以中国、美国和欧盟主要工业国的对比为视角》,中国政法大学 2011 年博士学位论文,第 28 页。

〔2〕 参见申建平、孙毅:《建设用地使用权 · 宅基地使用权》,中国法制出版社 2007 年版,第 274~275 页。

〔3〕 龙开胜:《宅基地使用权制度改革的现实逻辑与路径选择》,载《社会科学家》2016 年第 2 期。

〔4〕 龙开胜:《宅基地使用权制度改革的现实逻辑与路径选择》,载《社会科学家》2016 年第 2 期。

权的流转不利于物尽其用原则的实现。[1] 只有允许集体土地流转,才能使其具备有利盘活、高效使用的前提条件,发挥更大的经济效益。[2]

三是从农民的角度分析,限制流转不利于保障农民的合法权益。建立在宅基地使用权上的房屋属于农民个人的私有财产,对该私有财产农民有完全的处分权。而且从增加农民的融资途径考虑,应当肯定农村建设用地使用权流转的合法性,赋予其法律效力,明确转让、抵押、出租、入股等都是流转形式。宅基地使用权应当与国有土地使用权一样可以自由流转,包括向农村集体经济组织以外的主体流转。限制流转侵害农民对于宅基地的财产权利,使宅基地沉积为"死资产",因此主张开禁宅基地市场并缩小或者取消征地制度,开辟一条"农民自主型城镇化道路"。有学者认为,农村宅基地使用权的物权法设计,应以法律价值为出发点和归宿,其中最重要的是对公平和效率的追求,应坚持效率优先,兼顾公平。[3] 有学者以权利配置正义论为基础,认为宅基地使用权在权利内容上受到的不公平对待,是集体土地所有权受到不公平对待的延续,不符合权利限制正义原则。[4] 同时,宅基地保障功能的弱化,流转可能导致的风险进一步降低。有学者认为,宅基地的保障功能已经逐步弱化,且其保障功能应只体现在宅基地使用权的设立阶段,在使用权存续期间应淡化。[5] 也有学者从农民的角度进行分析,引入经济学理性人概念,认为农民也是一种理性人,不应再为流转设置限制条件。[6]

四是宅基地使用权流转有利于克服宅基地使用权"隐形流转"弊端。基于既有事实,包括继承事实、城镇化事实、农民流转意愿事实、国有土地使用权流转事实,以及权利的论证,包括农民财产权逻辑、物权效率原则、农民融资需要等理由,允许宅基地使用权流转是克服宅基地使用权"隐形流转"弊

---

〔1〕 参见曹泮天:《宅基地使用权流转法律问题研究》,法律出版社2012年版,第56~65页。

〔2〕 刘庆、关欣等:《关于农村宅基地使用权流转的思考》,载《农村经济》2006年第1期。

〔3〕 韩玉斌:《农村宅基地使用权立法的价值选择》,载《西南民族大学学报(人文社科版)》2005年第5期。

〔4〕 参见曹泮天:《宅基地使用权流转法律问题研究》,法律出版社2012年版,第65~74页。

〔5〕 曹泮天:《宅基地使用权流转法律问题研究》,法律出版社2012年版,第52~53页。

〔6〕 参见秦小红:《经济法视域中的若干涉农制度研究——基于对农民理性的分析》,西南政法大学2014年博士学位论文,第69~73页。

端的必由之路。[1] 宅基使用权流转，形成统一、公开的流转市场，是房屋价值的重要体现。[2] 基于“地随房走”的原则，农村存在房屋买卖的法律可能性和现实必要性，有需有供，农民房屋买卖确实有其必要性，宅基地使用权就存在流转的可行性和必要性。[3]

第四，宅基地使用权自由流转的实现路径问题。在如何实现自由流转的问题上，学者从不同角度进行了分析和阐述并提出了解决方案。有的学者聚焦在立法技术层面对现有法律进行改造，如韩世远主张借鉴“法定租赁权”来解决农村房屋所有权转让而宅基地使用权不转让的矛盾，[4]被评价为“立足国情”“构思新颖”，[5]具有重大意义，[6]王崇敏则在此思路基础上对包括宅基地使用权流转在内的取得、管理、保障等各方面全方位地提出了宅基地制度的现代化重构的设想。[7] 还有的学者主张“地上权”的流转路径，认为当宅基地上房屋所有权让与他人时，宅基地使用权本身不随之转让，仅需转移地上权。[8] 有的学者着眼比较法思路的分析，如于霄主张，借鉴英国经验建立宅基地使用权信托制度，对我国宅基地使用权流转制度进行重建。[9] 有的则从经济法的角度分析宅基地的现有问题如何进行法律规制，如曹泮天在总结各地宅基地试点经验的基础上，从经济学的自由优化配置和法学的公

---

〔1〕 参见朱岩：《“宅基地使用权”评释——评〈物权法草案〉第十三章》，载《中外法学》2006年第1期；郭明瑞：《关于宅基地使用权的立法建议》，载《法学论坛》2007年第1期；龙翼飞、徐霖：《对我国农村宅基地使用权法律调整的立法建议——兼论“小产权房”问题的解决》，载《法学杂志》2009年第9期；陈小君、蒋省三：《宅基地使用权制度：规范解析、实践挑战及其立法回应》，载《管理世界》2010年第10期；韩松：《新农村建设中土地流转的现实问题及其对策》，载《中国法学》2012年第1期；曹泮天：《论宅基地使用权流转的理论基础》，载《法学杂志》2012年第6期。

〔2〕 参见郭明瑞：《关于宅基地使用权的立法建议》，载《法学论坛》2007年第1期。

〔3〕 参见韩世远：《宅基地的立法问题——兼析物权法草案第十三章“宅基地使用权”》，载《政治与法律》2005年第5期。

〔4〕 参见韩世远：《宅基地的立法问题——兼析物权法草案第十三章“宅基地使用权”》，载《政治与法律》2005年第5期。

〔5〕 参见申建平：《宅基地使用权流转模式的选择》，载《政法论丛》2011年第3期。

〔6〕 参见刘凯湘：《法定租赁权对农村宅基地制度改革的意义与构想》，载《法学论坛》2010年第1期。

〔7〕 参见王崇敏：《宅基地使用权制度现代化构建》，法律出版社2016年版，第183～185页。

〔8〕 参见王卫国、朱庆育：《宅基地如何进入市场——以画家村房屋买卖案为切入点》，载《中国政法大学学报》2014年第3期。

〔9〕 参见于霄：《中英比较视野下的宅基地法律改革》，上海人民出版社2013年版。

平正义两个方面分析了流转的合理性，并提出了宅基地使用权流转的法律规制构想。[1] 有的则立足社会转型这一概念，从转型期的宅基地使用权制度角度进行了论述。[2] 虽然宅基地“三权分置”的改革路径在中央政策层面提出得较晚，相关成果不多，但在一些问题上也已形成了一些有益成果，如对权利分解后新宅基地使用权[3]、宅基地资格权的权利属性，分解的法律逻辑，如何与现有法律制度衔接等，上述问题也在一定程度上与土地承包经营权“三权分置”存在关联。

当前，我国农村包括二元土地结构在内的整个城乡二元社会治理结构等宅基地制度设置的现实基础都在发生深刻变化，宅基地使用权流转问题已成为农村新一轮土地制度改革中的重要组成部分。农村土地制度已内生到经济发展方式中，牵扯的相关利益主体众多，改革路径必须评估对全局运行及风险产生的可能影响，改革推进必须统筹考虑历史与现实、政策与法律、效率与公平等众多因素，改革面临的形势异常复杂和严峻。

2018 年，中共中央、国务院出台当年的中央“一号文件”《关于实施乡村振兴战略的意见》，明确提出宅基地“三权分置”改革方案。10 余年前，周其仁先生就曾说过，“改革开放 30 年，容易解决的问题早解决了，剩下的都是棘手的、利益纠葛和观念分歧严重的”。[4] 10 余年后，在改革开放迎来 40 周年的历史节点上，宅基地使用权流转依然是那个棘手的老问题，但却迎来了宅基地“三权分置”这一新变化。如何把握改革的红线与底线，如何认识国家政策从“两权合一”到“两权分离”再到“三权分置”背后的历史逻辑，如何探寻贯穿在从“自由流转”到“变相流转”再到“限制流转”背后的历史线索，我国的宅基地使用权制度改革终将指向何方，要求我们必须站在前人的肩膀上，以新时代的新特征为起点，重新研究论证各种要素的力量对比，作出新的

[1] 参见曹泮天：《宅基地使用权流转法律问题研究》，法律出版社 2012 年版。

[2] 参见喻文莉：《转型期宅基地使用权制度研究》，法律出版社 2011 年版。

[3] 为与“三权分置”改革前的宅基地使用权作出区分，本书将改革后被赋予新内涵的宅基地使用权称为“新宅基地使用权”或“新使用权”。

[4] 北京大学国家发展研究院综合课题组：《还权赋能——成都土地制度改革探索的调查研究》，载《国际经济评论》2010 年第 2 期。

分析和判断。

宅基地问题关乎农民生计与社会稳定,因此,在研究讨论时就不得不受到很多现实问题的掣肘,这就导致该问题政治、社会、经济因素交织,法学色彩相对不强。与土地承包经营权问题相比,宅基地使用权问题的政策性更强、法律限制更多,这就导致问题研究的底线多、红线多、框框多、限制多。这些因素常使宅基地使用权流转被贴上"不好写""难有创新"的标签。总体来看,学界近年来对该问题的研究动力稍显不足,理论创新遇到"瓶颈"。

其实,关于宅基地使用权流转最核心和关键的问题有两个:一是是否应该流转,二是如何流转,而"是否"是"如何"的前提。既有的改革路径主要围绕是与否的对立展开,表现为一种非此即彼的二元选择。"三权分置"为该问题的解决提出了一种与过往完全不同的全新解决路径,抛弃了过去是与否的对立选择,从权利分解的角度提出了一种新思路,兼顾了两者各自所强调的财产属性和保障属性,实现了辩证统一。"三权分置"是宅基地使用权的一个全新流转模式,使宅基地使用权流转这一老问题焕发了新的青春和活力。

但是,改革中面临的理论准备却相对不足,尤其是对"三权分置"的理解和把握,相关研究成果并不多,甚至学界还没有一本专题研究宅基地"三权分置"的专著。而宅基地"三权分置"改革方案如何与法律制度衔接,其背后的政策动因和法律理论基础又如何认识,这些问题都具有重要的理论价值和重大的研究意义。

综上,在中国经济、社会发展的宏观背景下,对现行制度中限制流转的合理性重新进行检讨,及时总结各地不同流转模式的探索经验,对"三权分置"政策的提出进行理论分析,研究在这一模式下如何重塑宅基地使用权的流转制度,应该是未来研究的重点方向。

本书旨在探求和论证在中国社会经济发展、城镇化有序推进、农地整体市场化背景下,农村宅基地使用权流转制度存在的问题以及问题的成因,分析和认识"三权分置"改革与宅基地使用权流转的关系,剖析"三权分置"路径选择的政策动因何在、法律理论基础何在以及如何与现有法律制度进行衔接,并以“三权分置”为基础提出对宅基地使用权流转制度重塑的具体建议。

二、研究视域与研究内容

正如李昌麒和孟勤国两位学者所言,现代社会中的土地问题从来就不是一个纯粹的私法问题,[1]农村宅基地交易也不是一个物权法可以自作主张的问题。[2] 面对宅基地使用权流转制度运行中出现的诸多问题,民法倾向适用私法自治原则,侧重从当事人权利义务的规范角度在技术层面作出调整,对土地市场发展的社会整体利益需求的宏观把控略显不足。而经济法的研究对象是通过法律形式支持、促进或约束国家对各种要素,尤其是经济要素进行组织、调节、规制的活动。在经济法视域下,宅基地使用权流转法律问题本质上是政府作为公共规制机构对宅基地使用权流转问题如何实行法律规制的问题。法律规制是政府为了解决市场失灵条件下的资源配置非效率性和分配的不公正,运用禁止性、限制性手段,对市场主体的状态和行为进行矫正,具有法律效力的行为。[3] 在现实社会中,任何市场都存在不同程度的市场失灵,公共权力都有必要选择不同的方式、以不同的程度干预其中。宅基地使用权流转市场属于特殊的市场形态,法律规制自不待言。法律规制的目的是建立公共竞争、符合社会资源配置效率最大化的市场秩序。因此,经济法视域下宅基地使用权流转法律问题的规制对象是宅基地使用权流转行为本身,规制的法律关系是宅基地使用权流转所形成的市场关系——虽然这种流转市场可能不被国家所认可,但由于其是一种真实的客观存在而无法被忽视。

宅基地使用权流转制度构建目标既要实现对土地财产价值的追求,又要合理关切土地的资源属性,既要维护农民居住的基本权利保障,又要回应土地市场化流转的现实需求,这就决定了对该问题的认识和制度的重塑不可避

〔1〕 参见李昌麒:《为〈宅基地使用权流转法律问题研究〉一书所做的序》,载曹泮天:《宅基地使用权流转法律问题研究》,法律出版社 2012 年版,第 1 页。

〔2〕 参见孟勤国:《物权法开禁农村宅基地交易之辩》,载《法学评论》2005 年第 4 期。

〔3〕 李郁芳:《体制转轨时期的政府规制行为》,经济科学出版社 2003 年版,第 2 页。

免地要同时关注公共利益和个人利益这一双重目标。相比其他土地问题，表现出一种更强的政策性因素、更复杂的公权与私权错综交互的法律关系。因此，在分析研究宅基地使用权流转问题时，一方面，应有清晰的问题底线意识和对制度变迁逻辑的清醒认知。土地问题尤其是宅基地问题，涉及国家根本大政方针，土地所有权等底线不存在突破的空间，宅基地保障功能不能成为实现财产价值的牺牲品。另一方面，国家频繁颁布政策法规对流转制度进行调整和改革，学术探讨只有吃透这些政策背后的各种考量和动因，提出的观点才能有更强的理论价值和实践意义。将宅基地使用权流转问题置于经济法论证体系之中去认识和分析，以此来实现维护国家对土地资源进行公共管制、保障土地权利人合法权益的双重目标，符合该问题的本质要求。

宅基地制度改革，尤其是宅基地使用权流转问题具有鲜明的政治色彩和时代特征，相关情况在近年来发生了很多重大的变化，尤其是2018年年初中央正式提出宅基地“三权分置”改革方案，很多新问题亟待回答和明确，很多改革经验亟待总结和应用。本书拟回答以下问题：

第一，当我们在讨论宅基地使用权流转问题时，到底在讨论什么？宅基地制度，尤其是使用权流转制度的“问题”是什么？

第二，当我们在纠结到底让不让宅基地使用权流转时，到底在纠结什么？已有的宅基地制度改革方案为什么没有取得实质性突破，症结何在？

第三，如何理解2018年年初国家提出的宅基地“三权分置”改革？“三权分置”和宅基地使用权流转问题是什么关系？为什么要选择“三权分置”作为改革的路径和方案？

第四，如何在“三权分置”改革方案中重塑宅基地制度？

围绕上述4组问题，本书的分析沿着困局、求解、检视、重塑的思路展开，如图0-1所示：

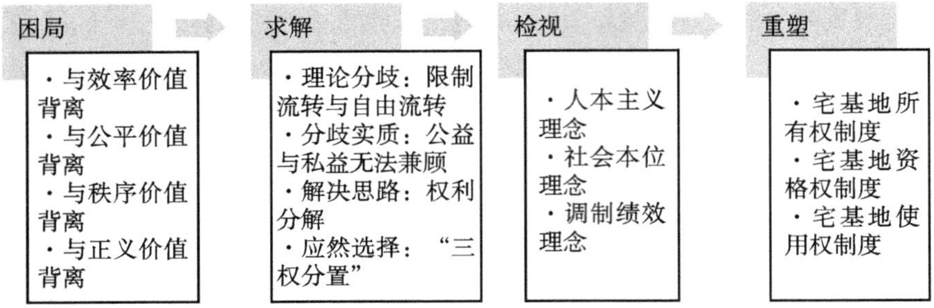

图0-1　分析思路

与困局、求解、检视、重塑4个主题相对应，本书共分为4章，主题分别为“被困的权利：宅基地改革的困局”“困局的求解：宅基地改革的路径选择”“路径的检视：宅基地‘三权分置’改革的理论基础”“制度的重塑：宅基地‘三权分置’改革的法律规制”。

第一章的主题是“被困的权利：宅基地改革的困局”，共分3节。第一节是宅基地制度的历史考察。宅基地使用权流转的历史可以分为3个阶段，分别为“两权合一”模式下的自由流转阶段、“两权分离”模式下的变相流转阶段、“两权分离”模式下的限制流转阶段。第二节是宅基地问题的认识基础。宅基地所有权与使用权“两权分离”的权利结构是通过社会主义改造中的土地改革完成的，制度变迁的动力源于强大的政治因素推动。限制流转的规范体系是逐渐形成的，由法律层面和政策层面共同组成，体现为一种政策主导。宅基地使用权流转制度的发展有3条历史主线贯穿始终，分别为权利属性从保障属性主导向财产属性凸显的转变，立法思想从公权主导向私权彰显的转变，治理体系从城乡二元向城乡统一的转变。第三节是经济法价值追求视域下的流转问题困局。作为一种重要的土地资源，宅基地资源配置低效，限制流转阻碍了城乡要素的流动，是一种与效率价值的背离；在现实社会中形成了数量庞大的宅基地使用权“隐形流转”事实，导致对经济秩序、社会秩序、管理秩序、道德秩序、司法秩序的冲击，是一种与秩序价值的背离；限制流转使农民个人财产权利无法实现，农民这一弱势群体的整体利益受到损害，是一种与公平价值的背离；宅基地相关诉讼纠纷的司法裁判标准无法统一，陷入形式正义的困境，是一种与正义价值的背离。

第二章的主题是“困局的求解：宅基地改革的路径选择”，共分 4 节。第一节是对既有宅基地改革方案的路径分析。宅基地使用权自身包含双重属性，一方面是以保障属性、福利属性等为主要内容的公益属性；另一方面是以资产价值、财产属性为内容的私益属性。公益属性决定了宅基地的身份性，而身份性又限制了宅基地在私益属性层面的可转让性。对此，在理论界有继续保持流转限制和解除限制实现自由流转两种观点，中央和地方政府在解除流转限制的实践探索中主要存在宅基地置换和宅基地资本化补偿（“地票”）两种模式，其本质都是为凸显宅基地资产价值、财产属性等私益属性所做的努力。在宅基地所有权与使用权“两权分离”模式下，所有权层面由于涉及国家根本政治制度是固定的，不具有改革的空间和可能。因此，既有的理论构造都是以在使用权层面赋予其更多权能的路径展开的，如法定租赁权、地上权路径等，但私益权能的扩张又无法与公益权能兼顾和融合，这是宅基地制度改革无法取得实质进展的症结所在。第二节分析了“三权分置”改革方案的应然性。宅基地“三权分置”是 2018 年 1 月中央提出的对宅基地制度整体的改革方案，对于宅基地使用权流转来说，从宏观上看，“三权分置”是实现宅基地使用权流转的一种思路设计上的全新路径；从微观上讲，“三权分置”是实现宅基地使用权流转的一种具体流转模式。“三权分置”路径放弃了对使用权权能的扩展，走的是一条在使用权层面进行权利再分解的全新路径，通过新分解的宅基地使用权和宅基地资格权，使使用权自由流转以实现宅基地的财产价值，资格权保留在农户手中继续实现宅基地的保障价值，实现了公益与私益的兼顾。“三权分置”是宅基地使用权流转困局的全新解决路径，其着眼对宅基地公益属性和私益属性、公平价值与效益价值的兼顾，是公权视角与私权视角的平衡，既放开流转，保护农民财产权利不受损，又保障基本生活，使农民不致流离失所，是宅基地使用权流转的应然选择。第三节是“三权分置”改革方案的法律解构。宅基地“三权分置”改革的关键，是能否将“三权分置”由政策术语转化成法律概念，由政策上升为法律，与现有法律理论、法律体系实现有效衔接。在概念名称上应保持现有宅基地所有权、使用权、资格权的称谓。宅基地所有权不能等同于私权意义上的所有,其权利性质为新型总有。宅基地资格权具有成员权属性,但又不能和集体经济组织成员权等同。新宅基地使用权的身份属性、保障属性与自身剥离,不再是学者口中不具有转让性的、特殊的、具有中国特色的用益物权,而变成了一种与传统民法理论完全对应的、纯粹的、完整的用益物权,这也是新旧宅基地使用权的根本区别。为避免宅基地使用权在流转前包含宅基地资格权,在流转后又不包含这样的混乱情况出现,应认定宅基地使用权与宅基地资格权在宅基地初始取得后即已分离,宅基地使用权与资格权是并列关系,使用权不是资格权的母权利,两者非“母子”关系。第四节是改革理念:变“政策主导”为“法律主治”。经济法调制法定理念下宅基地使用权流转的新路径,应从“政策主导”向“法律主治”转变,“法律主治”规范体系的建立实现了对司法秩序的维护。

第三章的主题是“路径的检视:宅基地‘三权分置’改革的理论基础”,共分 3 节。第一节是宅基地“三权分置”改革的人本主义理念。人本主义理念是经济法的元理念,如何保护弱势群体的利益,防止人的过度分化是经济法人本主义理念的题中之义。“三权分置”流转模式保障了农民的财产权利,维护了农民对宅基地保障属性的要求,保护了农民的生存和发展权益。第二节是宅基地“三权分置”改革的社会本位理念。社会本位是经济法基本立场和归宿,社会本位理念本质上是对社会公共利益的维护。在宅基地使用权流转问题上突出表现为对流转可能带来的社会风险问题的关切,主要包括耕地流失风险和“流民”风险两个方面。在耕地流失风险上,宅基地管理宽松确曾导致宅基地侵蚀耕地,但是宅基地使用权流转和耕地流失不存在必然联系,规范严格的流转和土地利用的优化可以促进耕地保护。在“流民”风险上,解除流转限制确实存在“流民”风险的可能,但是宅基地保障功能呈下降趋势,“三权分置”改革后宅基地资格权将成为农民居住保障的基础,“流民”风险可控。第三节是宅基地“三权分置”改革的调制绩效理念。调制绩效是经济法的重要价值追求,土地资源的优化配置是调制绩效理念在宅基地使用权流转问题上的根本要求。宅基地使用权的自由流转是市场在资源配置中起决定性作用的表现,符合城乡生产要素流动的新要求,促进城乡一体化建设,是对经济绩效的实现。

第四章的主题是"制度的重塑:宅基地'三权分置'改革的法律规制"。第一节是国家适度干预理念下"三权分置"改革的原则。国家适度干预是土地资源优化配置的有效途径,国家适度干预理念强调国家干预的合理尺度和边界,对"度"的认识与把握是经济法法律规制的基础,也是流转制度重塑应坚持的最根本的原则。要因地制宜,突出制度构建的针对性;要符合规律,注意总体上的平衡,强调与时俱进;要循序渐进,注意对改革条件的把握,选取试点地区先行先试。宅基地使用权流转制度的重塑以宅基地使用权流转问题的法律规制为制度目标,但并不仅限于宅基地使用权制度本身,而是一个以所有权制度为基础,资格权制度为保障,使用权制度为本体的有机系统。因此,在流转制度的具体构建上,可以从所有权、资格权、使用权三个方面进行分析。第二节是宅基地所有权制度,强化宅基地集体所有权是流转制度重塑最根本的保障。宅基地所有权应坚持以保障属性为基点,逐步向成员集体财产的私权属性回归,从公权属性向公权私权并行转换。加强农民集体作为宅基地所有权主体的地位就是要正确处理政府与集体关系,保障集体组织的宅基地监督权、治理权、收益权。第三节是宅基地资格权制度。宅基地资格权是"三权分置"新分解的权利,必须明确宅基地资格权的自益权和共益权的权利内容。集体成员权是宅基地资格权的权利入口,宅基地管理应继续强调"一户一宅",坚持以户籍为标准综合判定集体经济组织的成员身份,严格把握宅基地资格权的取得。宅基地资格权的退出要充分尊重农民意愿,退出制度的着力点应该在偏远的一般农村,退出后一般不能重新申请。要建立以宅基地资格权为基础的流转利益分配制度,明确收益分享主体范围和分配方式。第四节是宅基地使用权制度,新宅基地使用权制度是流转制度的本体,对其制度的重塑要凸显新宅基地使用权的财产属性与可转让性。建立完善流转平台与流转市场,让宅基地使用权和农民住房在流转中实现资产价值。要明确限定严格规范流转条件,加强宅基地土地用途管制,确立宅基地使用权登记要件主义,从制度上规范宅基地的利用。新宅基地使用权应设置70

年的使用期限，到期后区分使用权人是否还是村集体经济组织成员而决定是有偿还是无偿续期。新宅基地使用权的流转方式包括农民自主和政府主导两种。改革后，城市周边较发达农村的宅基地资产价值将凸显，“隐形流转”将被自然纳入规范化的农民自主流转轨道。政府主导的宅基地置换模式对土地资产价值不高的偏远农村的闲置宅基地治理仍然具有极强的现实意义。

第一章　被困的权利:宅基地改革的困局

宅基地制度作为一个法律与政策共同组成的系统性规范体系,突出的焦点问题是宅基地使用权流转问题。具体而言,是对流转的限制问题。可以说,“限制”是我们理解宅基地制度的关键词。而从宅基地制度的整体构建上看,又表现为宅基地所有权与使用权的“两权分离”,对宅基地使用权流转的限制正是立足于这样的权利构架而构建的。这样的一种“两权分离”模式对宅基地使用权流转的限制是如何衍变形成的,其背后有深刻的时代背景和政策动因。对该问题的审视,不能离开历史的视角,必须将其置于历史的长河中,对法律与政策共同组成的规范体系进行梳理,在此基础上认识限制的表现和特征;对该问题的分析,不能脱离既有成果的经验,必须站在前人的肩膀上,对基本概念作出界定和统一;对该问题的理解,不能脱离制度规范的实际,必须对制度运行的现状作出分析,对改革的必要性作出科学判断。本章笔者拟主要回答如下几个问题:一是历史变迁问题,即宅基地的所有权和使用权分离的“两权分离”权利构架是怎么形成的?宅基地使用权是如何从自由流转演变为限制流转的?二是宅基地使用权流转基础问题的认识,包括宅基地、宅基地使用权、流转、宅基地使用权流转等基础概念如何界定,现有规范体系在法律和政策上是如何对流转进行限制的?如何理解和认识这种流转的限制?三是在经济法的效率、公平、秩序、正义等价值追求的对比下,宅基地使用权流转制度在运行中遇到了怎样的困境?

第一节　宅基地制度的历史考察

历史是至关重要的。中国古人云:“预知大道,必先为史。”“某些法律概念的研究之所以有它现在的形式,这几乎完全归功于历史,除了将它视为历史的产物外,我们便无法理解它。”[1]历史带给我们的远非可以向过去取经的经验这么简单,更是将过去和现在通过一条条发展线索串联起来,使我们有机会从这些脉络中发现未来。从1949年新中国成立到2019年整整70个年头里,中国宅基地制度历经所有权与使用权的“两权合一”到“两权分离”,再到“三权分置”改革方向的确立等重大变革,宅基地使用权流转[2]制度也经历了允许自由流转到限制流转,再到尝试解禁等重要改革。在这些制度变迁背后,承载怎样的政策制定考量,蕴含怎样的历史发展脉络,宅基地使用权流转问题的解决路径又将指向何方。脱离特定的历史背景研究和分析上述问题是无法真正理解问题的本质、掌握发展的规律、得出正确结论的。探寻农村宅基地使用权流转制度未来的改革方向,应从回顾过去开始。

一、宅基地制度的历史变迁

新中国成立后的宅基地使用权流转制度的历史沿革大致可以划分为3个阶段,分别为“两权合一”模式下的自由流转阶段、“两权分离”模式下的变相流转阶段和“两权分离”模式下的限制流转阶段。

(一)“两权合一”模式下的自由流转阶段(1949～1958年)

新中国成立后,中国实行了大规模的农村土地改革。这一阶段的特点表现为:一是宅基地所有权和使用权均归农民所有,即农民私有。[3] 二是在流

---

[1] [美]本杰明·卡多佐:《司法过程的性质》,苏力译,商务印书馆1998年版,第31页。

[2] “流转”最初被运用在经济学领域,意指产权在不同主体之间的移转过程。随着经济现象越来越多地被纳入法学的检视框架,“产权”一词常见于日常讨论,与之相关的“流转”也被现实地运用在了民事立法和司法过程中,从而成为一个被社会各界所熟知的概念。《农村土地承包法》规定了“土地承包经营权的流转”,将转包、出租、互换、转让等行为统称为流转。但在法律文本层面,并未出现“宅基地使用权流转”的字样,其含义在立法层面并没有明确的规定。本书所称的“宅基地使用权流转”意指宅基地使用权在不同主体之间权利的移转。

[3] 1950年《土地改革法》和1954年《宪法》确立了农地私有。

转上,实行绝对的自由,土地和房屋均可以自由买卖、出租、抵押等。[1] 三是出于建设社会主义制度的政治需要,没收大地主的土地分配给失地农民是废除封建土地制度、建设社会主义制度的重要内容,这较强烈地体现了政治因素在制度变迁中的主导作用。四是保障功能从宅基地制度建立伊始就成为主基调。宅基地的制度设计严格遵循保障农民基本居住权的理念,以平均分配、无偿取得为主要内容,以“居者有其屋”为主要目标。可以把这一时期称为“两权合一”模式下的自由流转阶段。

(二)“两权分离”模式下的变相流转阶段(1958~1978 年)

这一阶段的关键词是“社会主义改造”。“社会主义改造”是在全国土地改革基本完成的基础上,国家为实现社会主义作出进一步改革的举措。在宅基地问题上,学界一般认为,宅基地的社会主义公有制在 1958 年的合作化运动的高级社阶段即已开始,表现为将土地等农业生产资料变为集体所有,历史上称为农业合作化运动。

这一阶段的制度改革除考虑社会主义改造等政治因素外,也体现出了对经济因素的一定考量。一方面,土地私有制形成了分散落后的小农经济,具有一定的局限性,制度改革对克服这一局限、发展经济有较强的意愿;另一方面,落后的生产技术以及简陋的生产条件成为农业发展的制约因素,制度改革是排除这一制约因素所作的努力。同时,还体现出较明显的工业优先发展的政策倾向。《关于对社员宅基地问题作一些补充规定的通知》的出台,标志宅基地私有制正式退出历史舞台,宅基地“两权分离”时代的框架基本形成,并在 1978 年《宪法》中得到认可。

这一阶段的特点表现为:一是确定了宅基地所有权和使用权“两权分离”的权利架构,农村宅基地从农民享有所有权转变为农民享有使用权,[2] 这一制度安排在日后的宅基地权利结构改革中不断得到强化和发展,“宅基地使用权”作为一种独立的权利甚至是概念开始被逐渐重视起来。二是在流

---

[1] 1950 年《土地改革法》承认一切土地所有者自由经营、买卖及出租其土地的权利。

[2] 1962 年,党的八届十中全会发布《农村人民公社工作条例修正草案》,规定宅基地归生产队所有,一律不准出租和买卖,但社员有买卖或者租赁房屋的权利。

转问题上,单独的宅基地不准出租和买卖,但允许宅基地使用权随房屋变相流转,[1]且未限制城镇居民到农村购买社员房屋,形成了宅基地使用权流转制度的雏形,[2]并在日后的历史发展中形成了一个独具中国特色的法学研究课题,即宅基地使用权流转问题。三是宅基地继续体现出较强的居住保障功能,表现为宅基地使用权的无偿取得、有无期限性等。四是国家对宅基地规范管理的具体化、细致化的意愿初显,如在宅基地分配方式上,作出了以农户为单位实行“一户一宅”的规定。但整体上这一阶段的制度设计仍较笼统,不够详细,如未对每户的宅基地使用面积作出限制等。同时,社员房屋出卖后,宅基地的使用权也随之转移给新房主,实际认可了宅基地“地随房走”的流转。由于这一阶段房屋买卖并不多见,并未对当时的城乡二元管理结构造成冲击,因此也未对此作严格限制。

随着1978年《宪法》有关房屋属农民所有、宅基地归集体所有等内容的规定,宅基地“两权分离”权利结构以及规范体系的“四梁八柱”已经搭建,且日后的“修补”都是在未改变宅基地“两权分离”基本构架的基础上进行的。可以把这一时期称为“两权分离”模式下的变相流转阶段。

(三)“两权分离”模式下的限制流转阶段(1978~2000年)

1978年,党的十一届三中全会召开,国家确立了改革开放的方针政策。伴随社会经济的高速发展,旧有的宅基地制度不断受到冲击。国家在此期间对宅基地的管理日趋规范、具体,[3]对宅基地使用权流转的限制也不断“加码”,并一步步形成了现有的限制流转格局。国务院于1982年颁布《村镇建

---

〔1〕 也有学者认为,该阶段农民享有宅基地使用权,但使用权不能流转,只是社员有买卖房屋或者租赁房屋的权利。参见王小莹:《我国农村土地流转法律制度研究》,法律出版社2012年版,第207页。

〔2〕 1963年3月20日,《中共中央关于各地对社员宅基地问题作一些补充规定的通知》中提出,“宅基地上的……房屋出卖以后,宅基地的使用权即随之转移给新房主,但宅基地的所有权仍归生产队所有”,可以视为确立了所有权和使用权“两权分离”的基本思路和雏形。

〔3〕 1995年国家土地管理局出台了《确定土地所有权和使用权的若干规定》,规定“空闲或房屋坍塌、拆除两年以上未恢复使用的宅基地,不确定土地使用权。已经确定使用权的,由集体报经县级人民政府批准,注销其土地登记,土地由集体收回”。

房用地管理条例》，一方面，对城镇居民取得农村宅基地使用权表示认可；[1]另一方面，首次对每户申请宅基地使用权的面积标准作出了规定，禁止出租、出卖房屋后再申请宅基地的行为。同时，最高人民法院作为国家司法机关也出台司法意见，对《村镇建房用地管理条例》等国家政策作出了积极回应。[2]在此基础上，全国人民代表大会（以下简称全国人大）于 1986 年制定《土地管理法》，对宅基地面积标准，禁止出卖后再申请以及盖房占用耕地报批等作出更细致、规范层级更高的规定。[3] 随着改革开放不断深入，土地价值日益凸显，土地的价格尤其是城市周边的土地价格不断飙升，农村土地的市场化进程飞速推进，炒卖宅基地、侵蚀耕地等问题日益严重。为作出应对，国家于 1993 年作出禁止城镇居民购买农房的规定，[4]在 1998 年作出禁止城镇居民取得宅基地的规定，[5]试图通过缩小宅基地原始取得的主体范围这一权利取得的入口来缓解上述问题。这一阶段，农村宅基地制度具有如下特点：一是国家从法律和政策两个层面对宅基地使用权流转进行了限制。二是 20 世纪 90 年代中期以前，基于农房买卖的宅基地使用权附随流转是被许可的，之后则受到了越来越严格的管控直至最终完全被限制。[6] 但是，这种限制流转并没有带来期待的结果，农房买卖不减反增。三是随着社会经济的不断发

---

〔1〕 1982 年《村镇建房用地管理条例》（已失效）第 14 条规定："回乡落户的离休、退休、退职职工和军人，回乡定居的华侨，建房需要宅基地的……由批准机关发给宅基地使用证明"；第 18 条规定，"集镇内非农业户建房需要用地的……参照第十四条的规定办理。"1986 年通过、1988 年修正的《土地管理法》规定："城镇非农业户口建住宅，需要使用集体土地的，必须经县级人民政府批准，其用地面积不得超过省、自治区、直辖市规定的标准，并参照国家建设征用土地的标准支付补偿费和安置补偿费"，还明确提出"国有土地和集体所有的土地的使用权可以依法转让。土地使用权的转让办法，由国务院另行规定"。上述法律和规章，都允许某些非农业户（城镇居民）以无偿或有偿方式使用农村集体所有的宅基地来建房。

〔2〕 最高人民法院于 1984 年出台《关于贯彻执行民事政策法律若干问题的意见》，强调法院对买卖房屋而移转宅基地使用权发生的纠纷，应根据国务院《村镇建房用地管理条例》中规定的审查、批准手续处理。

〔3〕 1986 年制定的《土地管理法》规定，村民一户只能拥有一处宅基地；申请宅基地要符合条件；面积要有限额；由于买卖房屋而转移宅基地使用权的，应按规定办理申请、审批手续等。

〔4〕 1999 年国务院办公厅发布《关于加强土地转让管理严禁炒卖土地的通知》，明令禁止农民的住宅向城市居民出售。

〔5〕 1998 年全国人大修订《土地管理法》，禁止城镇非农业居民取得宅基地。

〔6〕 参见陆剑：《我国农地使用权流转法律制度研究》，中国政法大学出版社 2014 年版，第 144 页。

展变化,宅基地使用权流转制度的诸多问题日益增多并暴露出来。四是“两权分离”模式下的宅基地使用权规范体系日趋完善和具体,如每户宅基地使用权的面积标准,出卖房屋后不准再申请宅基地等。可以把这一时期概括称为宅基地“两权分离”模式下限制流转阶段。2000 年后,中央和地方政府以及理论界开始对宅基地制度的改革进行大规模的理论和实践探索,本书将在后文进行梳理。

二、宅基地制度的历史脉络

综观新中国成立后宅基地制度的发展历程,虽然不同时期的宅基地立法都有深刻的经济、社会和历史等元素错综交织其中,但一条条制度变迁的逻辑主线却清晰地贯穿始末,使宅基地制度酝酿、形成、成熟和演变的过程有规律可循,有经验可鉴。分析“两权分离”到“三权分置”宅基地使用权流转制度的变迁,首先就需要理出这一条条变迁的主线,并以此为基本线索,总结农村土地特别是宅基地制度演变过程所蕴含的制度特征、逻辑规律,以期在未来改革中得到启发和帮助。

(一)立法思想:从公权主导向私权彰显的转变

虽然在土地改革以及合作化和人民公社时期,作为主要的推动力量——公权力不能简单等同于学界现在所探讨的民法意义上的公权,但这却是农民个人所有的“两权合一”到集体所有、农民使用的“两权分离”的直接动因,表现为通过限制流转等一系列政策的出台,使宅基地的保障作用得以有效发挥。现行立法限制宅基地使用权流转等非市场化配置的规定,体现为从公法逻辑中的政治因素考量对私法领域中个人私权的限制。正是由于宅基地“两权分离”与限制流转在制度初创时以政治、保障等公法因素为主导,才使在私法视角上宅基地使用权权能受限,并进而导致了农村土地利用上的低效、资源的严重浪费以及秩序上的混乱。在国家实施乡村振兴战略、城乡一体化协同发展的今天,宅基地制度的立法思想仍停留在公法层面的居住权利意义上,显然已不合时宜。

随着社会经济的发展,宅基地私权权能不断扩充,宅基地的私权属性不断彰显,社会各界对宅基地私权定位的呼声越来越高。2007 年《物权法》的颁布以及在此之前关于宅基地使用权立法规定的一系列讨论都可以视为宅基地制度发展史上的一件大事。虽然最终出台的《物权法》对宅基地使用权的规定内容较简单,并且对很多棘手的关键问题采用了引致条款留待后续法律修改解决的方式,但对宅基地使用权是用益物权的界定却具有重大的宣示意义。将这一重要问题规定在一部保护私权的私法之中,更是对宅基地私权属性的一次重要彰显。"宅基地使用权制度不是一项单纯的经济制度,权利的逻辑和权力的逻辑都不可能完全展开。因此,在农户宅基地使用权流转制度的设计方面必须考虑在私法逻辑中嵌入公法逻辑这样一种复合结构,同时注重流转风险的多层次防范措施。"〔1〕农村宅基地交易不是一个物权法可自作主张的问题,能否交易的决定权在公法领域,公法层面上需要把握的方向是国家对私权的适度限制。〔2〕 由此可见,无论是私法逻辑嵌入公法逻辑,还是公权在私权中的限制,都体现了宅基地使用权流转制度设计上"公"与"私"的深刻交织,流转制度的改革也应体现出私法和公法复合的价值取向。

(二)治理体系:从城乡二元向城乡统一的转变

在人民公社的社会主义改造后,国家采取了一种城乡分割的二元社会治理体制。这种二元体制的主要表现在两个方面:一是城镇户口与农村户口的二元户籍制度;二是城镇土地与农村土地的二元土地制度。20 世纪 50 年代末,中国进入城乡分割的二元体制时期。从这时起,土地制度的发展改革与户籍制度的变迁演进如影随形,两者无论在制度生成的时间上,还是在制度的功能上都具有内在的关联性。〔3〕 与此同时,一方的变革往往会引起另一方的变革,从而表现出动态上的互动性与适应性。〔4〕 一方面,户籍制度产生

〔1〕 秦小红:《经济法视域中的若干涉农制度研究——基于对农民理性的分析》,西南政法大学 2014 年博士学位论文,第 236 页。

〔2〕 参见孟勤国:《物权法开禁农村宅基地交易之辩》,载《法学评论》2005 年第 4 期。

〔3〕 参见王菊英、王晓明:《城乡户籍制度改革与农村土地集体所有权变革的思考》,载《吉林省经济管理干部学院学报》2008 年第 4 期。

〔4〕 汤玉权:《论户籍制度改革与农村土地制度的变革——对四川省南充市马桥村的调查分析》,载《东南学术》2006 年第 1 期。

了控制人口流动的实际作用。新中国成立之初,户籍制度仅具有身份证明以及人口统计的作用。另一方面,宅基地制度的设计中,限制宅基地使用权流转等一系列政策的颁布,把农民和土地以及地上的房屋捆绑在了一起,减小了农民向城市迁徙的可能,减轻了政府的管理成本,为优先发展重工业的战略起到了重要的推动作用,并催生了土地的城乡二元结构。限制宅基地使用权流转的政策动因也可以视为对户籍制度控制人口流动的呼应,本质上就是一种城乡二元结构思维定式的体现。宅基地使用权流转制度与户籍管理制度在控制人口流动、稳定社会秩序方面的功能可谓异曲同工、殊途同归。严格的户籍制度和宅基地使用权流转制度共同在城乡之间筑起了一堵高墙,阻断了农业人口向非农业领域转移和向城市迁徙的通道。

可以说,从制度基本逻辑和动因上,宅基地制度尤其是宅基地使用权流转制度与户籍制度密切关联且高度一致。二元土地制度是二元户籍制度长期稳步运行的基石,二元户籍管理制度又反过来固化了二元土地制度。户籍和土地均以一种稳定的二元制度运行,两者互动频繁、互为基础、交织共生,户籍制度的改革是土地制度变革的基础,其改革的力度深刻影响土地制度改革的广度。而土地制度的改革又对户籍制度的变革起到了助力推动作用,两者呈现的互动状态最终共同成为控制人口流动的主要手段,也成为城乡不同利益分配格局的最基本依据。

改革开放拉开了波澜壮阔的农村经济体制改革序幕,家庭联产承包制的推行和人民公社的解体促成了大量剩余劳动力群体的形成。这些群体在流动中寻求解放和发展,人口流动改变着人口的空间分布,也冲击着传统的城乡二元社会治理体系,关于取消农村劳动力进入城镇限制等一系列政策法规纷纷出台。但与此相比,农村土地制度的改革却仅主要集中在土地承包经营权制度上,宅基地制度改革以土地利用规划等管理层面的内容为主,在权利结构、权利属性以及权利内容等方面的根本性改革鲜有涉及。因为一旦要从根本上予以解决,就难免会触及城乡二元体制的根基,伤筋动骨,这无疑“增加了预期制度安排中的实施成本、摩擦成本乃至政治成本”。[1] 但现实却是,随着城乡户籍制度的改革,相关的农村经济社会发展和社会保障体系已得到逐步完善,中国城乡二元结构在根本上已逐渐解体,并具备了重构的可能和需求。特别是2007年颁布施行的《城乡规划法》,象征着制度层面的城乡二元分割局面已然打破,对于城乡一体化体制机制的构建具有重大意义。二元的户籍制度改革已取得了实质性进展,但宅基地使用权流转制度仍然固守原有的城乡二元格局,限制流转的安排,其制度弊端日益凸显,改革已迫在眉睫。

(三)权利属性:从保障属性主导向财产属性凸显的转变

保障属性一直位居宅基地使用权权利属性的主导地位。如果说,土地承包经营权的制度设计目标是保障“耕者有其田”,那么,宅基地制度则是保障“居者有其屋”,两者共同构成了农民最基本的生存保障。改革开放之前,宅基地使用权流转问题之所以没有成为一个改革难点和社会焦点,根本原因在于宅基地使用权本身的财产属性并不明显,保障属性的主导地位没有受到任何实质性的挑战和质疑。但是,随着近年来城乡二元结构的松动、宅基地资产功能的凸显等现实情况的变化,对宅基地的利用已经超出了保障功能的范围,宅基地保障属性逐步弱化,而财产属性却不断加强,农民流转的意愿和诉求日趋强烈,流转的动因日益加强。一方面,农房转让、宅基地“隐性流转”、被拆迁后基于宅基地征收补偿等所体现出来的宅基地资产价值,使宅基地财产属性日益凸显,个别地方甚至出现拆迁后整村农民“一夜暴富”的现象。近年来,一系列改革的着力点也一直集中于对使用权的扩张和强化,这就使宅基地使用权在事实上被赋予了更多的财产权益。另一方面,农村的医疗、教育及养老等保障制度也已经发生了很大变化,惠及城乡的社会保障体系正在不断完善。尤其是大城市城中村和近郊的农民,很多已有逐步接近或者享受与城镇居民同等待遇的趋势,有的在收入水平和生活水平上甚至已经超过

---

〔1〕 刘润秋:《中国农村土地流转制度研究——基于利益协调的视角》,经济管理出版社2012年版,第174页。

了一般城镇居民,从整体上看,宅基地原有的基于身份属性所具有的保障功能已逐渐弱化。财产变革通常与身份变革同行,这两者构成了近代变革的主旋律,[1]宅基地使用权权利属性在这一变革中逐渐从保障属性主导向财产属性凸显转变。

但需要注意的是,对于大多数偏远地区的农村来说,社会保障体系尚处于初步建设的不完善阶段。在这种情况下,如果允许宅基地使用权自由流转,一旦农民失去房屋无处居住或者进城打工者无法在城市立足,回乡又无安居之所,就容易带来"流民"等问题。而如果允许失地农民重新获得申请宅基地的权利,又势必对集体和其他集体经济组织成员的合法权益构成侵害,最终影响农民群体的整体利益和整个农村社会的稳定秩序。所以,宅基地的保障权能虽然弱化,但尚不能被完全忽视。

第二节 宅基地问题的认识基础

"在任何的法律体系中,我们都会发现一些处于基础性地位的观念和规则,其基础性地位在于,如果我们想要进一步深入了解、研究相关法律的话,就必须掌握这些观念和规则,否则,我们就会发现,自己从一开始就错了。"[2]因此,对宅基地使用权流转问题的认识基础,应从宅基地、宅基地使用权、宅基地使用权流转等基础概念的界定展开。

一、宅基地制度基础概念的界定

(一)宅基地

中国古代土地主要包含居住的"宅"与耕种的"田"两种类型。与"田"仅指耕田相比,"宅"的内涵更灵活,在内容上除指住宅用地外,还包括住宅周围一定数量的种植用地。[3] "宅"与"田"很早就作为土地的一种划分而紧

[1] 郑永流:《当代中国农村法律发展道路探索》,中国政法大学出版社2004年版,第32页。

[2] F. Pollock & F. W. Maitland, *The History of English Law before the time of Edward* Ⅰ, Cambridge, Cambridge University Press, 1978, p. 231.

[3] 韩清怀:《农村宅基地使用权制度研究》,中国政法大学出版社2015年版,第5页。

密联系在一起,西汉初期的张建汉简《二年律令》就作出了"有田宅,不为户""附令人名及为人名田宅者""皆令以卒戍边二岁,没入田宅县官""欲益田宅,不比其宅者,勿许"等内容。[1] 在概念名称上,有学者通过考察发现,中国历史曾有"宅基""宅地"的概念,但与我国现行的宅基地概念不同,前者除指住宅用地外,还包括住宅周围一定数量的种植用地。[2] 也有学者认为,中国民间一般以"宅""宅子""房宅"指称宅基地,既包括所盖房子,也包括房子所占土地。[3] 宅基地这个概念是中国所独有的,在传统大陆法系国家,只有地上权之规定,但没有宅基地之说。[4]

我们现今所称的宅基地,顾名思义,是建设住宅的地基,或直接称为土地。新中国成立后,通过城乡二元土地结构的改革,形成了城镇土地和农村土地的划分,进而有了法律意义上的区别。在我国现行的土地制度下,按土地用途分类,1998 年修订的《土地管理法》将我国土地分为农用地、建设用地以及未利用地 3 种类型,如图 1 -1 所示。

农用地	建设用地	未利用地
1.耕地 2.林地 3.草地 4.滩涂	1.宅基地 2.公益用地 3.经营性建设用地	1.荒山 2.荒沟 3.荒丘 4.荒滩

图 1 -1　农村土地类型

农村土地属于集体所有,城市土地属于国家所有。农村的集体建设用地主要包括宅基地、乡镇企业用地、乡村公共设施和公益事业用地。而在这其中,我们一般称农村土地中供个人建设居住住宅的土地为宅基地。2007 年颁布的原《物权法》确认了这种划分,在第十二章规定了建设用地使用权,城镇居民的住宅用地即属于建设用地使用权的客体,第十三章规定了宅基地使用权,农民的居住用地即属于宅基地使用权的客体。宅基地概念的指向越来

〔1〕 邓建鹏:《财产权利的贫困》,法律出版社 2006 年版,第 38 页。
〔2〕 韩清怀:《农村宅基地使用权制度研究》,中国政法大学出版社 2015 年版,第 5 页。
〔3〕 参见刘守英:《直面中国土地问题》,中国发展出版社 2014 年版,第 30 页。
〔4〕 陈小君、蒋省三:《宅基地使用权制度:规范解析、实践挑战及其立法回应》,载《管理世界》2010 年第 10 期。

越明确,即所指向的对象本身就仅限于农村土地。有一些学者在研究时会强调“农村”宅基地。其实,历史上却曾有“城市宅基地”,但随着社会经济的发展,“城镇中无偿划拨的宅基地制度已被有偿的土地出让制度所取代,城镇中历史遗留的个人私有房屋和新中国成立后依法申请的个人私房所享有的城镇宅基地,或因房屋灭失而消灭,或因公共利益需要而被国家收回”。[1] 虽然在宅基地名称中并未有“农村”2 字,无论是从现实情况还是从法律规范看,宅基地都是仅限农村的住宅用地。这些学者在宅基地前放置“农村”的字样,我们可以更多地理解为这是对一种农村问题、农村现实、农民使用的“农”的强调。本文的研究对象也是农村的宅基地问题。

(二)宅基地使用权

关于宅基地使用权的概念,学界主要有以下 4 种观点:一是将宅基地使用权界定为农村居民因建造自有住宅对集体所有的土地占有、使用的权利。[2] 二是将宅基地使用权界定为农村集体经济组织的成员依法享有的在农民集体所有的土地上建设住宅的权利。[3] 三是有学者认为,上述定义与现实情况不符,缩小了宅基地使用权的范围,认为实现其房屋所有权持续地保有也是宅基地使用权的应有之义,并同时强调了收益和有限处分的权利。[4] 四是认为应区分“既存的宅基地使用权”与“预期的宅基地使用权”,我国宅基地使用权的概念内涵不应仅仅从“预期”或“取得”的意义来理解,而应指宅基地使用权人基于其依法已经建造的自住住宅及其附属设施而对集体所有土地享有的一种建设用地使用权,此处的使用权人包括集体成员和非集体成员。分析上述 4 种定义,前两种虽然在表述上有所差异,但均将宅基地使用权指向了土地本身。第三种扩大了宅基地使用权的权利范围,将对地上房屋持续保有的权利内容也纳入进来,其实是对宅基地使用权的一种扩大解释,并不具有合理性。第四种定义将非集体成员也纳入宅基地使用权的

---

〔1〕 蒋晓玲、李慧英等:《农村土地使用权流转法律问题研究》,法律出版社 2011 年版,第 151 页。
〔2〕 江平:《民法学》,中国政法大学出版社 2000 年版,第 404 页。
〔3〕 王利明:《中国民法典学者建议稿及立法理由》,法律出版社 2005 年版,第 272 页。
〔4〕 蒋晓玲、李慧英等:《农村土地使用权流转法律问题研究》,法律出版社 2011 年版,第 154 页。

权利主体范围内，认为非集体成员享有一种“预期的宅基地使用权”，显然也已经突破了国家法律政策对宅基地使用权权利主体范围的限制。

宅基地使用权是新中国成立后，城乡二元结构下所产生的一种特有的权利，具有鲜明的中国特色。一是表现为宅基地使用权概念的提出，建立在宅基地所有权与使用权“两权分离”的基础上，与使用权对应，我国实行的是宅基地集体所有，传统的大陆法系理论中并无集体所有的概念，集体所有的概念是属于公用、共有还是其他，一直存在争议。二是第一次正式在国家文件中提出是1963年中共中央出台的《关于对社员宅基地问题作了一些补充规定的通知》，一开始即具有较强的政策属性，而后在《土地管理法》、原《物权法》中逐渐完善，法律属性日渐增强，宅基地使用权的提出是为了解决农民将土地所有权交给集体后对土地的使用问题，是为了完成社会主义改造，实现土地改革的目标，具有鲜明的历史时代性。三是宅基地使用权是一种具有中国特色的用益物权。宅基地使用权具有公益和私益两种属性，正是基于其公益属性中身份属性、保障属性、福利属性等权利内容才对宅基地使用权的流转作出限制，抑制了宅基地使用权的转让属性。所以，虽然原《物权法》将宅基地使用权明确界定为一种用益物权，但宅基地使用权却是一种不完整的用益物权。综上所述，笔者认为，宅基地使用权，是指权利人在农民集体所有的土地上建设住宅的权利。

（三）宅基地使用权流转

“流转”并非严格意义上的传统法学概念，其最初被运用在经济学领域，意指产权在不同主体间的移转过程。随着经济现象越来越多地被纳入法学的检视框架，“产权”一词常见于日常的讨论，与之相关的“流转”也被现实地运用在了民事立法和司法过程中，从而成为一个被社会各界所熟知的概念。《农村土地承包法》规定了“土地承包经营权的流转”，将转包、出租、互换、转让等行为统称为流转。但在法律文本层面，并未出现“宅基地使用权流转”的字样，其含义在立法层面并没有明确的规定。但是，宅基地使用权流转却无疑已经成为一个被广泛使用的法学概念。造成这种情况的原因可能存在两个方面：一是语言约定俗成的力量十分强大，多年来实践中的广泛运用，理论界和实务界已普遍接受并使用“流转”一词。[1] 加之在现实生活中，这种流转已大量出现，在个别地方，宅基地使用权流转的概念也早已被写入政府规章等政策文件，流转问题也早已被纳入管制的范畴。二是由于流转的边界并不清晰，使其存在包含物权变更、债权设立等单个概念所不能包含的弹性空间，相比转让、互易、抵押、赠与、继承、遗赠、出典、租赁等行为，在传统法律体系内尚缺少一个能对应上述行为的上位概念，使土地流转概念成为一个“箩筐”概念，无论有意为之还是无意为之，但在客观上起到了促进不同学科之间的沟通和交流的效果。

“‘流转’这个概念到底科不科学、准不准确？”[2] 第十三届全国人民代表大会农业与农村委员会主任委员陈锡文曾提出这样的疑问。其实，任何概念的产生都是从无到有的，即使是不同学科之间对于词汇的借用，只要其他原有词汇无法替代，自身运用适当，对新词汇的引入就不足为奇，关键是如何严格地予以界定。[3] 对于流转的理解，主要存在以下几个观点：一是认为，流转既包括物权性质的权利变动，也包括债权性质的权利变动，在法学层面上是指权利或权能在不同法律主体之间的转移，其形式包括转让、互易、抵押、赠与、继承、遗赠、出典、租赁等，前 7 种流转形式属于物权的变更，租赁属于债权的设立，最常见的流转方式是转让。[4] 二是认为，流转仅限于物权性质的流转，根据民法学的一般理论，农村土地物权流转，应指农村土地物权设立、变更、终止的统称。[5] 三是认为，流转不是规范的法律用语，应将其进行立法修改。在此基础上，有的学者认为，流转就是转让，统称为转让；[6] 有的学者认为，流转就是移转，应改称为移转。[7]

---

〔1〕 参见张国华：《论宅基地使用权的可流转性及其实现》，法律出版社 2013 年版，第 19 页。

〔2〕 陈锡文：《农村土地制度改革与“三权分置”制度探讨》，载黄建中主编：《农地“三权分置”法律实施机制理论与实践》，中国法制出版社 2017 年版，第 7 页。

〔3〕 参见张国华：《论宅基地使用权的可流转性及其实现》，法律出版社 2013 年版，第 19 页。

〔4〕 张国华：《论宅基地使用权的可流转性及其实现》，法律出版社 2013 年版，第 19 页。

〔5〕 张庆华：《新型城镇化背景下的农村土地物权流转法律制度研究》，法律出版社 2015 年版，第 99 页。

〔6〕 陈小君等：《农村土地法律制度研究——田野调查解读》，中国政法大学出版社 2004 年版，第 310 页。

〔7〕 孟勤国、张里安主编：《物权法》，湖南大学出版社 2006 年版，第 172 页。

在界定宅基地使用权流转概念时，受土地承包经营权流转问题的影响，我们常常把诸多不同的法律概念全部塞进“权利流转”这一个术语中，然后笼统地讨论流转的正当与否，并制定流转的具体法律规则。这种不同层面的讨论、不同前提的比对、不同界定的分析，势必使思想观点无法真正碰撞，阻碍了改革共识的凝聚和正确结论的产生。因此，对宅基地使用权流转的内涵和外延作出严格界定，厘清概念的边界就显得十分必要和迫切。笔者认为，狭义的宅基地使用权流转仅指宅基地使用权的转让，实际即为一种产权理论上所说的权利交换，互易、抵押、赠与、继承、遗赠、出典可以视作不同的转让形式。

第一，宅基使用权流转不包括租赁。就我们惯常语境下所说的“限制宅基地使用权流转”而言，其实限制的是对宅基地使用权转让给本村集体经济组织以外的主体，并未明确限制对该权利的租赁。租赁如果被纳入宅基地使用权流转的范畴，限制流转变成了限制租赁，法定租赁权等改革路径将完全失去存在的基础，也将不利于对宅基地物权权利与债权权利让渡的区分。在实践中，大量以长租形式实现宅基地使用权变相转让的问题也将与宅基地使用权的转让产生混淆，不利于进一步区别对待、分别规制。一旦实现宅基地使用权自由流转的改革，后续对流转作出登记要件主义等规定时，显然将租赁这一债权转让模式纳入其中也缺乏理论基础和实现可能。

第二，宅基地使用权流转不包括征收。[1] 有学者认为，征收属于宅基地使用权流转的方式之一。[2] 只要宅基地使用权权利人发生了变化，即属于宽泛意义上的“宅基地使用权流转”，其不仅可以由当事人通过缔约合同的方式实现，也可以基于征收之类的强制行为而发生。[3] 也有学者认为，征收是农村集体土地所有权变为国家土地所有权，不是权利的移转，不属于宅基

〔1〕 征收，是指国家行政主管部门依据国家权力将不动产的所有权消灭，由国家取得不动产所有权的现象。崔建远主编：《房屋拆迁法律问题研究》，北京大学出版社 2009 年版，第 1 页。

〔2〕 史卫民：《农村宅基地使用权流转的法律思考》，载《理论导刊》2007 年第 9 期。

〔3〕 王崇敏：《宅基地使用权制度现代化构建》，法律出版社 2016 年版，第 168 页。

地使用权流转的方式。[1] 笔者认为,宅基地使用权流转不包含征收。按照权利变动内容的不同,可以将农地权利的流转分为所有权流转和使用权流转两种类型。在我国,农地所有权流转具有单向性,只能通过征收的方式从农民集体流向国家,[2]即征收属于集体土地所有权移转给国家所有,是土地所有权的转让,是所有权主体的变化。宅基地使用权流转显然不应包括对所有权进行转让的征收行为。同时,两者在发生原因上也存在差异,权利移转基于当事人的意思而发生,征收则是基于国家强制力而发生。

第三,宅基地使用权流转不包括宅基地回收。宅基地回收,是指村集体经济组织为了对土地的集约利用,通过支付对价的方式收回村民手中闲置、多余的宅基地,也有的称为“宅基地收回”“宅基地收旧”,从农民角度还可以称为“宅基地使用权退出”。有学者认为,宅基地回收也属于宅基地使用权流转方式的一种。[3] 就本质而言,这种所谓的回收其实是宅基地使用权人将土地使用权退还给村集体的归还行为。从民法角度分析,这是一种对宅基地使用权这一用益物权的“权利回弹”,实现使用权权利主体与所有权权利主体的合一,是权利的绝对消灭。而流转是从一个权利主体转让给另一个权利主体,是一种权利的相对消灭。一个权利已然灭失,另一个权利仍然存在,两者存在本质不同。因此,宅基地使用权的退出不应属于宅基地使用权的流转方式。

第四,宅基地使用权流转不包括宅基地使用权的初始取得。大陆法系一般将物权的取得分为原始取得和继受取得两种,继受取得又分为创设取得和移转取得两类。创设取得,是指在他人所有的标的物上设立用益物权或担保物权而取得限定物权的情形。农民经申请获得审批后取得宅基地使用权的

---

〔1〕 相关观点参见向勇:《中国宅基地权利发展研究》,中国社会科学出版社2016年版,第84页;张庆华:《新型城镇化背景下的农村土地物权流转法律制度研究》,法律出版社2015年版,第99页;翟帅:《农村土地“三权分置”下权利主体之风险防范:规则审视与制度设计》,载黄建中主编:《农地“三权分置”法律实施机制理论与实践》,中国法制出版社2017年版,第90页。

〔2〕 张璐:《农村土地流转的法律理性与制度选择》,载《法学》2008年第12期。

〔3〕 持相同观点的如庄开明、彭亮等:《农村闲置宅基地有偿退出与优化利用——基于四川省农地改革与探索的实践》,人民出版社2017年版,第218页。

方式符合创设取得的特征,这一程序完成了宅基地使用权从无到有的发展过程,为了与后续流转的行为作出区分,我们可以将其称为宅基地使用权的初始取得。[1] 本质上,宅基地使用权的初始取得是宅基地所有权人即村集体经济组织将宅基地使用权移转给村集体组织成员的行为。从广义上认识,这种权利的转移似乎也可以归入宅基地使用权流转方式的一种。笔者认为,流转按照语义理解,应指宅基地使用权权利人之间的权利流转关系。从目的解释角度分析,流转的目的是实现宅基地使用权的财产价值。但是,初始取得是一种基于村集体组织成员身份的福利保障,两者存在本质不同。因此,本文所指的宅基地使用权流转是权利在土地使用者之间的转移,不包括发生在宅基地所有者与宅基地使用者之间使用权的首次转让。

需要说明的是,宅基地的初始取得与退出虽然不属于严格意义上的流转,但这两个概念一个是宅基地使用权的权利入口,一个是权利出口,一个事关权利的生成,一个事关权利的灭失,都对权利流转本身具有重大影响。因此,当把宅基地使用权流转作为一个整体来讨论时,这些问题并不能回避,宅基地的初始取得是否能够严格限定权利申请人的主体资格,宅基地退出能否获得合理补偿等都会直接影响宅基地使用权流转制度的运行和改革。因此,上述问题必须一并进行讨论,这是问题讨论完整性、系统性的必然要求,与对流转概念的界定本身无关。

还要说明的是,本书以宅基地使用权外部流转为研究对象。以流转的主体是否都在本集体经济组织之内,宅基地使用权流转可分为内部流转和外部流转。这是宅基地使用权流转制度最重要也是最具有现实意义和研究价值的一种类分。内部流转,即在宅基地所属的集体经济组织内(集体经济组织成员之间)的流转,外部流转则反之,即向集体经济组织之外的流转。在现有规范体系内,能够被国家法律和政策认可的流转,仅包括内部流转,外部流转不被允许。但在实践中,却有大量外部流转的事实存在。由于法律政策明确禁止了对宅基地使用权的直接流转,因此很多人选择通过农房买卖或者宅基

[1] 参见喻文莉:《转型期宅基地使用权制度研究》,法律出版社2011年版,第110~111页。

地使用权长期租赁的方式实现宅基地使用权的变相流转，由于其具有一定的隐蔽性，因此学界也将这种外部流转称为“隐形流转”。可见，“隐形流转”本质上也是一种外部流转，只是由于不被国家允许而披上了隐形的外衣。由于在村集体的内部流转不存在任何法律障碍和理论争议，也不是流转制度的问题所在，为了研究更具针对性，本书不将内部流转作为讨论对象，主要分析外部流转问题。因此，只要非特别标注，本书中所称的“禁止流转”“限制流转”等均是指禁止或限制宅基地使用权的外部流转。

2020 年通过的《民法典》对土地承包经营权的“流转”概念作了新的界定。《民法典》第 339 条将土地经营权的流转方式限定为出租、入股或者其他方式向他人流转土地经营权。第 334 条规定，土地承包经营权仅限于集体内部的互换与转让。这实际上是将原土地承包经营权的流转依其法律效果在“三权分置”之下作了区分，土地承包经营权由于限于集体经济组织内部，不再以“流转”称之。由于宅基地问题在《民法典》中并未作出大的修改，因此，对宅基地使用权流转的界定并未发生变化。

二、宅基地制度的规范体系

宅基地制度规范体系是一个由法律法规和政策文件所组成的有机整体。以流转问题检视之，宅基地使用权流转既要符合作为《宪法》、原《民法通则》、原《物权法》等有关宅基地权利归属原则等内容的整体规范，又不能违反《土地管理法》等有关土地流转等内容的具体规定。国务院各部门和地方颁布的一系列政策文件，虽然不是国家法律，但却在整个宅基地使用权流转的规范体系中发挥极为重要的作用，也受到了“法律服务于政策”的质疑和批评。[1] 通过上文对宅基地制度变迁和历史嬗变的梳理，我们可以将“两权分离”时代宅基地使用权流转的规范体系分为如下几个方面。

（一）法律层面的流转限制

《宪法》作为国家的根本大法在第 10 条作出了宅基地归集体所有的概括

---

〔1〕［荷］何·皮特：《谁是中国土地的拥有者——制度变迁、产权和社会冲突》，林韵然译，社会科学文献出版社 2014 年版，第 69 页。

性规定。这是对宅基地乃至整个土地法律体系作出的最高原则、最高位阶和最根本的规定。宪法对土地流转来说的最大意义在于,其并未对宅基地使用权自由流转作出禁止性规定。因此,在国家未来的宅基地使用权流转制度构建中,并不存在"违宪"的障碍,从而无须再从宪法层面作出调整。

原《物权法》对宅基地使用权的一些基础问题作出了规定,但第153条以"适用土地管理法等法律和国家有关规定"的援引性条款回避了流转制度的改革,从而为流转的规则设置、流转范围、流转方式等一系列问题留下想象空间。较特殊的是,原《物权法》明确在第四编"担保物权"的第184条将宅基地使用权排除在抵押财产范围之外,与原《担保法》的规定保持了一致。这是否可以据此认为原《物权法》否定了宅基地的财产流通性,虽然在学界存在争议,但在实践中却的确有司法裁判援引该条款并借此作出否定农房买卖合同效力的判决。同时,原《物权法》作为物权得丧变更的总体规定,对土地的使用权的物权登记问题作出了概括性规定,但却未明确宅基地使用权流转的登记模式。这是同样的法律规范留白,还是再次否定宅基地使用权的流通性,亦未有明确答案。

2020年公布的《民法典》未对原《物权法》相关内容作出大的修改,仅在物权编第十三章对宅基地使用权相关问题作了较概括的4条规定,基本延续了原《物权法》的相关条文。[1] 值得注意的一个细节是,在2018年5月版的《民法典(征求意见稿)》中曾作出过如下说明"征求意见稿中有关土地承包经营权、宅基地使用权和住宅建设用地使用权续期的问题,将结合相关法律修改、相关改革试点等工作的进展情况,继续研究,统筹考虑。请各地区各部门提出具体意见和建议。"[2] 对宅基地使用权问题单独作出说明,也反映了

---

〔1〕 分别为:第362条"宅基地使用权人依法对集体所有的土地享有占有和使用的权利,有权依法利用该土地建造住宅及其附属设施"。第363条"宅基地使用权的取得、行使和转让,适用土地管理法的法律和国家有关规定"。第364条"宅基地因自然灾害等原因灭失的,宅基地使用权消灭。对失去宅基地的村民,应当依法重新分配宅基地"。第365条"已经登记的宅基地使用权转让或者消灭的,应当及时办理变更登记或者注销登记"。

〔2〕 何勤华、李秀清、陈颐编:《新中国民法典草案总览》(增订本),北京大学出版社2020年版,第133页。

该问题在这次《民法典》编纂中的重要性和自身的复杂性。

2004 年的《土地管理法》对宅基地问题作出较细致的规定。就内容而言,与土地流转最密切的是第 63 条关于农民集体所有的土地使用权原则上不能流转用于非农业建设的原则以及例外情况的规定。2020 年的《土地管理法》则在原内容基础上主要在流转问题上作了如下改变:一是在原来农村宅基地"一户一宅"原则的基础上增加了"户有所居"的规定,这可以视为流转的底线和原则,在确保"一户一宅"的基础上,也有强调"户有所居",坚持宅基地的保障属性;二是宅基地使用权流转方式由"出卖、出租"变为"出卖、出租、赠与",在法律效果上赠与和出卖是相同的,均只能发生在村集体经济组织成员之间;三是倡导性提出探索有偿使用和自愿有偿退出宅基地的机制,但并没有进行详尽规定。

值得注意的是,同为农地重要组成部分的承包地在 2020 年《农村土地承包法》和之后的《民法典》中,第一次将"三权分置"改革内容以法律形式作出规范,将土地经营权的流转确定下来,并对土地承包经营权的许多方面作出了具体规定。

(二)政策层面的流转限制

除相关的法律外,在宅基地使用权流转的规范体系中还存在大量的政策文件,其中较有代表性也是在研究宅基地使用权流转问题上经常被提及的文件有两个,分别为国务院办公厅《关于加强土地转让管理严禁炒卖土地的通知》和国务院《关于深化改革严格土地管理的决定》。根据上文对现行《宪法》、原《物权法》、《土地管理法》等法律文件的梳理,国家在法律层面并未明确禁止农村房屋以及其所占宅基地使用权的流通性,仅作出了诸如"宅基地使用权不得抵押""一户村民只能拥有一处宅基地""出卖、出租住房后,再申请宅基地的,不予批准"等限制。而在国家政策的层面,这种限制却作出了更严格的规定,明确将宅基地使用权的受让对象局限于本集体经济组织内部符合宅基地申请条件的农民,如表 1-1 所示。

表 1-1　现行限制宅基地使用权流转的主要文件

年份	发布机关	文件名称(文号)	主要内容
1996	国务院办公厅	《关于加强土地转让管理严禁炒卖土地的通知》(国办发〔1999〕39 号)	"农民的住宅不得向城市居民出售。""不能给违规购房的住宅办理土地使用证和房产证。"明确把农房的流转范围限定在了城市居民之外,并堵死了城市居民购买农房登记的渠道和可能
2004	国务院	《关于深化改革严格土地管理的决定》(国发〔2004〕28 号)	第 10 条再次重申"禁止城镇居民在农村购买宅基地"
2004	国土资源部	《关于加强农村宅基地管理的意见》(国土资发〔2004〕234 号,已失效)	全面具体地规定了农村宅基地问题。其中,第 13 条再次强调城镇居民不得在农村购置宅基地
2007	国务院办公厅	《关于严格执行有关农村集体建设用地法律和政策的通知》(国办发〔2007〕71 号)	再次重申"城镇居民不得到农村购买宅基地、农民住宅或'小产权房'"
2008	最高人民法院	《关于为推进农村改革发展提供司法保障和法律服务的若干意见》(法发〔2008〕36 号)	规定"对违反法律、行政法规以及相关国家政策的宅基地转让行为,以及其他变相导致农民丧失宅基地使用权的行为,应依法确认无效"

综上,不难发现,作为最高行政机关的国务院及具体负责土地管理事务的原国土资源部(现自然资源部)对我国农村宅基地使用权的流转基本持否定态度,在法律的基础上进一步明确了城镇居民不能购买宅基地、不能购买农村住宅、不能进行登记,进一步强化了对宅基地使用权流转的限制力度。从各类文件的制定背景和表述来看,上述文件一般是以保障农民利益、保障社会的健康发展为由,禁止城镇居民在农村买房这一行为。作为最高审判机关的最高人民法院对宅基地使用权流转的态度与行政机关一致,所作出的司

法案件审理指导意见基本上是对上述行政政策文件在司法层面上的重申。虽然最高人民法院的指导意见并不能作为案件审理的直接依据,但审判机关却鲜有与其观点相悖的裁判结果,这就从司法层面明确、直接地否定了农房买卖合同的效力。司法机关的态度可以理解为对城镇居民购买农村房屋所引发的宅基地使用权变动情况的一种有针对性的回应,也是对行政机关的政策文件在司法上的一种呼应。由于这种指导意见无法在审判中直接适用,导致各地法院虽然裁判结果一致,但在具体法律适用上却大相径庭,司法裁判标准不一。

我国宅基地规范体系从法律与政策两个层面对宅基地使用权流转进行了限制。在法律层面,法律并未对宅基地使用权流转作出直接的限制规定,仅规定"一户一宅""禁止抵押"等概括性内容,规定得较模糊。而在政策层面,则对流转的限制规定得更直接和具体,即明确禁止城镇居民购买宅基地、购买农房、办理土地和房屋登记手续等。这种限制在形式上,突出表现了一种较强烈的政策主导的特征,权利限制的具体表现如图 1 - 2 所示。

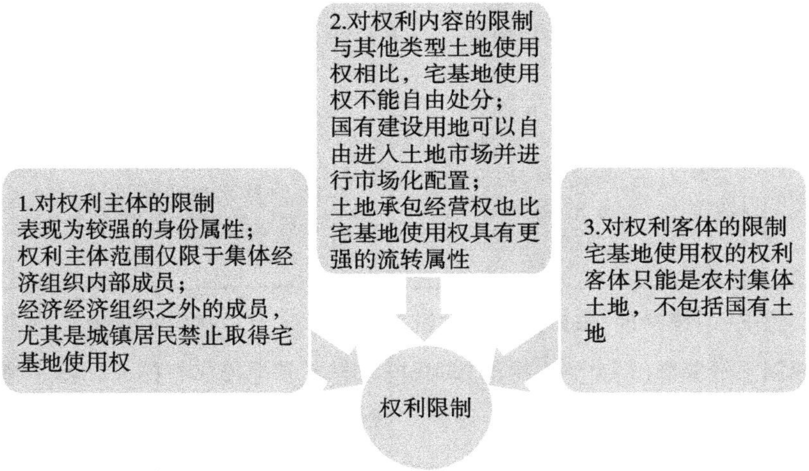

图 1 - 2　宅基地使用权的权利受限

在宅基地使用权的流转问题上,与权利内容和权利客体相比,对宅基地使用权权利主体的限制力度显然是最大的。对权利流转主体范围的限制,即对宅基地特定的身份属性要求是其他流转限制的基础。一方面将宅基地使用权的流转范围限于集体经济组织内部的成员之间,另一方面又进一步强调城镇居民不能取得宅基地使用权。这一正一反的组合,共同构成了限制流转的"四梁八柱",从根本上限制了流转的范围和可能。

三、限制宅基地使用权流转的基本认识

对土地权利的限制自古有之。可以说,对土地权利的权利限制具有较强的历史渊源。

秦汉前,我国土地一直实行私有制度。[1] 从秦汉开始到唐中叶,中国土地一直是国家所有与私人所有并行的格局。在唐中叶前,由国家政府主导土地分配,[2]倘若卖掉土地,就不可以再重新申请,这是对土地申请权利的限制。在汉魏南北朝以及隋唐时代,"已卖者,不复授"。这和当时实行的土地取得以国家分配为主导的制度有决定性关系。同时,我们也可以在这里发现当今宅基地管理制度中"流转后不得再申请宅基地"的影子。与此同时,在土地出售上也同样存在限制。在汉朝,国家希望通过大规模的土地分配来解决所有农民的居住问题,但是土地总体上是有限的,国家又不得不允许农民在不超过指标的前提下进行土地买卖,作出"盈者得卖其盈,不足者得买所不足"的规定,这和现在的宅基地分配面积标准非常近似。总体上看,在唐中叶前,由于实行土地国有,土地由国家主导进行分配。因此,农民对土地只享有使用权,没有所有权。出售土地的行为不受法律保护,但是私下的土地流转从来没有被禁止过,这和当下宅基地使用权面临的"隐形流转"问题非常相像。以唐中叶的"两税法"为标志,土地私有制开始占据支配地位,到宋代中

---

〔1〕《诗经·小雅·北山》中的"普天之下,莫非王土"是我国土地国有制阶段的特征。从西周的"井田制"到战国商鞅变法的"废井田,开阡陌",是中国最早的土地私有制度。

〔2〕 中国古人很早起就认识到拥有土地对生产力的提高和社会经济发展的重要促进作用。在战国时期,有战功者不但能够免去农业税,还能分得最好的耕地和宅地。此后,无论是西汉时以爵位为标准,还是北魏实现的均田制,都是一种以国家为主导的分配制度。《汉书·刑法志》回顾战国时魏国的强兵之道时有这样的记载:"魏氏武卒衣三属之甲,操十二石之弩,负矢五十,置戈其上,冠胄带剑,赢三日之粮,日中而趋百里,中试则复其户,利其田宅。"到了唐玄宗后期,政府掌握的无主土地越来越少,历代政府逐渐不再为农村居民分配土地。

国已完全进入土地私有制时代。[1] 在这一时期,国家开始利用亲邻关系来制约流转,这与现代公司制度中股东的优先购买权非常近似,也成为这一阶段的土地制度最突出的特点。唐朝法律规定:"应典卖倚当物业,先问房亲,房亲不要,次问四邻,四邻不要,他人并得交易。"[2]五代十国的法律规定:"如有典卖庄宅,准例房亲邻人合得承当。若是亲邻不要,及著价不及,方得别处商量,和合交易。"[3]宋朝的法律规定:"据全业所至之邻皆须一一遍问,候四邻不要,方得与外人交易。"[4]由此可见,无论是出售还是抵押土地(包括房产),先问过族人和四邻是转让给他人的前提,这其实就给了亲邻以优先购买权。元朝作了更细化的规定,要求"典卖田宅,先须于官给据,明立问账,具写用钱缘故,先尽同户有服房亲并正军贴户,如不愿者,依限批退,然后方问邻人典主成交"。[5] 即只有亲邻的口头同意还不行,还必须立一张"问账",让族人和地邻一一在上面签字画押,如果有一个人不愿意签字,就不能完成交易。如果执意跟他人交易,没有签字的亲邻可以申诉到官府,使卖方接受法律制裁,可以说是作出了更严格的流转限制。这样的限制从明清两朝延续到民国,概括起来其实就是"求田问舍,先问亲邻"。

历史上,国家对土地流转限制的规定主要是出于两个层面的考虑。一是基于社会公序良俗的考虑,保护宗族财产不流失。在中国传统文化中,土地从来不是一种绝对的私产,其一方面属于个人,另一方面也属于家族,甚至在理论上还属于君主。尤其是祖辈流传下来的宅地和房屋,如果未经叔伯兄弟同意就售于外戚,极易引发矛盾纠纷。二是出于便利国家管理的考虑,实现维护社会稳定的目的。早在西汉时就有"欲益买宅,不比其宅,勿许"的规定,要求仅能在现有的房产附近购买房屋,越邻而售的交易被严格禁止。[6] 政府人为设置流转障碍,必然会减少土地流转,以增加居民迁徙的难度。这

[1] 方行:《中国封建经济发展阶段述略》,载《中国经济史研究》2000年第4期。

[2] 《唐律疏议》。

[3] 《全唐文·卷996》所载后周广顺二年律令。

[4] 《宋会要辑稿·食货卷》,民产杂录。

[5] 《通制条格·卷16》《典卖田产事例》。

[6] 《二年律令·户律》。

在人口统计、赋税征收、治安维护等国家社会治理的各个方面都是具有积极意义。从整体上看，在新中国成立前的中国漫长历史中，土地流转虽然整体上是较自由的，但不同程度的限制一直存在。

我国对集体土地所有权的处分和收益的权利作出的规定，既有宏观的限制，也有微观的限制。从宏观上看，表现为严格的耕地保护原则、土地用途管制原则以及遵循规划利用原则等；从微观上看，表现为通过具体的法律条文对流转的主体、方式、程序等所作的限制规定。同时，也包括权利自身权能上的内部限制和行政管理层面的外部限制。权利内部的限制体现为对宅基地使用权转让权能的限制，这种限制更多的是基于"这种权利本源上是国家通过政治力量赋予农民集体的，其权能的缺失是与生俱来的"之认识，体现了国家公权力对农村土地问题的干预以及在宅基地流转制度上的主导地位。〔1〕而来自行政管理层面对土地用途、土地登记、土地使用权期限的限制则源于国家的行政管理需要。即使有一天通过土地制度改革解除了对宅基地使用权转让权能的限制，但行政管理层面的限制仍然存在，甚至为有序流转的实现，还应进一步加强。因此，完全的、不受任何限制的土地权利无论是在中国历史上还是在世界其他国家和地区，抑或是从土地权利本身分析都是几乎不存在的。

对宅基地使用权流转的限制本质上是一种国家干预的具体方式。从行为的角度说，经济法的调节与规制表现为几个方面：一是针对市场失灵的干预；二是针对侵害公共利益的干预；三是对公共利益的实现的干预。从干预的形式看，在国家干预中最普遍的形式是市场规制和宏观调控两种。"市场规制是对市场主体行为的直接干预"，〔2〕其惯用的手法就是直接限制或禁止，而权利限制正是国家干预方式的重要组成部分。"经济法仍然是对民商关系的调整，只是与民商法的调整手段不同而已，经济法使用权力手段，民商法使用的是权利规则。"〔3〕无疑，经济法是限权法，其与生俱来的权力手段思

〔1〕 单飞跃：《经济法理念与范畴的解析》，中国检察出版社 2002 年版，第 255 页。
〔2〕 薛克鹏：《经济法基本范畴研究》，北京大学出版社 2013 年版，第 133 页。
〔3〕 单飞跃：《经济法理念与范畴的解析》，中国检察出版社 2002 年版，第 226 页。

维决定了对权利的限制是其重要的干预经济的方式。一方面，这是在微观层面基于部分市场经济行为的非经济理性与非社会合理性，而对民商事关系中的私人权利作出的限制；另一方面，是宏观层面基于国家在经济资源、经济政策资源的分配与再分配关系中的主导性与优越性，而对国家权力作出的限制，限权的主要目的即保障资源分配的规范有序与合理，以及防止对私人权利的随意侵犯，体现为对私人权利和国家权力作出合理的定位。〔1〕

因此，宅基地使用权作为一种土地权利，不存在完全的、不受任何限制的改革可能，这样的一种改革方向也是不切实际的，所谓的自由流转也是一种在流转范围上不受限制的自由，是一种相对自由，而非绝对自由。分析宅基地使用权流转法律问题的关键是如何把握土地权利限制的尺度，遵循一定的原则，使之不断、无限地接近于合理，这种尺度和原则被我们称为权利的边界。权利一旦失去边界的约束和规范，就意味着超越了权利的根本，已经不能视为权利。没有边界的权利是不存在的，任何权利主体所享有的利益及自由皆有边界。正如有学者所言，“法律对权利的限制，严格地讲，就是法律为人们行使权利确定技术上、程序上的活动方式及界限”。〔2〕 从利益的角度理解“边界”，权利的边界即法律所保护利益的最大限度；从自由的角度理解“边界”，权利边界即行使权利之行为自由的最大限度。权利边界的存在是权利限制得以实现的前提，权利限制就是对权利边界的恪守和遵从。从静态角度认识，权利限制可以表现为对权利权能、权利内容的限制，如对宅基地使用权流转权能、转让权利内容的限制。从动态角度认识，权利限制可以表现为对权利行使规则的限制，如宅基地使用权人处分其权利的限制。限制宅基地使用权流转本质上是一种政府对农村土地市场的规制行为。“限制权利的精神实质不在于取消权利，而在于实现权利；不在于削减和缩小权利，而在于扩大权利”，〔3〕这就是权利边界存在的意义。因此，对宅基地使用权流转的限制必须遵循一定的原则、把握合理的尺度、恪守权利的边界。否则，这种限

---

〔1〕 参见单飞跃：《经济法理念与范畴的解析》，中国检察出版社 2002 年版，第 226 页。
〔2〕 舒国滢：《权利的法哲学思考》，载《政法论坛》1995 年第 3 期。
〔3〕 丁文：《物权限制研究》，北京中国社会科学出版社 2008 年版，第 24 页。

权就将使该项权利违背其本质,导致权利的目的无法实现。那么,宅基地使用权流转制度中对流转权利限制的尺度是否合理?是否超越了权利限制应有的边界?

第三节 经济法价值追求视域下的流转问题困局

法律是一个涉及价值的概念,把我们推向法律价值和法律理念:法律是按照其意义必须服务于法律理念之物。[1] 经济法会直接影响收入的分配、资源的配置,以及经济与社会的稳定,从而会影响人们普遍关心的一些重要目标的实现,如保障经济的稳定增长、社会公共利益与基本人权等。对上述目标的追求,是经济法的调整与规制的最终目的。在这一过程中,有几个重要的影响因素必须着重考量,并作为判断的依据,如效率、公平、秩序和正义等。只有在经济法的调整、规制过程中,符合上述价值的要求,才可能实现上述人们普遍关注的重要目标。也正因如此,效率、公平、秩序、正义便日益成为经济法功用的重要评价标准,成为人们所期望和追求的经济法应有的价值。如果某类法律或制度能够满足人们对这些价值追求中的一种或几种,则该法律或制度的价值往往会得到较高评价;反之,则会得到较低评价。因此,效率、公平、秩序、正义等,已逐渐成为人们用以评判法律功用的价值尺度。[2] 对宅基地使用权流转制度法律功用的评判以及合理性的分析,上述价值追求应作为标尺。

一、宅基地资源配置的效率价值困境

(一)宅基地资源配置的低效

宅基地资源配置低效的主要表现是宅基地闲置、"一户多宅"等现象。"说村不是村,有院没有人,说地不是地,草有半人深"是宅基地闲置的真实写照。目前,全国到底有多少宅基地处于闲置状态并没有官方数据,但根据

---

〔1〕 [德]古斯塔夫·拉德布鲁赫:《法哲学》,王朴译,法律出版社2013年版,第81页。

〔2〕 张守文:《经济法原理》,北京大学出版社2013年版,第62~63页。

有关学者的测算,宅基地闲置面积惊人。2009～2014 年,全国乡籍居住人口数量增长速度分别为－2.86%、－2.86%、－2.94%、－3.03%、－3.13%,而同期的全国村庄建筑面积增长速度分别为9.76%、2.02%、4.31%、2.36%、1.03%。[1] 截至2016年年底,我国城镇用地合计91,612平方公里,村庄用地为191,158平方公里,农村集体建设用地是城镇国有建设用地的两倍左右。而在农村集体建设用地中,宅基地所占比例约为70%。与此相比,我国全国总人口中57.35%的常住人口在城镇,已远超农村的常住人口。[2] 这充分说明农村集体建设用地,特别是宅基地的利用效率是极低的。

宅基地闲置与城市土地资源稀缺形成了中国土地利用现状的一对矛盾。虽然城镇近郊区空心村综合整治总体绩效评价处于较“优秀”的水平等级,但城镇远郊区以及边远贫困地区的一般农村,由于经济欠发达、交通不便等原因人口外出量大,外来资本或人员不予关注,宅基地利用效率整体偏低。[3] 据有关调研结果显示,这些地区的农村空心化率高于城镇近郊区,山地村庄空心化率高于平原区和丘陵区。[4] 山西省长子县2017年年底的调查显示,全县闲置凋敝宅基地达9027宗,面积5305亩,占全县宅基地总面积的10%。[5] 老的闲置宅基地继续扩大,而新的闲置宅基地不断增加,这种冲突随着城市化进程对土地需求的不断加大而持续深化。

在一定程度上,对宅基地使用权流转的“限制”直接导致宅基地的“闲置”。如果说,手握发达农村宅基地的农民是由于其较高的资产价值而“不愿”流转,那么占全国绝大多数的偏远农村宅基地则表现为一种“无法”流转——既然有偿退出补偿偏低,“隐形流转”需求不大且价格也低,那么不如

---

[1] 庄开明、彭亮等:《农村闲置宅基地有偿退出与优化利用——基于四川省农地改革与探索的实践》,人民出版社2017年版,第28页。

[2] 《2016年中国城镇化率、城镇人口数量及农村人口数量分析》,载中国产业信息网,http://www.chyxx.com/industry/201701/489712.html。

[3] 谢皖东、田双清、陈宇阳、陈文宽:《基于农户满意度的城镇近郊区空心村综合整治绩效评价》,载《中国农业资源与区划》2017年第6期。

[4] 宋伟、陈百明、张英:《中国村庄宅基地空心化评价及其影响因素》,载《地理研究》2013年第1期。

[5] 邢云鹏、郭锋:《奏响乡村振兴曲——山西省农村闲置凋敝宅基地盘活利用调查》,载《中国国土资源报》2017年11月9日,第1版。

把宅基地在家闲置，走一步、看一步的同时也是一个保障。“即使占而不用，也可作为一种备用资源和资产保留。”[1]这与经济学上的“公共牧地的悲剧”如出一辙，是经济学家诺思所言的“一个因文化或制度（产权）不适当引起的激励失灵的例子”。[2] 由此可见，虽然造成宅基地大量闲置的原因是多方面的，但从流转的角度分析，进城务工、“被城镇化”的农民，“不愿”也“无法”流转宅基地和住房，导致人地分离，国家限制流转而导致的“无法”流转是宅基地闲置的主因。从形成这种情况的动因上看，主要表现为下面几种情况：一是举家进城务工，农村青年进城读书，毕业后留在城市但户口仍留在农村且分得土地，这是导致宅基地闲置的最主要原因。这种情况的宅基地，对于大多数家庭来说仍是重要的生活保障，一旦流转出去而在城市却无法立足，将面临成为“流民”的危险。二是基于偏远农村村民因子女教育和老人医疗等多方面原因举家搬迁至城镇，原房屋空置。这种情况的农户并没有强烈的流转意愿，只是暂时性地为子女或者为养老住在城市，其宅基地仍然应该保留。三是继承人无居住意愿。宅基地的占用具有代际周期性，一代继承一代继续使用。[3] 而上一代占用宅基地资源，下一代继承人又有可能因在城镇或其他地方居住而虽然名义上继承了农房，但却根本没有意愿和可能搬来居住。这些都是对土地资源的过度使用和浪费，是土地资源利用的“公地悲剧”。[4] 同时，限制流转也在一定程度上影响了国家对宅基地闲置的治理效果。闲置宅基地主要集中在位置偏远的一般农村，由于其经济价值不高，因此国家以宅基地的有偿退出作为主要治理手段。但由于对流转的限制，宅基地的资产价值无法充分释放，导致村集体经济组织的财力不足，宅基地有偿退出只能靠政府通过财政补贴推动。但由于大面积铺开会对地方财政造成沉重负担，

---

〔1〕 喻文莉：《转型期宅基地使用权制度研究》，法律出版社2011年版，第107页。

〔2〕 [美]道格拉斯·C. 诺思：《经济史中的结构和变迁》，陈郁等译，三联书店1991年版，第89页。

〔3〕 印子：《论宅基地使用权实现的法律制度模式——兼评〈土地管理法（修正案）〉（征求意见稿）》，载《思想战线》2018年第3期。

〔4〕 Michael Heller, *The Tragedy of the Anticommons: Property in the Transition from Marx to Markets*, Harvard Law Review 111, 1998, p. 621 – 688.

因此效果缓慢。

（二）阻碍城乡要素流动

我们所称的城乡二元结构首先是二元经济结构，其次是二元社会结构，最后还是二元利益结构。[1] 城市和农村的城乡二元结构，不仅体现在土地制度的集体与国有、城市与乡村的差异上，其更是一个囊括户籍、教育、保障制度等多重内容的社会管理模式的划分。在人口、土地、经济等多方面，城市和农村都体现出两种截然不同的政策和法律，城乡土地二元结构仅仅是城乡二元结构的一部分。这种制度设计的由来，是在计划经济时代对城市和农村不同的认识和定位形成的，在历史上对稳定城乡生产和经济曾有过重大意义并发挥了重要作用。在土地、人口等生产要素流动性很低的时代，城乡二元制度适应和巩固了农村的人口、土地、经济等方面的固定性和非流动性。在城乡二元化社会结构之下，20 世纪 70 年代的农业以“剪刀差”的方式牺牲了自己，支持了整个国民经济的发展，形成了中国特有的农民集体经济组织及集体所有权制度，成为“支撑整个计划经济体制存在和运行的支柱”。[2] 但是，随着改革开放后经济社会的不断向前发展，城乡要素流动日益频繁，二元结构逐渐松散，越来越多限制流转的弊端凸显出来。农村建设用地无法获得与城镇建设用地一样的流转自由。这种城乡二元的土地制度使城市与乡村的土地受到不同对待，是造成宅基地使用权流转限制的制度成因。而流转的限制也反过来进一步强化了土地制度的分化，成为城乡土地等生产要素流动的梗阻点。

“城市化是人类社会从城乡分野到城乡对立，最终过渡到城乡融合的漫长的自然历史过程”，[3] 是社会文明程度的重要标志，也是经济社会发展的世界性规律，更是“消解城乡分治‘二元结构’状态的最终途径”。[4] 2013

[1] 贺雪峰：《地权的逻辑Ⅱ——地权变革的真相与谬误》，东方出版社 2013 年版，第 78 页。

[2] 参见厉以宁：《论城乡二元体制改革》，载《北京大学学报（哲学社会科学版）》2008 年第 2 期。

[3] 杨家栋、秦兴方、单宜虎：《农村城镇化与生态安全》，社会科学文献出版社 2005 年版，第 10 页。

[4] 喻文莉：《转型期宅基地使用权制度研究》，法律出版社 2011 年版，第 90 页。

年，党的十八届三中全会《关于全面深化改革若干重大问题的决定》明确提出“城乡发展一体化”的目标要求，其核心追求是实现城乡统统发展与共同繁荣，实现的关键是在体制机制上让生产要素在城乡之间合理流动，而非现在的所有资源都流向城市的单向流动。“要实现生产要素在城乡之间的合理流动和平等交换，关键在于土地制度。”[1]土地作为一种总体数量有限、利用周期较长、整体存量稀缺的自然资源，应得到最优化的配置，以实现土地市场的供需平衡。可转让性作为产权的基本属性，体现的是资源优化配置的本质需求。但现实情况却是，一方面宅基地无法自由流转，农村土地大量闲置；另一方面城市建设用地的缺口较大。两者之间本可以互补，却受限于流转的限制而无法实现。现行的宅基地使用权流转制度从计划经济时代延续而来，与目前的城乡一体化进程要求已不相符。流转的限制阻碍了城乡要素的流动，成为影响构建城乡统一土地市场的障碍，阻碍了土地制度改革的推进，阻却了城乡二元结构向城乡一体化的发展。如果这套制度不改革，城乡一体化只会使城市越来越发达，农村越来越凋敝。要避免这种情况的发生，就必须疏通流转限制这个城乡土地流转的梗阻点。

（三）效率价值视角的分析

效率本是一个经济学概念，是指“制度成本与制度效用或收益的比较”，是一套约束和保障个人行为的规则。[2] 亚当·斯密最早将这一经济学命题引入法学领域，开创了用经济学的视野和依据来检视与评价法律制度的先河，推动了经济分析法学的兴起和蓬勃发展。[3] 效率是人类活动的一种目标和需要，以有效率的制度来取代低效甚至无效的制度，是人类社会发展进步的根本动力。因此，效率也被视为经济法的重要价值追求之一。现代市场经济崇尚市场在资源配置中的根本作用，强调以市场为根本手段对资源的优化配置，以此实现对更高经济效率的追求。

---

〔1〕 刘守英：《中共十八三中全会后的土地制度改革及其实施》，载《法商研究》2014 年第 2 期。

〔2〕 Cf · Harold Demset, *The Problem of Social Cos*, Journal of Law and Economics 3, 1960, p. 1 – 44.

〔3〕 参见杨飞：《制度效率：价值目标的契合——关于法律经济学的一点思考》，载《宁夏社会科学》1998 年第 4 期。

从上述现实情况来看,宅基地制度的运行效率并不高。就整个社会而言,表现为对宅基地资源配置的低效,突出问题是宅基地作为一种土地资源的闲置,无法通过市场实现城乡要素的流动,实现资源的优化配置。现行各种政策法规对宅基地使用权的流转持极为保守的态度,对于向本集体经济组织之外的外部流转更是明令禁止。我国农村土地利用中宅基地的闲置现象,显然不符合经济效益、生态效益以及社会效益的统一要求,更是与资源优化配置要求的相悖。以经济学的视角分析成因,这种大量闲置的情况并非市场配置的自然结果,而是法律禁止通过市场流转人为造成的,限制宅基地使用权的流转阻碍了土地资源由低效向高效的流动。“如果产权不能转让,那么就没有办法通过自愿交换使资源从生产率低的使用上转到生产率较高的使用上来。”[1]“土地资产的增值动力始终是农村经济社会发展的原动力”,宅基地财产功能的现代特征日益彰显。[2] 因此,这种低效与高效之间转换的不顺畅,使宅基地的利用效率越来越低,无法“流动”的宅基地资源,成为一滩“死水”。

与此同时,宅基地使用的负外部性问题也伴随而生。有学者指出,“宅基地使用具有外部性”。[3] “外部性”一词英文原意为“extrnality/externalities”,在经济学文献有时又被称为“外部效应”(external effects)或“外部经济”(external economies)。外部性,是指企业或个人向市场之外的其他人所强加的成本或效益,如空气和水的污染,不安全的药品和食品等。政府面对这些问题像一个家长一样常说“不”字。[4] 有学者认为,“当个人或厂商的一种行为直接影响到他人,却没有给予支付或得到补偿”,[5]是外部性问题产生的原因。其实,外部性就是经济行为主体的行为会给其他主体带来

---

〔1〕 [美]丹尼尔·W.布罗姆利:《经济利益与经济制度——公共政策的理论基础》,上海人民出版社、上海三联店 1996 年版,第 16 页。

〔2〕 喻文莉:《转型期宅基地使用权制度研究》,法律出版社 2011 年版,第 87 页。

〔3〕 桂华、贺雪峰:《宅基地管理与物权法的适用限度》,载《法学研究》2014 年第 4 期。

〔4〕 [美]保罗·萨缪尔森、威廉·诺德豪斯:《经济学》,萧琛主译,人民邮电出版社 2014 年版,第 31 页。

〔5〕 [美]斯蒂格利茨:《经济学》,梁小民等译,中国人民大学出版社 2000 年版,第 138 页。

非市场性的福利影响,而无须为此承担相应成本或补偿的一种情况。所谓的负外部性,就是这种影响是负面的,即减损了其他经济行为主体的福利;反之,则是正外部性的。追求负外部性问题的内部化是经济法对市场的调整和规制的重要目标。作为一个重要的经济学概念,负外部性与宅基地使用权流转问题体现为较大相关性和耦合性,宅基地使用权流转问题所表现出的市场失灵,以及在此条件下政府行为与市场行为的选择等消极、负面问题,都可以看作负外部性问题的表现。宅基地总体有限且利用周期长,属于稀缺资源。正因如此,在土地的利用上才要求必须合理规划、集约利用。在土地资源日益紧缺的时代背景下,城市化进程不断深入产生对土地的大量需求与宅基地利用的低效之间形成了强烈反差。大量农村宅基地因为限制流转而不得不闲置,而对土地利用的强烈需求却无法得到有效满足,无法实现土地资源的有效配置。在现行的制度安排之下,对于闲置的宅基地并不能进行有效的约束,这也就意味着宅基地使用权人的私人成本与土地利用的社会成本出现了背离,即宅基地利用的低效对于整个社会来说,具有负外部性,[1]也是与效率价值背离的表现。

二、“隐形流转”的秩序价值困境

(一)“隐形流转”的现实考察

近30年来,我国法律、政策对宅基地使用权自由流转一直持否定态度,宅基地使用权不允许对外转让、抵押,国家允许的宅基地使用权流转仅限于本集体经济组织成员内部的流转。“本集体经济组织成员外的人不得购买宅基地使用权”的规定,使宅基地市场流转面临体制性障碍。但与之形成鲜明对比的,却是现实生活中“隐形流转”的大量存在,在数量上远远超过了本集体经济组织成员内部的流转。“隐形流转”,是指依据“房地一体”原则,通过农房的买卖或宅基地使用权的长租而导致的宅基地使用权变相流转。

由于“隐形流转”违反了国家的政策规定,无法办理产权变更手续,获得

〔1〕 参见曹泮天:《宅基地使用权流转法律问题研究》,法律出版社2012年版,第63~65页。

国家的认可,因此其流转并不存在一个公开的、统一的市场,相当大规模的农房买卖和宅基地流转都是通过地下交易完成的。虽然没有具体统计数据,但是一些高校[1]或政府[2]组织的专题调研,几乎都得出了“隐形流转”大量存在的共同结论。尤其在全国城郊地区的发达农村,宅基地通过房屋买卖、长租等形式的“隐形流转”数量更是惊人。这些无法得到法律认可、无法办理产权登记手续的“隐形流转”,以农房买卖,形成了一个自发的、巨大的宅基地“隐形流转”市场。从动因上分析,经济利益驱动、农民与市民需求互补、农村景观和生态吸引力等都是造成宅基地“隐形流转”的主要目的追求。基于宅基地使用权流转的有限性和市场机制的欠缺,在实践中的宅基地使用权的“隐形流转”在定价上尚未形成一个完善的价格评估体系,流转价格商定没有较客观的参考标准,宅基地市场价值并未得到正常和完全的体现。

(二)秩序价值视角的分析

“秩序是人类生存和发展的必须,是人类理想的要素和活动的基本目标。”[3]不同学科、不同侧重,对秩序的定义会存在一定差异。《辞海》中,秩序被解释为“整齐,守规则”。“从一定意义上说,法的秩序就是法律调节下的社会关系,是社会关系的法定化或规范化,是人类本质状态的形式化、模式化和条理性。”[4]秩序价值与公平价值、效率价值存在一定程度上的内在联系,是辩证统一的。在秩序与公平的关系上,18 世纪启蒙主义文学家歌德就在剧本《葛兹冯伯利欣根》写道“不公正胜于无秩序”,把秩序价值置于公正价值之上。“不公正胜于无秩序”不仅体现了传统民法蕴涵的重要价值判

---

[1] 有学者曾组织过涉及全国 1083 个自然村(遍布全国 28 省、334 市县、840 多个乡镇)的宅基地使用权流转调查活动。结果显示,多达 42.9% 的村庄存在宅基地及农房流转的情况,城郊村庄的这一统计数据更是高达 70% 以上。王崇敏等:《我国农村宅基地使用权现状调查报告》,海南大学法学院 2011 年,转引自王崇敏:《宅基地使用权制度现代化构建》,法律出版社 2016 年版,第 169 页。

[2] 浙江省丽水市政协调研组 2009 年 4 月 9 日发布的报告显示,“通过对云和、缙云县 15 个行政村开展抽样调查统计,发生农民私下流转宅基地的就有 8 个村,占 53.3%”。丽水市政协调研组:《推进宅基地使用权流转 加快新农村建设——关于“我市农村宅基地使用权流转问题”的调研报告》,载中国人民政治协商会议丽水市委员会网,http://www.lszx.gov.cn/zyhy/cwhy/2j18c/t20090416_537524.html。

[3] 张文显:《法哲学范畴研究》,中国政法大学出版社 2001 年版,第 195 页。

[4] 杨震:《法价值哲学导论》,中国社会科学出版社 2004 年版,第 181 页。

断,而且也成为现代民法最重要的并且越来越重要的基本理念。[1] 在秩序价值与效率价值的关系上,效率作为法律的价值目标要素必须由秩序来实现。[2] 综合来看,虽然不同学者从不同角度给出了自己的对秩序价值的理解,但是概括而言,秩序价值都指向了一种规范体系作用下有条不紊的状态。因此,秩序即是一种井然有序的状态。

秩序价值也是经济法的重要追求和衡量标准之一。一方面,经济法的秩序价值是"自生自发的市场秩序和人为构建的秩序的统一"。人的理性经济人的定位以及资本逐利的本性都使对效率的追求存在唯利性、盲目性的可能,因此,这种由市场主导的"自发市场秩序"在很多时候并不是一种真正的秩序,对"自发市场秩序"的矫正必须通过人为构建的秩序来实现。在宅基地使用权流转问题上,"隐形流转"的大量存在就是一种"自发市场秩序"的表现,这严重冲击了秩序价值的目标和实现。另一方面,经济法秩序价值的重要作用还表现为人们对自身行为结果的可预期,对可得利益的可期待。一个完全无序的地方,个体生活是不能预期的。在人类社会的进程中,如果人们对自己的生活无法预测,整个社会就会陷入巨大的恐慌之中。[3] 一个无秩序的社会,其他价值也将无从谈起。正因如此,博登海默指出,人类"这种要求确立社会生活有序模式的倾向……乃深深地根植于整个自然结构之中,而人类生活则恰恰是该结构的一个组成部分"。[4] "社会秩序的终极目标是人类的需要,法律理性彰显人类生活的道德基础和伦理目标。"[5]必须依靠法律规范体系的构建和完善,才能让人类自身的行为获得可以预期的判断。"制度理想与社会实况之间的差距,表明了法律制度乃是社会理想与社会现实这二者的协调者。"[6]因此,秩序价值致力法律制度的构建与完善,并指向

[1] 参见尹田:《法国物权法》,法律出版社 2009 年版,第 591 ~ 592 页。
[2] 阮防:《法律的价值目标——富有正义、效率的秩序》,载《法学》1994 年第 7 期。
[3] 参见陈福胜:《法治:自由与秩序的动态》,法律出版社 2006 年版,第 137 页。
[4] [美]E. 博登海默:《法理学——法哲学及其方法》,邓正来译,中国政法大学出版社 2010 年版,第 228 页。
[5] 张铁薇:《侵权法危机的伦理诊断》,载《法学家》2012 年第 1 期。
[6] 韩清怀:《农村宅基地使用权制度研究》,中国政法大学出版社 2015 年版,第 61 页。

建立一个井然有序的法治国家和法治社会的最终目标。可以说,秩序价值是我们孜孜以求的法治理念的基础价值,是我们坚守的法治信仰的首要价值,是其他各种价值实现的基础。“隐形流转”严重冲击了土地市场的正常秩序,对经济秩序、社会秩序、道德秩序、管理秩序、交易秩序、司法秩序带来的不良影响,与秩序价值的追求严重背离。

第一,对农村土地经济秩序的严重破坏。无论是农房的直接买卖还是宅基地使用权的以租代卖,对于购买或承租的一方而言,都存在较大的交易安全隐患。对于以租代卖来说,租赁一方一般都会选择在宅基地上投入不菲资金重建住宅,有的甚至以高标准的别墅、会馆来建设。而租赁这种债权方式在财产公示等方面存在先天不足,所获得的保障相对物权显然较低。同时,在这种“隐形”的地下市场交易中,由于其信息无法公开,往往存在“严重的信息不对称、交易价格偏离真实价值、交易费用过高”[1]等不足和问题。缺乏公开、公正的合法交易市场,单纯通过买卖双方自发的要约、无序的组织、任意的协商而达成的合意、形成的交易无法受到政府的监督和保护。与征收土地后的出让金比较,“隐形流转”的土地定价以及农房在实际流转中所表现出的价值远远低于其实际价值。这不仅加大了农村集体组织和农民利益受损的可能,对农村土地经济秩序的冲击,甚至会对整个农村经济环境带来负面影响。

第二,对农村社会秩序的不良影响。在“隐形流转”的整个过程中,作为宅基地所有权人的村集体,所有权人的管理地位无从发挥,集体所有的产权性质毫无体现,[2]导致集体经济组织的所有权虚置。同时,伴随近年来不断推进的城镇化进程,农村宅基地使用权“隐形流转”的背后更是活跃着一大批“炒农房”“炒宅基地”的“炒手”。他们通过自有信息渠道提前获取城市重点开发拆迁某地区的规划信息,以此为重点到该地投资购买农房,待该地区拆迁时获取拆迁的补偿款,或待开发建设、公共配套措施完善后再将农房以

---

[1] 曹泮天:《论宅基地使用权流转的理论基础》,载《法学杂志》2012 年第 6 期。

[2] 参见庄开明、彭亮等:《农村闲置宅基地有偿退出与优化利用——基于四川省农地改革与探索的实践》,人民出版社 2017 年版,第 39 页。

及宅基地使用权出卖,从中获利。这种个别人利用自己的信息优势而获得拆迁补偿的现象不仅是对被拆迁农民个人利益的侵害,更是对整个社会公正秩序的挑战。

第三,对农村土地管理秩序的冲击。“财产权界定越明显,土地市场效率越高”[1]是土地经济学中的基本原则。对于很多偏远的一般农村来说,宅基地并未体现出很强的资产价值,是否登记对农民影响不大,农民对宅基地和农房的登记积极性本就不高。宅基地使用权登记缺失,产权普遍不够明晰的情况较普遍。如果“隐形流转”双方不产生纠纷,国家公权力就不会主动介入。这种在对制度执行上的“有意的制度模糊”(intentional institutional ambility),[2]使宅基地登记管理秩序混乱,对财产交易安全造成了较大的负面影响,对农村社会稳定造成了一定程度的冲击。同时,宅基地使用权“隐形流转”造成了宅基地的权利人和实际使用人不一致,使本就未实现全面登记的农村土地权属更加混乱,增加了土地管理的难度,继而对农村土地的稳定秩序造成冲击。

第四,对司法秩序的负面影响。在实践中频发的房屋买卖合同纠纷其实质就是一种为了获得拆迁利益的毁约行为——农民在遇到房屋拆迁之时向法院起诉要求确定农房买卖合同无效,据此将拆迁款据为己有。法院限于现有法律政策规定确认买卖合同无效,司法程序成为这些毁约者实现自己不正当利益的工具,严重损害了司法权威。一些地方法院也作出了对购房者利益适当补偿的规定,[3]这种探索是值得肯定的,但是这种司法的有限能动性仍存在局限,难以从根本上解决问题。

第五,对社会道德秩序的影响。上述毁约行为引发了大量民事诉讼纠

---

[1] Micelli, Thomas J., C. F. Sirmas & Geffrey K. Turnbull, *The Dynamic Effects of Land Title Systems*, Journal of Urban Economics 47, p. 370 – 387(2000).

[2] [荷]何·皮特:《谁是中国土地的拥有者——制度变迁、产权和社会冲突》,林韵然译,社会科学文献出版社 2014 年版,“序”第 24 页。

[3] 浙江等地法院制定了该类案件的内部裁判标准,规定宅基地使用权人将房屋出卖给城镇居民,房屋合同在现行法律框架内被认定为无效,但是这个买卖合同可视为房屋以及宅基地权益的让与,在房屋被征收拆迁之时,法院应当认定拆迁款项与房屋购买价值部分的获利应当归买受人所有。

纷,法院认定农房买卖合同无效,从根本上说,这是司法层面难以解决的。

宅基地使用权“非正式”的“隐形流转”之所以要以“隐形”和“非正式”的方式存在,根本原因在于其无法得到法律的认可。而这也就同时意味着“隐形流转”无法获得法律的保障,为交易的安全埋下了极大隐患。上述问题对农村稳定的社会、经济、管理、司法秩序造成了损害,不利于宅基地资源的有序配置,是对秩序价值的严重背离。

三、农民利益受损的公平价值困境

(一)农民的财产权利未得到保障

依据“地随房走”原则,农民手中农房的出卖也随之受到严格限制,无法货币化或者说是无法按照其合理的价值货币化。但仔细分析,农房资产的出卖也由于“地随房走”原则而被扣上了“隐形流转”的帽子,无法得到国家的认可,司法机关认定农房买卖合同无效,颇显蹊跷。1962 年“两权分离”的宅基地制度确立之初,就明确规定了住房永远属于农民个人所有,可以租赁买卖。而经过不断的发展演化,至改革开放后却以“宅基地归集体所有”为由剥夺了农民出卖住房的权利,把本应“地随房走”的政策变成了“房随地走”,形成地不能走、房不能卖的结果。农房作为个人、一个家庭重要的资产,农民却无法将其出卖以获取合理的财产性收入,这严重损害了农民的财产权利和经济利益,进一步拉大了与城市居民的收入差距。

农房的资产价值不能实现,使农民一再错过资产升值的机会,这种机会的不平等是更致命的。有学者曾在主张限制农地流转的时候举了一个例子,这本书的最早一版是在 2010 年,距今已 10 余年,如今读来,耐人寻味——“最近十几年,农民从农业和外出务工中获得的收入有了增加,农村一栋楼房至少要 10 万,这到县城买房子是够的”。[1] 10 万元在 10 年前到县城买房子是够的,但在今天恐怕价格早已翻了好几番。问题是,农民是否有选择卖与

---

〔1〕 贺雪峰:《地权的逻辑——中国农村土地制度向何处去》,中国政法大学出版社 2012 年版,第 227 页。

不卖的权利，答案是没有。这就造成农民和城镇居民机会的不平等，城镇居民可以出卖房屋并到自己认为更好的地方买房，他们有选择的权利，也就获得了资产升值的机会。但农民没有选择，面对创业时的资金缺口，面对进城购房时的资金不足，他们没有改变现状的机会。10 年前，一个三线城市的城市家庭可以卖掉自己的住房，选择一个更好的二线城市安家，但同样的想法，一个农村家庭面临选择时却无法获得同等的机会。如果 10 年前，他们卖掉村里的房子加上一些积蓄还有机会在县城买套房，10 年后这种愿望的实现已经变得愈发困难。10 年间，拉开这些家庭差距的主要因素并不是劳动收入的高低，而是当年的一个选择的机会。

同时，宅基地使用权流转的限制给农业的发展也带来一定的影响，一定程度上抑制了农民农业收入的提高。限制流转导致农房不能进入社会财产增值体系和流动体系，也无法用来融资，使农民贷款难、融资难，甚至在农村出现了高利贷盛行的局面，这些都在一定程度上制约了农民提高耕种水平、购买耕作设备、升级耕种技术的需求，从而影响了农民收入水平的提高以及农民对从事农业耕种的动力。

（二）损害农民群体的整体利益

农村集体建设用地无法获得与城镇建设用地一样的流转自由，损害了农民群体的整体利益。按照我国现行法律的规定，建设用地可以分为国有建设用地和集体建设用地，城乡二元土地制度的规范体系是包括《宪法》《土地管理法》等法律法规和国家政策文件在内的一系列规范体系的有机整体。在这一整体中，存在一条泾渭分明的“楚河汉界”，左右两端分别是农村集体所有土地和城镇国有土地，两者从所有权上就显现出了根本不同，一个属于集体所有，另一个属于国家所有。与此同时，这两种土地进一步在土地的使用、流转交易、价格等方面表现出完全不同的二元分化。而上述不同则构成了一个完整的城乡二元土地制度。一是在权利的取得上。农户基于集体组织成员的身份，无偿取得村集体所有的宅基地使用权，体现了宅基地使用权的保障属性；而城镇国有土地以有偿取得方式为主，更多地体现为财产属性，作为一种经济资源而在流转中最大限度地体现价值、最充分地得到利用。二是在权利流转的自由度上。城镇土地使用权的权利主体在依法取得权利后，再转让该权利在范围上几乎没有任何限制，也未对再次转让设置更高的门槛，相比农村宅基地使用权在转让的范围和形式上都表现出了更高的灵活性。三是在权利的利用上。根据《土地管理法》的规定，国有建设用地是经济发展所需土地的主要来源，而农村集体建设用地的用途受到国家的严格管制。[1]四是在权利流转市场的建设上。在市场经济环境下，城镇土地使用权的流转制度已较成熟，并可以通过入股和抵押等多种法定方式实现资金融资等价值功能。城镇土地使用权流转市场制度成熟、法律规范，而且自由度高、市场广阔。而农村土地，尤其是宅基地使用权流转问题上，有针对性地统一规范体系构建仍基本处于空白状态。在土地供应的市场，由于城镇中可供使用开发的国有建设用地已经出现“瓶颈”，现今很大一部分的开发利用土地都是通过征收集体土地，通过改变土地使用用途而获得的。

（三）公平价值视角的分析

公平是人类社会共同的价值追求，是我们孜孜以求的奋斗目标。在中国传统文化中，公平是《论语》中的“不患寡而患不均，不患贫而患不安”，是《道德经》中“容乃公，公乃全，全乃天，天乃道，道乃久，没身不殆”，是墨子口中的“爱无差等”。公平在古希腊思想家亚里士多德眼中，是关心他人的善，是要求按照比例平等原则把这个世界上的事物公平地分配给社会成员。功利主义学派学者边沁认为，追求最大多数人的最大幸福就是公正法律的目标追求。马克思主义认为，公平以“每一个个人的全面而自由的发展”为核心，社会主义之所以最终要消灭剥削和压迫，归根结底是为了消除社会的不平等和不公正，实现人的全面发展。总体而言，不同时代、不同学科、不同角度，对公平的理解都可以作出不同的解读。公平是对于同类主体或事项的同等对待。因此，公平与平等常常联系在一起。在很多情形下，平等就是公平，但两者也存在差异。在法的价值序列中，公平是比平等更抽象的一种价值。公平又是

---

[1] 根据《土地管理法》第4条以及第44条的相关规定，我国严格限制农用地转为建设用地，控制建设用地总量。建设占用土地，涉及农用地转为建设用地的，应当办理农用地转用审批手续。

指处理事情合情合理，不偏私。因此，公平又常常与正义联系在一起，但两者也存在差异。正义是更加突出事物的伦理、道德属性，强调惩恶扬善、是非分明、办事公道、态度公允、没有偏私等内容。

无论公平的定义如何界定，"公平在法律上从来都具有极为重要的意义"却是不争的事实。"公平常常被人们视为法律的基本精神，不论这个法律是实在法还是超实在法的理性法，法律范畴内的任何规则、准法律规则或者法律之外的行为规范和裁判准则都应当以公平作为基本价值依据和价值目标。"〔1〕从法学视野分析，公平是对权利关系的一种价值判断，其以个人的权利得到保障为前提。〔2〕因此，人们常常把权利能否得到保障作为公平与否的判断尺度。罗纳德·德沃金认为，公平与权利共生共存，每个人的权利都得到"平等的关心和尊重"是人的终极基本权利。〔3〕要实现公平价值的目标，首先要求应实现经济上的平等，即权利受到平等保护，同时也应实现法律上的平等，即权利的平等受到法律的平等保护。"经济法以社会整体公平为价值取向某种程度上是经济法以社会正义为最高价值追求的核心，即经济法应更多地关注社会弱势群体的权利以实现社会公平。"〔4〕

农民无论在经济收入、经济能力还是在规则制定、发言发声上与城镇居民相比，都显得更弱势。因此，农民个体还是作为整体存在的农民群体都应享受与城镇居民平等、无差别公平待遇的追求，是经济法在宅基地问题上的基本原则，也是经济法所倡导的社会公平的重要体现。从农民个体出发，他们的财产等各项利益都应受到平等、无差别的保护，不容损害。作为一种财产，农民在宅基地上的财产权益无法得以正常实现，其资产严重受损。曼姆福特曾表示："土地不但意味着保障，意味着权利与独立，更意味着个人的财

---

〔1〕卓泽渊：《法的价值论》，法律出版社2006年版，第412～413页。

〔2〕杨思斌、吕世伦：《和谐社会实现公平原则的法律机制》，载《法学家》2007年第3期。

〔3〕［美］罗纳德·德沃金：《认真对待权利》，信春鹰、吴玉章译，中国大百科全书出版社1998年版，第240页。

〔4〕李昌麒主编：《经济法理念研究》，法律出版社2009年版，第107页。

富”。[1] 对宅基地使用权流转的限制，堵塞了农民实现宅基地资产价值的渠道，使农民重要资产变现的要求无法实现。国家政策对农房转让不能办理登记的禁止性规定，让农房无法进入正式的流转市场，从而导致农民房屋的进一步贬值，农民财产权利严重受损。宅基地使用权作为一种不完整的产权，欠缺了可转让的权利内容。这种不能被转让的“产权残缺”也加剧了宅基地及其地上农房财产价值的减损。宅基地与城镇建设用地同地不同权，在国家征收以及国家出让两个不同的流转环节中，农村土地转变成城镇建设用地后的价格存在差别。同样的土地，却在不同的所有权性质转换之间，在不同的“身份”特性之间，造成如此巨大的价格差异。

四、宅基地相关诉讼的正义价值困境

（一）宅基地相关诉讼的特点

第一，宅基地使用权纠纷案件数量整体下降。2008 年前，全国法院受理的宅基地使用权纠纷案件每年保持在 5000 件以上，之后逐年下降，到 2014 年已降至 2000 件。从收案类型看，除宅基地使用权取得的主体资格确认、宅基地使用权行使中的相邻关系纠纷、宅基地使用权的行政审批纠纷等少数类型外，主要集中在对宅基地使用权直接流转的纠纷上。而由于国家对宅基地使用权的直接流转的限制性政策和法律规定是明确的，由于社会对宅基地使用权无法买卖的认知越来越普及，当事人已经明确预知诉讼的结果。因此，即便发生纠纷，当事人也不愿再诉至法院，而是寻求协商解决等其他途径。

第二，农村房屋转让合同纠纷呈增长态势。随着城乡一体化进程的推进，与宅基地相关的以农房买卖方式导致的宅基地使用权“隐形流转”的情况日益增多，相关诉讼纠纷增长迅猛。对购买农房发生的争议，法院会以买卖合同纠纷作为案由。而在合同纠纷案由项下，是没有农房买卖合同这一统计标准的。因此，并无直接的司法统计数据来反映此类纠纷的实际增长情

---

[1] [德]马克思、恩格斯：《马克思恩格斯全集》（第 23 卷），中共中央马克思恩格斯列宁斯大林著作编译局译，人民出版社 2005 年版，第 57 页。

况,但“北京宋庄画家村系列案”等相关案件所引发的强烈社会关注却是不争的事实。而该类案件的迅猛增长也是两个方面共同作用的结果:一方面,受到农民群体对自身财产收入增长预期提高、大量农民进城务工、宅基地和农房闲置等因素的正向影响;另一方面,城市化扩张所需的拆迁已成为这类纠纷的直接推手。农民对其房屋入市的意愿在很大程度上还会受到当地经济发展对农业依赖度的反向影响,通常城市化水平较高的沿海省份以及城市近郊等经济发达农村,农房的转让更活跃,引发的纠纷也相对更多。可以说,“哪里有买卖,哪里就有隐患;哪里有拆迁,哪里的隐患就会大规模暴露出来”。

第三,“隐形流转”引发的宅基地使用权之争的本质是对农房和宅基地增值利益的争夺。农村房屋转让纠纷大多数归因于房屋及其宅基地升值,以农房因被征收而涉及拆迁补偿所产生的纠纷最常见。农村房屋转让,名为房屋买卖,实际上涉及的是对宅基地的占有和利用问题。由于农房的转让大多数沿城市扩张的平面轨迹发展,越是靠近城市的农村越容易发生农房买卖,而也正是这类地区最易被征收拆迁,从而引发农房和土地的巨大升值,导致对利益的争夺。此时,卖方往往主张房屋买卖合同无效,要求返还房屋或者拆迁费,拆迁部门对此的处理常陷入两难的困境。[1] 由此可见,农房买卖合同纠纷本质上就是出卖一方看到了宅基地升值的巨大利益而对出卖行为反悔了。国家限制流转的政策成为个别人用以实现自己毁约目的的工具。

(二)正义价值视角的分析

正义,是指公正、公平正直、没有偏私。正义价值朴素的含义包括惩恶扬善、是非分明、办事公道、态度公允、利益平衡、多寡相均等内容。在中国,《礼记》阐述了“大道之行也,天下为公”的思想,《朱子语类》中有“好恶当理,便

---

〔1〕 根据2015年3月1日《不动产登记暂行条例》施行之前的法律规定,我国农村的房子如果是合法审批建造的,农民依法会拥有集体建设用地使用权证书(宅基地使用权的权利证明)。但是宅基地使用权上的房屋并不单独核发房屋所有权证书。根据原《物权法》的规定,房屋建造行为完成之时建造人即享有房屋所有权,所以拆迁补偿还比较好处理,但是如果集体建设用地使用权证并未颁发的,此时原先的农村房屋卖方(宅基地使用权人)可能就持建房申请表及有关审批文件,向拆迁部门主张征地的补偿费用,从而引发了出卖人与买受人之间关于拆迁补偿款的争端。

是公正”的内容。古希腊思想家柏拉图在《理想国》一书中提出了分配正义与矫正正义的概念，强调矫正正义对社会正义的恢复。对正义价值的认识和追求与法律密切相关。德国法哲学家古斯塔夫·拉德布鲁赫提出，“我们正是在正义中找到了法律的理念，还确定了正义的本质”。[1] 法律既是正义和非正义的科学，也是善良与正义的艺术。法律的意义在一定程度上就是为保障正义价值的实现而存在的，而正义则是法律制度运行的根本价值追求。对正义与否的评判离不开法律的标准，对权利的保障、对正义价值的追求必须通过司法体制机制的有效运行来实现。“司法是实现法的正义价值的关键环节”，[2] 如何保障和实现司法公正，进而实现公平正义，是法律的重要任务和理想。狭义的理解，司法公正就是指司法机关在审理案件的过程中，既能实体上实现确认和分配权利义务的公正，又能使实现这一结果的过程和方式体现公正。司法公正具有积极的属性和功能，它本身就是司法的价值。司法公正是正义价值最根本、最重要的要求。对正义价值的追求，在很大程度上取决于法律制度的运行状态，取决于司法公正的实现程度。从社会主体的主观评价看，司法公正应是社会主体对司法主体从事司法行为的一种满意程度，即如果依照法律，相同的行为在司法程序中被平等地适用法律而得出相同结果，人们就会满意而感到司法的公正性。因此，对司法公正的社会评价又带有极强的主观色彩。

正义价值要求，在处理宅基地使用权流转所产生的纠纷时，要平等保护各方的合法权益，既不能让农民的权利受损害，也要让其他主体的利益得到法律的平等保护，同样的案件能够统一适用同一法律依据，得到同样的判决结果，但在宅基地相关案件纠纷的审理上却出现了与这一要求不符甚至截然相反的情况。各地法院对于农房买卖合同无效的认识基本趋于一致，但在认定农房买卖合同无效具体应适用哪条法律作为裁判依据问题上，却并不统一，甚至存在较大分歧。有的以宅基地使用权的身份、福利、无偿分配、自住

---

〔1〕［德］古斯塔夫·拉德布鲁赫：《法哲学》，王朴译，法律出版社 2013 年版，第 81 页。

〔2〕周文华：《法的正义价值及其实现》，中国社会科学院研究生院 2003 年博士学位论文，第 1 页。

等属性否定宅基地使用权对外转让为由,[1]有的则以集体经济组织拥有宅基地所有权,使用权人在行使收益和处分权时应受到严格限制为由,[2]有的以宅基地使用权转让导致农村集体土地的非农用途为2004年《土地管理法》版所禁止为由,[3]还有的以宅基地使用权对外转让损害集体经济组织和其他成员的合法权益为由[4]等。随着原《物权法》在2007年的颁布施行,在认定合同无效的理由上,法院较多引用原《物权法》第153条规定作为判决转让行为无效的依据,根据转介条款,引入"国家有关规定"或注重对2004年《土地管理法》第8条、第10条、第43条、第62条和第63条的挖掘和解释,[5]但仍难统一。同时,在一些具体问题的处理上也存在不同做法,甚至是认识上的差别。例如,对签订合同时并非该集体经济组织成员,而后取得资格的情形,一般认定合同有效。[6] 又如,经过多手转让,虽然其间有非集体经济组织成员,但最终买受人为集体经济组织成员的情形,一般认定合同有效。[7]再如,买卖双方办理了登记且该房已动迁拆除的情形,有的法院并没有判处购房合同无效,而是直接驳回了原告的诉请。[8] 在该类案件的审理上,表现出了较明显的法律适用依据不统一问题,即"同案不同判"现象。

"政策主导"的宅基地使用权规范体系让司法机关在寻法找法、适用法

---

〔1〕 如浙江省高级人民法院(2008)浙民再字第46号《民事判决书》、江苏省连云港市中级人民法院(2013)连民终字第0453号《民事判决书》等。

〔2〕 如北京市第一中级人民法院(2009)一中民终字第5276号《民事判决书》。

〔3〕 如四川省成都市中级人民法院(2008)成民终字第434号《民事判决书》。

〔4〕 如浙江省东阳市人民法院(2015)东民初字第59号《民事判决书》。

〔5〕 参见江晓华:《宅基地使用权转让的司法裁判立场研究》,载《法律科学(西北政法大学学报)》2017年第1期。

〔6〕 如浙江省义乌市人民法院(2012)金义民初字第2162号《民事判决书》。该案中,法院认为张某是回乡落户的职工,1992年回乡落户购买农民住房,符合《浙江省实施〈中华人民共和国土地管理法〉办法》的规定,法院判定该行为合法有效。再如重庆市第四中级人民法院(2012)渝四中法民终字第00051号《民事判决书》。

〔7〕 如北京市高级人民法院(2016)京民申2879号《民事判决书》。

〔8〕 具体案情参见辽宁省沈阳市中级人民法院判决,案号:(2008)沈中民二字第887号。该案中,买卖双方办理了集体土地使用证、房屋所有权证和契证,5年后,该房屋动迁且已拆除,原房主以购房者为城镇户口购买农房不受法律保护为由主张购房合同无效,要求返回房屋。法院并没有判处购房合同无效,而是直接驳回了原告的诉请,理由是该房屋已拆迁不复存在,返房已无从实现,且该转让行为已办理了登记手续,长达5年的时间里原告均未提出异议,故宜维持该房屋现有的权属状态。

律上存在困境。在宅基地使用权流转规范体系中,法律层面并未对宅基地使用权流转的效力作出直接认定,而在政策层面,却作出了农房和宅基地买卖无法办理产权手续的规定,表现为一种“政策主导”。这一方面让司法机关在认定宅基地以及农房买卖合同时必须持一种否定的态度,以保持与行政机关的统一;另一方面又无法在法律层面找到直接依据,导致了法律适用标准的不一。这些裁判标准上的问题客观反映了司法机关在寻法找法、适用法律上的困境。流转规范体系“政策主导”、规范文件效力层次较低以及法律供给不足,其背后反映的是国家在宅基地使用权流转立法问题上的态度。在原《物权法》起草过程中,国家曾试图对流转问题作出较详尽的规定,但由于争议很大,在最终稿中删除了大部分内容,仅设置了 4 条较笼统的规定。对宅基地使用权的行使和转让等关键问题,仅作了一个衔接性规定,留待《土地管理法》等法律进行调整。而《民法典》对这一问题的再次搁置,也再次体现了该问题的复杂性和改革的难度。

“隐形流转”让代表公平正义的法院陷入两难的困境,损害了法院的表现公正。事实公正与表现公正是司法公正的重要划分。法院是社会纠纷矛盾的终极裁判者,也是社会正义的捍卫者,被人们誉为“公平正义的最后一道防线”。也正因如此,司法公正作出了表现公正与事实公正的划分,让代表公平正义的法院化身为公正的一种具体、可触摸、可形象化的客观存在,是人们对法院的信任,也是法院司法公信的重要表现。正如法学家德芙林勋爵所言:“一个没有表现出公平的法官,对审判程序来说,就像一个允许以肉搏战决定输赢而玷污庭审的裁判人或翻动扑克牌的预言家一样,是没有用处的。”对于司法公信力来说,法院所表现出的公正与司法公正本身同等重要。与一个个案的司法公正与否所造成的影响相比,法院的表现公正显然造成的影响更大,在某种程度上甚至更重要。表现公正要求法官角色表现公正、审判程序表现公正、法院裁判表现公正。面对宅基地使用权“隐形流转”而引发的大量诉讼纠纷,司法机关却欠缺可供直接适用的统一裁判规则。大多数司法机关严守现行禁止宅基地使用权流转的规则裁判,陷入法律形式正义的困境。[1] 形式正义并未考虑人类的不同群体基于不同视角、不同身份、不同阶层甚至不同时间对公平观的认识都会存在差异的影响,直接导致了法律价值目标的偏差。在将法律形式正义奉为圭臬的思想指引下,司法活动回避政治、经济、伦理、习俗、宗教等法外因素的考虑,在一种完全封闭的环境里局限于法律内部规则的推导和演绎,闭门造车而形成的司法裁判最终只能在形式正义的道路上与实质正义的目标渐行渐远。

在现实中,法院作为司法机关与作为行政机关的政府相比,后者掌握更充沛的资源,并且易于调配,可以超出当事人诉求的范围,甚至通过其他领域的资源调配满足当事人的利益诉求,而司法机关只能在有限的资源范围内予以调处,灵活性、处置空间有限。个别司法机关的做法也或被动或主动地体现出一种对现有宅基地使用权流转规定进行修改和突破的渴望。如上海高级人民法院《关于审理农村宅基地房屋买卖纠纷案件的原则意见》中要求对农房买卖合同效力暂不表态,尊重现状、维护社会稳定的意见,[2] 体现出司法机关在农房买卖类案审理中对案件处理结果可能引起的负面社会效果的忧虑,反映了对改革现行流转制度的期待。还有一些司法机关在政府主导的宅基地制度地方改革探索中,突破现有政策法规进行司法创新,主动出台了与地方改革配套的司法政策,试图在这一改革中有所"作为",却遭到了诟病。如浙江省高级人民法院 2009 年出台的《关于为推进农村土地流转和集体林权制度改革提供司法保障的意见》对农房抵押贷的支持,[3] 就被批评为

[1] 法律形式正义观点认为,法律规范具有确定的内容,法律自身是一个包罗万象、完整无缺的规则体系,每项规则即是一个一般性命题,通过逻辑演绎便能在个案中实现正义的判决。国家司法机关在处理各类案件的过程中,只要严格运用体现公平原则的实体法规范确认和分配具体的权利义务即可以实现公正。岳彩申:《经济法的形式理性》,法律出版社 2004 年版,第 151 页。

[2] 上海市高级人民法院《关于审理农村宅基地房屋买卖纠纷案件的原则意见》(沪高法民一〔2004〕4 号文)第 4 条规定:"对于将房屋出售给本乡以外的人员,未经有关组织和部门批准,如果合同已实际履行完毕,且购房人已实际居住使用该房屋的,对合同效力暂不表态,实际处理中应本着尊重现状、维护社会稳定的原则,承认购房人对房屋的现状以及继续占有、居住、使用该房屋的权利。"

[3] 浙江省高级人民法院 2009 年出台的《关于为推进农村土地流转和集体林权制度改革提供司法保障的意见》(浙高法〔2009〕250 号),为了配合推动当地的农房抵押贷产品而规定,"以农村住房抵押等新型贷款担保方式贷款的,只要当事人依据相关规定办理了抵押或出质登记的,对抵押权和质权应当予以确认和保护,依法支持创新贷款担保方式,扩大农村有效担保物范围,拓宽农村融资渠道"。

该院明显突破了现行法上“宅基地使用权不能抵押”的规定，表现为实质性的“法院造法”行为。[1] 虽然上述做法是否超越司法机关应恪守的合理界线尚存争议，但也客观地反映出一些司法机关对流转问题进行规制的立法需求，对修改完善流转规范体系的强烈愿望。现行法律制度在农村宅基地使用权“地随房走”等问题上，亟待从立法层面加以改革。

随着社会经济的不断变化，城乡一体化发展的不断推进，宅基地制度已有不足和问题凸显出来，尤其是限制宅基地使用权流转所暴露出的弊端亟待法律规制。经济自由主义下的民商法对于当代社会公共利益、社会公共秩序以及社会弱势群体的关注力度略显不足，极易陷入向法律形式主义的偏离。而经济法作为反思现代化法治困境的产物，则代表了对实质正义价值追求的一股新鲜力量。在经济法看来，司法公正必须包含社会本位价值的考量，社会公正与法律公正的辩证统一是司法公正的重要追求。司法公正中的正义是客观的，是一系列客观评判标准共同构成的一个事实结果，是基于法律的固定标尺而推导出的直接结果。但是，对于社会大众来说，法律概念、法律原则、法律适用、法言法语等一系列具有专业知识要求的评判与社会大众的朴素正义观并不能完全等同。而社会大众对司法公正的评判直接决定“让人民群众在每一个司法案件中感受到公平正义”的司法目标的实现。因此，法律效果与社会效果的统一已成为法院审理裁判案件的重要价值取向。现行宅基地使用权流转规范体系以“政策主导”来严格限制流转，司法机关在宅基地使用权流转纠纷上找法用法的不畅，适用法律的标准难以统一，反映了国家立法机关在宅基地使用权问题上法律供给的不足，使司法机关在案件审理上对社会效果的把控力不从心。同时，对宅基地使用权转让权能的剥夺，不仅在理论上缺乏相应的依据，也易引发现实中的混乱。这背后，是宅基地使用权流转问题公权与私权、公益与私益复杂交织的结果，其难以在司法适用的层面单独解决，而需要国家综合分析经济、社会、法律等各方面因素，通过

---

〔1〕 参见何博、夏立安：《地方法院“造法”的逻辑——以温州等地宅基地流转试验为切入点》，载《政治与法律》2012 年第 2 期。

统筹各方力量、协调各方利益对现有法律制度进行改革来实现。

本章小结

宅地基使用权是一个被困的权利,表现为宅基地使用权流转陷入的困局。宅基地所有权与使用权“两权分离”的权利结构是通过社会主义改造中的土地改革完成的,是政治因素推动制度变迁的结果。宅基地使用权流转制度的发展有3条历史主线贯穿始终,分别为立法思想从公权主导向私权彰显的转变,治理体系从城乡二元向城乡统一的转变,权利属性从保障属性主导向财产属性凸显的转变。限制宅基地使用权流转的规范体系是逐渐形成的,由法律层面和政策层面共同组成,体现为一种“政策主导”。

从经济法的价值判断分析,宅基地使用权流转的困局其实是在某种程度上与经济法价值追求的背离。作为一种重要的土地资源,宅基地资源配置低效,限制流转阻碍了城乡要素的流动,是一种与效率价值的背离;在现实社会中形成了数量庞大的宅基地使用权“隐形流转”市场,导致对经济秩序、社会秩序、管理秩序、道德秩序、司法秩序的冲击,是一种与秩序价值的背离;限制流转使农民个人财产权利无法实现,农民这一弱势群体的整体利益受到损害,是一种与公平价值的背离;宅基地相关诉讼纠纷的司法裁判标准无法统一。

宅基地制度改革的困难,尤其是使用权流转的问题存在已久。如果说原《物权法》起草制定时对宅基地使用权流转问题的回避和态度可以理解为一种时机的等待,那么10多年的时间过去了,这种等待已陷入困局,尤其是对公平、效率、秩序、正义等经济法价值追求的冲击是巨大的,等待的成本是高昂的。10年后,伴随承包地“三权分置”改革写入《民法典》,也许对宅基地问题重新作出分析判断和正面回答的合适时机已然到来。

第二章　困局的求解：宅基地改革的路径选择

沿着上一章的思路，既然现在运行的宅基地制度，尤其是宅基地使用权流转制度存在问题，那么为什么国家没有开始实质性的改革？原有改革方案都进行了哪些实践探索？这些解决路径之所以没有行得通或者说在全国范围铺开实行，症结在哪里？对宅基地使用权流转问题上保持限制和自由流转的两种观点分歧的本质是什么？在这一背景下，宅基地"三权分置"改革方案的提出对宅基地使用权流转问题又意味着什么？如果"三权分置"是宅基地使用权流转实现的一种路径，我们应该如何认识它所带来的影响？

第一节　既有宅基地改革方案的路径分析

一、宅基地改革法律与政策层面的探索与实践

从时间的接续上看，"两权分离"模式下对宅基地制度改革，尤其是宅基地使用权流转路径的实践探索，大约从21世纪初开始，到2013年有10多年的时间。21世纪初，原《物权法》的起草工作启动，这在宅基地使用权流转问题的历史上是一件大事。在讨论的过程中，也作出了解除流转限制的努力，可以视为"两权分离"模式下对宅基地使用权流转的初步探索。2013年，党的十八届三中全会召开，明确提出农村宅基地制度以及整个农村土地制度的改革，并开始了国家层面的农地"三权分置"探索，可以视作这一轮探索的结束。在这10年里，国家对宅基地使用权进行改革的态度较明确，但改革的路径还不是非常清晰，处于一种先期探索阶段。

(一)宅基地改革的法律层面的探索

国家法律层面,未正面回应宅基地使用权流转问题,这在原《物权法》的起草过程中体现得较为明显。2002～2006年,全国人大常委会七次审议原《物权法》草案,整个过程集中反映了宅基地使用权流转问题的复杂性和困难程度。在前3次审议稿中对宅基地使用权流转问题曾规定:"本集体以外的人通过转让取得宅基地使用权的,应当交纳宅基地使用费。"其实是作出了允许宅基地使用权自由流转的规定。但是,在第六次审议稿中却限制了宅基地使用权的流转,规定为"宅基地使用权人经本集体同意,可以将合法建造的住房转让给本集体内符合宅基地使用权分配条件的农户;住房转让时,宅基地使用权一并转让。禁止城镇居民在农村购置宅基地",即地随房走,严禁宅基地单独买卖。对于这项修改,在全国人大常委会内部和社会各界引起了激烈的争论,有的不赞成流转,认为城镇居民会把农民的宅基地买光。有的则赞成流转,认为农房属于私产,应处置自由,同时流转也符合城乡统筹发展和城乡一体化道路的要求。[1] 还有的提出较折中的办法,希望通过严格的限制性规定来保护宅基地相对稳定。最终,2007年3月16日第十届全国人大五次会议第七次审议通过的原《物权法》选择了搁置宅基地使用权流转的问题,认为放开流转的"条件尚不成熟",为今后修改"留有余地"。[2]

在原《物权法》从起草到颁布的过程中,国家对宅基地使用权流转的态度从一开始的允许流转到试图在法律上明确限制流转,再到改为暂不表态的转变,立法态度一方面反映了国家对农民财产权实现的关切,另一方面又表

〔1〕 2006年12月7日,在北京的农经界专家12人联名,给时任第十届全国人大常委会委员长吴邦国写信,信中认为第六次审议稿这样的删改不符合中央统筹城乡经济社会发展和改变二元结构的方针,建议恢复前3次的表述,并从不公正的规定、物权法理上自相矛盾、农村宅基地实际、耕地与"流民"风险四个方面进行了分析。参见赵树枫、李廷佑等:《农村宅基地制度与城乡一体化》,中国经济出版社2015年版,第66页。

〔2〕 2007年3月16日第十届全国人大五次会议通过的原《物权法》,将宅基地使用权转让的规定修改为:"宅基地使用权的取得、行使和转让,适用土地管理法等法律和国家有关规定。"时任全国人大常委会副委员长王兆国在"关于《中华人民共和国物权法(草案)》的说明"中指出,物权法有关宅基地取得、行使和转让的规定,是基于"从全国范围看,放开宅基地使用权的转让""条件尚不成熟",为了维护现行法律和政策,并为今后修改有关法律、调整有关政策"留有余地"作出的。

现出国家对宅基地使用权的身份属性、保障属性的重视,体现了对宅基地使用权自由流转所致风险的顾虑和担忧。修改的过程和最终的结果较客观地反映了此问题的复杂性、重要性和艰巨性,以及国家对该问题的观望意愿。立法者无意在原《物权法》中确立宅基地使用权的流转制度,一步到位解决所有问题,而是采取一种引致条款的方式与其他法律衔接,为今后依据社会的发展变化对流转制度作出改革预留了空间。2020年,承包地“三权分置”写入《民法典》上升为法律条文,而宅基地却仍未能取得立法层面的突破。近十年来,与农村土地承包经营权改革的立法探索相比,宅基地使用权流转的规范体系则一直未有太大变化。

(二)宅基地改革政策层面的实践

中央政府除对宅基地进行严格的流转限制外,也意识到了改革的必要性,进行了初步的改革试点尝试,在国家政策层面进行了积极探索。[1]“建设用地增减挂钩”是对宅基地使用权流转的改革实践探索,其流程为将拆旧地块和建新地块共同组成“建新拆旧”项目区,通过“建新拆旧”和土地复垦,最终实现项目区内建设用地总量和耕地总量的不变和平衡,如图2-1所示。

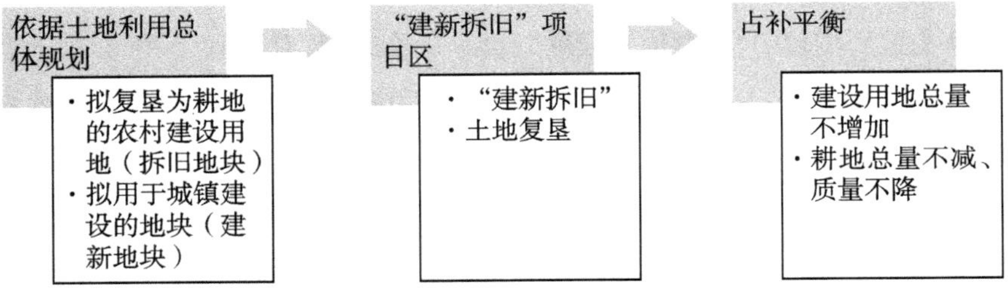

图2-1 “建设用地增减挂钩”流程

“增减挂钩”虽然至今还在实施,但是该政策更多地立足于对耕地整体数量的保持,着眼中国庞大人口的饭碗问题,而相较于此,宅基地使用权流转

[1] 2004年国务院《关于深化改革严格土地管理的决定》提出了“农民集体所有建设用地使用权可以依法流转”的探索方向,并作出“城镇建设用地增加与农村建设用地减少相挂钩”的要求。2005年11月,为正式启动城乡建设用地增减挂钩工作,国土资源部出台《关于规范城镇建设用地增加与农村建设用地减少相挂钩试点工作的意见》(国土资发〔2005〕207号),国家关于“建设用地增减挂钩”的方法正式提出,并在天津、浙江等省(市)的28个县(市、区)展开试点,为其他改革提供了经验借鉴。

制度的改革则重在解决房地的分离问题，意图盘活农民的住房和土地这些“沉睡资产”。因此，“增减挂钩”之于宅基地使用权流转制度改革的效果并不明显。

相比中央，地方的探索意愿更强烈，许多地方政府纷纷出台地方规定，进行了流转制度改革的积极尝试和大胆实践。无论是浙江温州、义乌、宁波以及江苏苏州等东部沿海地区，还是河北、内蒙古、广西、陕西等中西部省份，都出台了关于宅基地管理的办法或者意见。在这些地方政府的指导性文件中，一般都是结合地区的实际情况制订了一些灵活的规则，探索宅基地使用权流转的可能，内容上更激进和大胆，形成了一些较有特色的改革模式，反映了较强的改革欲望与迫切需求。从总体看，主要存在以下两种模式。

第一，宅基地置换模式。宅基地置换模式的流转方式较直接，简单说就是用宅基地和自己的农房换地换房，[1]在流转过程中体现为较强的公权力主导色彩，如图2－2所示。宅基地置换在各地都有不同的名称，如上海“中心村”模式、浙江“两分两换”模式、天津“宅基地换房”模式等，但实质上并无不同，都是一种宅基地的置换。宅基地置换具有如下几方面的特点：一是由政府主导，农民的个人意愿在其中难以完全体现，在实践中个别地方的做法并未充分尊重农民自由选择的权利，导致农民“被上楼”“被城市化”等问题发生。二是被置换的土地性质如何认定、置换后新建房屋是否具有完整产权等问题尚未明确，亟待统一规范。三是宅基地置换的政策动因是对宅基地使用权流转限制的规避，可以理解为是对宅基地资源的整合，政府的置换动力仍然是基于对被置换宅基地的开发意愿。与土地征收程序相比，宅基地置换更简便易行且自由空间更大，被地方政府广泛青睐，在浙江德清、义乌等地取

[1] 宅基地置换的具体操作流程为，农户自愿与集体经济组织签订置换协议，把宅基地交还给集体经济组织，放弃其享有的宅基地使用权。集体经济组织取得宅基地后，再与政府签订置换协议，由政府对置换出的宅基地统一开发建设。这些宅基地一部分用于为参与置换的农户建设住房，并通过集体经济组织分配给原宅基地使用权人，另一部分宅基地由政府出让以进行开发，弥补城市建设用地的不足。

得了较不错的改革效果。[1]

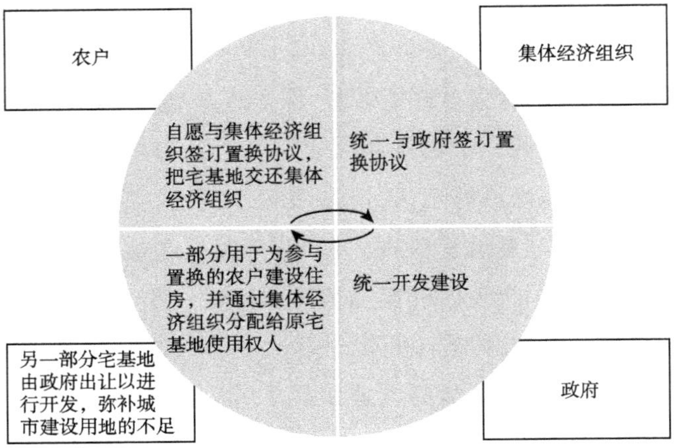

图 2－2　宅基地置换模式流程

第二，宅基地资本化补偿模式。这种模式相对置换模式更复杂一些，其实质是将宅基地资本化，最典型的就是“地票”制度。2008 年，重庆推出“地票”[2]改革，其具体做法是将包括农村宅基地在内的闲置农村集体建设用地复垦验收后，按增加的面积核发“地票”（城市建设用地挂钩指标凭证），从而通过该指标将农村废弃、闲置的建设用地予以置换，实现土地权证化，解决土地浪费和城市建设用地紧张的矛盾，如图 2－3 所示。浙江借鉴重庆的改革经验，将宅基地使用权量化为“宅基地权票”，通过权票交易、流转，实现农民宅基地自由、有偿退出，在不改变宅基地集体所有性质的前提下，积极探索允许符合条件的宅基地及农房突破村级集体组织的边界，在全县农业人口范围

---

〔1〕 如浙江德清、义乌通过将闲置宅基地按规划转为集体经营性建设用地进行开发利用，将闲置宅基地和复垦节余的农村建设用地统筹协调，化零为整调整为集体经营性建设用地，与国有土地同权同价、同等入市。象山县探索将集体经营性建设用地以村办企业用地形式供地，参与乡村旅游、文体娱乐、农家乐、民宿等项目，促进了农村产业融合发展，助推了乡村振兴。参见宋迎新、钟和曦：《浙江省农村宅基地“三权分置”的实践与思考》，载《浙江国土资源》2018 年第 4 期。

〔2〕 所谓“地票”，是指将闲置的农村宅基地及其附属设施用地、乡镇企业用地、农村公共设施和农村公益事业用地等农村集体建设用地进行复垦，变成符合栽种农作物要求的耕地，经土地管理部门严格验收后腾出的建设用地指标，由市国土房管部门按该相应指标发给等量面积建设用地指标凭证。这个凭证就被称为“地票”。

内进行置换、转让、继承、入股。[1] 此外，还有四川"土地银行"模式、江苏"收购储备"模式等。"地票"制度使"土地指标在本省市内高度市场化和抽象化"，[2]具有了财产价值。"地票"交易的决定权不在于每年有多少农民有流转土地的意愿，而在于政府需要多少城镇建设用地指标，其不能属于宅基地使用权自由流转的途径，而仅能理解成是"《土地管理法》规定土地占补平衡的一个衍生物"，[3]是对国家增减挂钩政策的一种变形，与建立统一的城乡土地交易市场还存在一定的差距。[4]

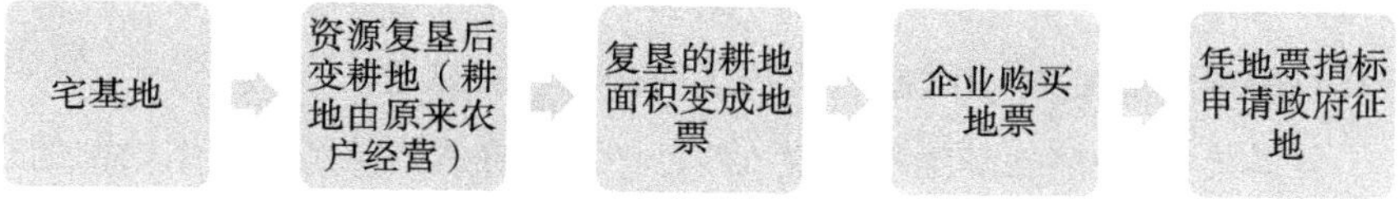

图 2－3　土地"地票"的来源流程

比较分析国家和地方两个层面的改革实践，地方政府是探索宅基地使用权流转的主要力量，而中央政府的态度则相对保守。虽然地方政府的一些尝试，可能与中央政府相关部门的规定存在"打擦边球"甚至发生冲突的情况，但在中国这样一个大国里，允许地方政府在一定范围内先行先试的做法也是符合国情的。总体上看，中央和地方政府在改革的方向上都是一致的，即朝着实现宅基地使用权自由流转的最终目标而努力，各地的探索可以视作对中央政策边界的试探和操作的细化。中央政府在默许各地方改革实践的基础上，希望能够总结和吸纳各地成功做法和经验，形成可推广的模式，待到时机成熟时，再扩大推行至全国范围。同时，对"三权分置"的地方探索也已经在浙江等地展开。

总之，如果说宅基地制度改革方向的明确是一个逐渐清晰的过程，那么

〔1〕 王政、梁倩：《多地探索建立宅基地使用权流转制度》，载经济参考报网，http://news.xinhuanet.com/housel/2014－06/06/c_1111008035.html。

〔2〕 孙建伟：《城乡统筹视野下的城乡建设用地置换法律问题研究：以我国宅基地置换中的新型权利为视角》，法律出版社 2017 年版，第 48 页。

〔3〕 参见贺雪峰：《地权的逻辑——中国农村土地制度向何处去》，中国政法大学出版社 2012 年版，第 306 页。

〔4〕 陆剑：《我国农地使用权流转法律制度研究》，中国政法大学出版社 2014 年版，第 193 页。

2013 年之前的流转探索可以视作为更全面的改革积累了经验,提供了参考。中央的宏观把控和地方的积极实践,为宅基地使用权流转问题解决路径的探索和完善奠定了坚实基础。

二、理论分歧:限制流转与自由流转

实践的探索离不开理论的基础和支撑,实践的经验离不开理论的总结和归纳。无论是中央还是地方的既有改革探索和实践方案,都是以宅基地使用权流转理论为基础的。在学界,各方围绕是否应支持宅基地使用权向村集体经济组织以外的更大范围流转,形成了两种对立的观点。

在学界,保持将宅基地使用权流转范围限制在本集体经济组织内部的观点主要基于以下五个方面的理由:一是宅基地使用权具有身份属性,是一种成员权,只能在成员集体范围内流转,自由流转不符合其固有属性,禁止有偿出让宅基地使用权是符合国情的,具有重要意义。[1] 二是宅基地使用权具有保障属性,是一种生存权。对中国宅基地现有状况来说,即使土地流转制度得到进一步发展,宅基地仍会作为特殊问题存在。[2] 三是从社会风险上分析,对于大多数农民来说,最重要的财产可能就是宅基地及其房屋。如果允许农民自由流转,他们很可能会失去生活的最后保障而变得无依无靠,沦为流离失所、无居无业的“流民”。[3] 同时,流转可能还会导致耕地红线虚置,反对农村宅基地使用权流转市场在城乡之间开放主要是为了保护耕地红

---

[1] 参见王利明:《物权法论》,中国政法大学出版社 2003 年版,第 475 页;任中秀:《农村宅基地使用权制度研究》,山东大学出版社 2012 年版,第 76 页;窦希铭:《土地流转法律制度比较研究——以中国、美国和欧盟主要工业国的对比为视角》,中国政法大学国际法学系 2011 年博士学位论文,第 28 页;申建平、孙毅:《建设用地使用权·宅基地使用权》,中国法制出版社 2007 年版,第 274~275 页。

[2] 王旭东:《中国农村宅基地制度研究》,财政部财政科学研究所财政学系 2007 年博士学位论文,第 201 页;窦希铭:《土地流转法律制度比较研究——以中国、美国和欧盟主要工业国的对比为视角》,中国政法大学国际法学系 2011 年博士学位论文,第 28 页。

[3] 参见孟勤国:《物权法开禁农村宅基地交易之辩》,载《法学评论》2005 年第 4 期;刘守英:《农村宅基地制度的特殊性与出路》,载《国家行政学院学报》2015 年第 3 期。

线。[1] 四是出于对农民整体的生存利益和长期经济利益保护的考虑。[2] 五是宅基地使用权自由流转的时机尚未成熟,城乡经济并未实现同步发展,一味追求城乡土地权利流转的自由程度或是城乡之间的自由流转不符合现实情况。[3] 保持限制的观点重点在"保持",可以从两方面作出解读。一方面,客观上,改革伤筋动骨,各种成本是不得不考虑的问题,所以"保持"可以理解成一种对现有政策法规和制度体系的维护,解决现有制度存在问题的办法是选择在不改变大框架前提下,只是作一些小的调整;另一方面,"保持"也可以理解为主观上改革意愿不够强烈,更像是一种维持的心理,体现出较强的路径依赖倾向。

支持取消限制、自由流转的观点也主要基于以下五个方面展开:一是宅基地使用权本就是一种私权,是一种特殊的用益物权,现实中的宅基地使用权实际权能已经扩张,宅基地使用权成为一种可独立交易的权利客体,"地票"交易和"宅基地置换"均反映了这种权利的存在。[4] 二是宅基地使用权不具有流转属性是其权能上的缺失,使权利人难以形成对其财产的有效有益预期,必须丰富宅基地使用权用益物权权能,通过流转实现资源的优化配置。[5] 三是限制流转不利于保障农民的合法权益,使宅基地沉积为"死资产",侵害农民对于宅基地的财产权利。[6] 四是农民也是一种理性人,能够正确判断流转可能带来的风险,且宅基地的保障功能正在弱化,放开流转不

---

〔1〕 秦小红:《经济法视域中的若干涉农制度研究——基于对农民理性的分析》,西南政法大学2014年博士学位论文,第236页。

〔2〕 汪军民:《土地权利配置论》,中国社会科学出版社2008年版,第199页。

〔3〕 参见孟勤国:《物权法开禁农村宅基地交易之辩》,载《法学评论》2005年第4期;窦希铭:《土地流转法律制度比较研究——以中国、美国和欧盟主要工业国的对比为视角》,中国政法大学国际法学系2011年博士学位论文,第28页。

〔4〕 龙开胜:《宅基地使用权制度改革的现实逻辑与路径选择》,载《社会科学家》2016年第2期。

〔5〕 参见曹泮天:《宅基地使用权流转法律问题研究》,法律出版社2012年版,第56~65页;龙开胜:《宅基地使用权制度改革的现实逻辑与路径选择》,载《社会科学家》2016年第2期;刘庆等:《关于农村宅基地使用权流转的思考》,载《农村经济》2006年第1期。

〔6〕 参见韩玉斌:《农村宅基地使用权立法的价值选择》,载《西南民族大学学报(人文社科版)》2005年第5期;曹泮天:《宅基地使用权流转法律问题研究》,法律出版社2012年版,第65~74页。

会带来不可控的社会风险。[1] 五是客观上存在农房买卖的旺盛需求和庞大市场,基于“地随房走”原则农房买卖已经导致了大量宅基地使用权“隐形流转”。只有开放流转才是克服宅基地使用权“隐形流转”弊端的必由之路,而由此形成一个统一、公开的市场也才能够客观准确地反映农房本身的价值,维护农民的财产权益。[2]

三、困局根源:公益属性与私益属性难以调和

学者贺雪峰提出,对土地制度的客观评判必须建立在对土地属性全面认识的基础上。[3] 宅基地是自然、经济和社会的综合体,宅基地的属性可以从自然属性、经济属性、社会属性等方面理解。从宅基地的自然属性看,宅基地具有区位固定性、土地数量整体(全国)有限性与局部(村集体)有限性、长期利用性。从宅基地的经济属性分析,宅基地具有土地供给稀缺性、土地利用多向性与用途转换困难性。从宅基地的社会属性分析,宅基地又具有保障功能性、生态环境性,是人类生存的基本保障和发展的重要基础。[4] 在此基础上,对利用宅基地的权利即宅基地使用权的属性又如何认识?综合上述自然、经济、社会视角的分析判断,从法学权利属性与权利内容上分析,宅基地和所有其他类型的土地一样,具有公益和私益双重属性。[5] 宅基地作为一种物的客观存在,应该被理解为一种自然资源,其为农民提供了衣食住行中“住”的来源和依托,是农民生存与发展的重要物质保障和根本基础。而当

---

〔1〕 参见曹洋天:《宅基地使用权流转法律问题研究》,法律出版社2012年版,第52~53页;秦小红:《经济法视域中的若干涉农制度研究——基于对农民理性的分析》,西南政法大学2014年博士学位论文,第69~73页。

〔2〕 参见韩世远:《宅基地的立法问题——兼析物权法草案第十三章“宅基地使用权”》,载《政治与法律》2005年第5期;朱岩:《“宅基地使用权”评释——评〈物权法草案〉第十三章》,载《中外法学》2006年第1期;郭明瑞:《关于宅基地使用权的立法建议》,载《法学论坛》2007年第1期;龙翼飞、徐霖:《对我国农村宅基地使用权法律调整的立法建议——兼论“小产权房”问题的解决》,载《法学杂志》2009年第9期;陈小君、蒋省三:《宅基地使用权制度:规范解析、实践挑战及其立法回应》,载《管理世界》2010年第10期;韩松:《新农村建设中土地流转的现实问题及其对策》,载《中国法学》2012年第1期;曹洋天:《论宅基地使用权流转的理论基础》,载《法学杂志》2012年第6期。

〔3〕 贺雪峰:《地权的逻辑Ⅱ——地权变革的真相与谬误》,东方出版社2013年版,第1页。

〔4〕 参见喻文莉:《转型期宅基地使用权制度研究》,法律出版社2011年版,第12~13页。

〔5〕 向勇:《中国宅基地立法基本问题研究》,中国政法大学出版社2015年版,第16页。

其一旦被某一个个体所占有，从而成为一种具有社会性和经济性的财产时，其经济和法律层面的意义便从自然资源属性中分离出来，使宅基地具有了资源和资产的双重内涵和特性功能。资源是公益层面的表达，资产是私益层面的认知。在宅基地确立为"两权分离"的制度框架中，宅基地使用权的权利属性就表现为一种公益属性和私益属性并存的状态，并进而表现为双重的权利定位、权利功能。这两种权利属性的相互冲突，为日后的矛盾冲突埋下了伏笔。

（一）宅基地使用权的公益属性色彩

基地是土地的一种，作为一种自然资源而存在。说到土地资源，离不开土地与人的关系的分析。脱离了人的活动的土地，只是一种客观物的存在，不具有任何资源属性。正是因为人的繁衍、生存和发展等活动，土地才有了满足人类各项需要的意义，才具有了公益的属性。因此，从人类活动的角度出发来认识宅基地，宅基地的公益属性表现为对整个社会居住需求的满足，这是宅基地最根本的公益属性。具体而言，宅基地的公益属性表现在如下几个方面：

第一，身份属性。1998 年修订后的《土地管理法》对宅基地使用权的主体资格作出明确规定，即宅基地使用权的申请主体只能是农民集体成员。因此，宅基地使用权的权利人必须具有村集体经济组织的成员身份，宅基地具有较强的身份属性。可以说，宅基地使用权的身份性是宅基地权利公权属性的基础。正是由于这种身份性的存在，才使宅基地具有了社会功用上的保障性和权利内容上的福利性。即便在原《物权法》明确将宅基地使用权的权利属性界定为用益物权的情况下，学界也普遍将其认定为一种特殊的用益物权。这种特殊的身份属性，正是其"特殊"的根源。

第二，保障属性。宅基地使用权保障农民居住这一基本生存权利，在制度设计伊始便被赋予了大量的社会功能。农民通过申请无偿取得宅基地使用权，这便是农民享有的最低限度的实物生存保障。只要社会保障体系未在农村全面覆盖，宅基地使用权就仍应具有生存保障功能。[1] 宅基地使用权

---

〔1〕 刘俊：《中国土地法理论研究》，法律出版社 2006 年版，第 323～324 页。

和土地承包经营权都承担了社会保障功能,但社会功能定位的不同,决定了限制程度的差异。两相比较,国家对土地承包经营权的限制程度是较低的,并逐步展现出更宽松的趋势,这是土地承包经营权保障功能和财产功能博弈的结果。而宅基地使用权在很大程度上承担稳定农村社会的重要作用,甚至对整个国家的稳定也产生重要影响。所以,在制度的设计之初就体现为一种以公平为主导的价值取向,而其他价值目标的实现几乎是被忽略不计的。宅基地使用权设立的最主要目的就是保障农民居住权利,其保障属性相对而言更突出。一方面,在城乡二元社会治理结构下,农民与城市居民相比,普遍在工作技能、生存能力、经济能力上存在差距,其居住保障依靠集体的免费分配而实现,是对农民在城乡二元结构中较弱势地位的考虑。另一方面,这种保障属性体现为一种历史的惯性和路径依赖。中国的历史表明,大量失地农民是社会动荡和朝代变更的直接诱因。新中国成立之初的土地改革过程中所显现的一些问题,也让国家对农地资产价值的凸显导致的土地兼并和社会风险产生了极大担忧,并导致国家在农地治理问题上改革动力的不足和路径依赖。综上所述,宅基地的保障属性是社会稳定的重要基础,在宅基地制度构建之初是作为首要的价值来保护和实现的。从这个层面讲,宅基地的保障属性也可以视为对其流转限制的根源,这本质上是一种在制度设计中对不同价值进行取舍的结果。

第三,福利属性。在法学界学者眼中,宅基地具有社会福利性质是大家普遍的共识。福利权与生存权、劳动权、受教育权等权利一起,共同被视为基本人权。而全体农民对宅基地使用权的普遍、平等的享有正是这一基本人权的要求和体现。同时,这种福利属性与宅基地的保障属性还具有一定的互相重合关系,但福利属性是从农户角度对宅基地的认识,而保障属性是从国家的角度对宅基地的认识,两者的认识角度存在一定差异。从权利内容看,宅基地的身份权利是福利权利内容实现的基础,而福利权利的重要权利内容就是获得宅基地使用权资格,福利是身份的体现。此外,宅基地的权利内容还应包括两个方面:一是无偿性。根据现有法律,农户作为集体经济组织成员只需要提出申请,经县级人民政府批准,对宅基地的原始取得是无偿的,无须支付任何对价。二是无期限性。如前所述，1963 年《关于各地对社员宅基地问题作一些补充规定的通知》作出了农户对宅基地“长期使用，长期不变”的规定，此后无限期使用的政策一直没有改变，沿用至今。

（二）宅基地使用权的私益属性色彩

从全社会的角度看，宅基地是一种资源，具有较强的公益属性。但当这些土地分配给每个个体加以利用时，土地就变成了一种财产。人们在上面盖房、定居满足个人生活居住的需要，对每个人来说宅基地就具有了私益属性。

第一，特殊的用益物权。原《物权法》对宅基地使用权的权利属性作出了用益物权的明确界定，为权利人行使权利、保障利益提供了法律依据。但限制流转导致宅基地财产属性无法得到真正体现，其财产价值无法真正实现。因此，即便原《物权法》将其定性为用益物权，但宅基地使用权却仍有很多与传统物权理论对用益物权认识不一致的地方，表现为其获得或享有与集体成员权密切联系在一起，并发挥农村居住保障等社会功能，带有很强的特殊性。因此就有学者认为，农民的私有住宅与集体公有的地基形成了中国特色的农民住宅制度，其中所涉权利相当复杂，不能以“用益物权”对其简单阐释。[1] 甚至有学者进而提出，其应作为独立的物权类型在原《物权法》中加以规定。[2] 由此可见，在现行的法律制度框架内，宅基地使用权并非完全意义上的私权，对其认识应有别于大陆法系传统意义上的用益物权，其财产属性是有限的、受抑制的，是一种特殊的用益物权。

第二，有限的可转让性。在主流经济学说中，自由转让权与排他的使用权、收益的独享权共同组成了产权最基本的权利内容。可转让性是私人产权的一种本质属性，[3]是最重要、最核心的权利内容之一，具有非常重大的意义。宅基地使用权流转受到严格限制，不能成为一种自由转让权，也就不足以被认为是一项完整的私人产权。从经济学理论的角度分析，如果法律制度

---

〔1〕 郑尚元：《宅基地使用权性质及农民居住权利之保障》，载《中国法学》2014 年第 2 期。

〔2〕 惠建利：《农村宅基地使用权及流转规范与法律制度创新》，载《湖南农业大学学报（社会科学版）》2016 年第 5 期。

〔3〕 ［德］柯武刚、史漫飞：《制度经济学：社会秩序与公共政策》，韩朝华译，商务印书馆 2003 年版，第 230 页。

规定，产权持有人对其界定清晰的产权禁止转让或者不承认其转让产权行为的合理性、合法性，那么其开发潜能无法得到充分挖掘，其利用价值无法得到充分发挥，该产权在一定程度上甚至就等同于没有产权。宅基地在法律产权上的缺失，使现实中权利人难以形成对其财产的有效收益预期。有限转让性导致宅基地的价值无法实现，资产严重减损。“宅基地闲置”“空心村”等现象就是最生动的例证，而在此基础上造成的整个社会土地资源的低效配置也就不可避免。更值得忧虑和思考的是，当前宅基地使用权实际权能已经突破了不可转让的限制，“隐形流转”现象大量存在。但即便如此，也仍然难以从根本上解决宅基地产权结构冲突带来的矛盾，无法保障农民土地利益。产权视角的启示是，现行宅基地制度的理论基础发生了较大改变，且这种改变的趋势越发显著，制度改革需要丰富使用权的用益物权权能，并推动实际权能的合法化。

（三）“两权分离”构架下公益色彩与私益色彩无法调和

对宅基地使用权限制流转与自由流转的两种对立观点正是基于对宅基地双重属性及其背后权利内容、价值追求的不同倾向，并由此形成了两种截然相反的答案——强调宅基地使用权身份属性和权利内容中保障权能的，主张采用限制流转的观点；强调宅基地财产属性和权利内容中资产权能的，则站在了放开流转的一边。在既有的宅基地权利构架中，正是基于上述对成员权、保障属性、公共利益的维护，而限制甚至剥夺了宅基地使用权可转让性的权利内容，挫伤了宅基地的财产权、资产属性、农民群体利益，进而影响了农民对于农房的财产权利的实现。而一旦允许宅基地使用权的自由流转，则会极大提高流转到集体组织成员之外的可能，也就突破了宅基地使用权的身份属性。

宅基地的双重属性决定了宅基地法律制度对公法与私法两种立法导向的追求，宅基地的公益属性更倾向对公平价值的追求，而宅基地的私益属性则更强调对效率价值的实现，两种价值追求并非天然对立、无法统一。但正如前文所言，在宅基地社会主义改造时期，中国实行了一种以政府强制力推动的土地改革，表现为强烈的以政治因素为主导的特征。改革开放后，宅基地的管理思维也一直贯彻从严治乱的思想,缺乏私法的关怀。而在既有的宅基地使用权流转问题的解决路径上,要么是对公益属性的强调,要么是对私益属性的主张,难以调和。这样一对无法调和的矛盾似乎形成了一个无法破解的困局,这才是宅基地使用权流转的症结所在。在过去很长一段时间里,公益属性在国家的制度构建中显然更被重视和青睐。所以,在面对近年来解禁宅基地使用权流转限制的呼声时,中央政府才会谨慎回应。现有的改革路径无法解决宅基地公益属性和私益属性这对矛盾的冲突,这是流转问题迟迟无法满足各方需求、达成共识、陷入困局的根本原因。从上文的改革实践梳理中,可以清晰地发现,宅基地制度改革的基本主线一直是在所有权和使用权的分离上做文章。在"两权分离"模式下,由于第一层的集体所有权制度触及国家根本政治体制,不具有改革的空间。改革只能在扩大使用权权能、发挥产权激励作用、调动土地使用者积极性、优化土地资源配置等第二个层面的权利内容上寻求突破。[1] 随着宅基地使用权私益属性权利内容的不断扩张,公益属性与私益属性越发均衡,对第二层权利即宅基地使用权继续进行分解的"三权分置"改革路径呼之欲出。

第二节 "三权分置"改革方案的应然性

一、"三权分置"的继承与发展

"三权分置"最早在浙江的地方改革中得到积极实践。2001 年 9 月浙江省出台的《积极有序地推进农村土地经营权流转的通知》(浙委〔2001〕53 号)提出了"稳制活田、三权分离"的土地承包经营权改革方案。随后,2003 年福建,2004 年安徽合肥,2005 年江西抚州,2006 年杭州萧山,2007 年湖北武汉、广西南宁兴宁区、浙江嘉兴以及重庆,2008 年浙江宁波、四川成都金堂县、陕西安康,2009 年河南焦作、洛阳及广东从化、四川等地都陆续出台了地方性的农地"三权分置"意见。

2013 年,党的十八届三中全会提出"改革完善农村宅基地制度""慎重稳

[1] 参见刘守英:《直面中国土地问题》,中国发展出版社 2014 年版,第 3 页。

妥推进农民住房财产权抵押、担保、转让,探索农民增加财产性收入渠道”等改革目标。2013 年 12 月 23 日,习近平总书记在中央农村工作会议上首次在国家层面提出农地“三权分置”改革。中国的政策演进几乎都是以国家的重要会议文件为主要标志,以重大会议的召开为时间节点。以 2013 年党的十八届三中全会为坐标,随着新一届国家领导集体施政方针的颁布实施,在农地流转问题上的改革思路也逐步明确,国家对宅基地使用权流转的限制出现了很大的松动迹象,如何向宅基地使用权自由流转方向改革的路径逐渐清晰。在这一过程中,国家在宅基地使用权流转问题上的探索基本以每年至少一个大动作的节奏大刀阔斧地展开,如表 2－1 所示。

表 2－1　2013 年至今关于宅基地改革的主要政策文件

时间	发布机关	文件名称(文号)	主要内容
2013 年 11 月 12 日	党的十八届三中全会	《关于全面深化改革若干重大问题的决定》	赋予农民更多财产权利,保障农户宅基地用益物权,改革完善农村宅基地制度,慎重稳妥推进农民住房财产权抵押、担保、转让
2014 年 1 月 19 日	中共中央、国务院	《关于全面深化农村改革加快推进农业现代化的若干意见》(2014 年中央“一号文件”)	“三权分置”作为国家政策正式提出,但仅限于土地承包经营权改革
2014 年 12 月 2 日	中共中央、国务院	《关于农村土地征收、集体经营性建设用地入市、宅基地制度改革试点工作的意见》	坚持土地公有制性质不改变、耕地红线不突破、农民利益不受损三条底线,完善宅基地权益保障和取得方式,探索实行有偿使用、自愿有偿退出或转让宅基地

续表

时间	发布机关	文件名称（文号）	主要内容
2015 年 2 月 1 日	中共中央、国务院	《关于加大改革创新力度加快农业现代化建设的若干意见》（2015 年中央"一号文件"）	不得将农民进城落户与退出宅基地使用权相挂钩。依法保障农民宅基地权益，改革农民住宅用地取得方式，探索农民住房保障新机制。分类实施宅基地制度改革试点
2015 年 2 月 27 日	十二届全国人大常委会第十三次会议	《关于授权国务院在北京市大兴区等 33 个试点县（市、区）行政区域暂时调整实施有关法律规定的决定》	在全国确定了义乌等 14 个试点，拟在试点期间对宅基地实行自愿有偿的退出、转让机制，但转让仅限于本集体经济组织内部（2015 年 4 月，义乌在全国率先开展宅基地"三权分置"的制度探索）
2015 年 8 月 10 日	国务院	《关于开展农村承包土地的经营权和农民住房财产权抵押贷款试点的指导意见》（国发〔2015〕45 号）	对农民住房财产权抵押贷款试点提出明确的要求，建立相应的信贷管理制度并制定实施细则，探索建立宅基地使用权有偿转让机制
2015 年 11 月 2 日	中共中央、国务院	《深化农村改革综合性实施方案》	在保障农户依法取得的宅基地用益物权基础上，改革完善农村宅基地制度
2015 年 12 月 31 日	中共中央、国务院	《关于落实发展新理念加快农业现代化　实现全面小康目标的若干意见》（2016 年中央"一号文件"）	加快推进农村宅基地使用权确权登记颁证，完善宅基地权益保障和取得方式，探索农民住房保障新机制

续表

时间	发布机关	文件名称(文号)	主要内容
2016年3月15日	中国人民银行、中国银监会、中国保监会、财政部、国土资源部、住房和城乡建设部	《农民住房财产权抵押贷款试点暂行办法》	第12条规定,……变卖或拍卖抵押的农民住房,受让人范围原则上应限制在相关法律法规和国务院规定的范围内
2016年4月26日	义乌市委、市政府	《关于推进农村宅基地制度改革试点工作的若干意见》	明确在落实宅基地所有权和保障集体经济组织成员权的前提下,允许宅基地使用权通过合法方式有条件转让(在全国率先基本确立了宅基地“三权分置”的制度基础)
2016年12月31日	中共中央、国务院	《关于深入推进农业供给侧结构性改革 加快培育农业农村发展新动能的若干意见》(2017年中央“一号文件”)	强调落实宅基地集体所有权、维护农户宅基地占用和使用权,增加农民财产性收入
2018年1月2日	中共中央、国务院	《关于实施乡村振兴战略的意见》(2018年中央“一号文件”)	从国家政策层面正式提出,探索宅基地所有权、资格权、使用权“三权分置”

续表

时间	发布机关	文件名称(文号)	主要内容
2019年2月20日	中共中央、国务院	《关于坚持农业农村优先发展做好“三农”工作的若干意见》(2019年中央“一号文件”)	力争2020年基本完成宅基地使用权确权登记颁证工作。稳慎推进农村宅基地制度改革,拓展改革试点,丰富试点内容,完善制度设计。抓紧制定管理指导意见,研究起草使用条例。开展闲置宅基地复垦试点
2020年2月19日	中共中央、国务院	《关于坚持农业农村优先发展做好“三农”工作的若干意见》	以探索宅基地所有权、资格权、使用权“三权分置”为重点,进一步深化农村宅基地制度改革试点
2021年2月21日	中共中央、国务院	《关于全面推进乡村振兴加快农业农村现代化的意见》(2021年中央“一号文件”)	“加强宅基地管理,稳慎推进农村宅基地制度改革试点,探索宅基地所有权、资格权、使用权分置有效实现形式”

通过对上述政策文件的梳理,可以清晰地看到几条政策制度的发展脉络。一是对宅基地财产权利的重视。从2013年党的十八届三中全会《关于全面深化改革若干重大问题的决定》提出“赋予农民更多财产权利”“保障农户宅基地用益物权”起,中央在后续的2014年、2015年、2016年连续多年反复强调“完善宅基地权益保障”“保障农民宅基地权益”,体现了国家对农民财产权利的重视和关切,对宅基地财产价值日益凸显的积极回应。二是对自愿原则的强调。从“宅基地换资金”“宅基地换住房”“宅基地换社保”到对“自愿有偿退出或转让宅基地”的强调,过去的政府主导型退出方式正在逐步改变,农村集体经济组织和农户的退出自主权得到提高,[1]截至2016年

〔1〕 江晓华:《宅基地使用权社区合作型退出的法治路径》,载《新疆大学学报(哲学·人文社会科学版)》2016年第5期。

年底,14 个试点地区共有 21,044 户退出宅基地,退出面积 12,874.1 亩。[1] 三是对宅基地保障属性的不放松。2015～2016 年,国家连续两年在中央文件中提出“探索农民住房保障新机制”,表明中央并未忽视宅基地的保障属性,只是要通过新的机制来实现保障目的。四是有条不紊为进一步改革铺路。“有偿使用”的探索、“完善农村宅基地管理制度”尤其是对宅基地确权登记工作的推动等,都可以理解为对开禁宅基地使用权流转的积极准备。

同时,在宅基地制度改革最核心的“如何流转”问题上,虽然仍存在障碍,但国家改革路径的选择逐渐清晰。一是与 2013 年党的十八届三中全会的主张相比,2014 年中央“一号文件”更谨慎。相对其他事项而言,宅基地使用权流转问题的政策与法律之间的冲突最明显,但 2014 年中央“一号文件”却没有提出修改法律的要求,而是要求审慎稳妥试点,明显表现出政策的渐进主张和改革的态度。二是改革仍然存在技术层面的障碍。对于宅基地使用权流转范围的限制,使即便允许在试点地区暂时调整实施原《物权法》《担保法》中有关宅基地使用权不得抵押的规定,但对于抵押物处置的范围仍未作出任何说明。正因如此,中国人民银行等部门才会在半年多以后出台了“变卖或拍卖抵押的农民住房,受让人范围原则上应限制在相关法律法规和国务院规定的范围内”的规定。这也就导致了金融机构对抵押物变现价值的担忧,对参与办理农房抵押业务积极性的降低,并最终使试点的效果大打折扣。由此可见,在立法缺位的背景下,法律不承认宅基地使用权流转的正当性,改革试点只是“一种适应社会发展趋势的有益探索”,[2] 从改革试点探索到形成统一的法律规范还有很长的路要走。

上述政策演进反映了国家对宅基地保障属性和财产属性的兼顾态度,即财产属性要实现,但保障属性也不能放松,更不能放弃。有偿使用、加强管理都是对流转制度的完善或基础性工作的布局,核心还是“如何流转”问题,其

---

[1] 神州土地研究院:《2017 中国农村产权流转交易市场发展报告》,中国农业大学出版社 2017 年版,第 19 页。

[2] 杜志勇:《农村土地“三权分置”改革立法困境与出路》,载黄建中主编:《农地“三权分置”法律实施机制理论与实践》,中国法制出版社 2017 年版,第 148 页。

中包含两个既相互关联又有所不同的改革任务：一是宅基地制度改革，二是住房财产权制度改革，如图 2－4 所示。

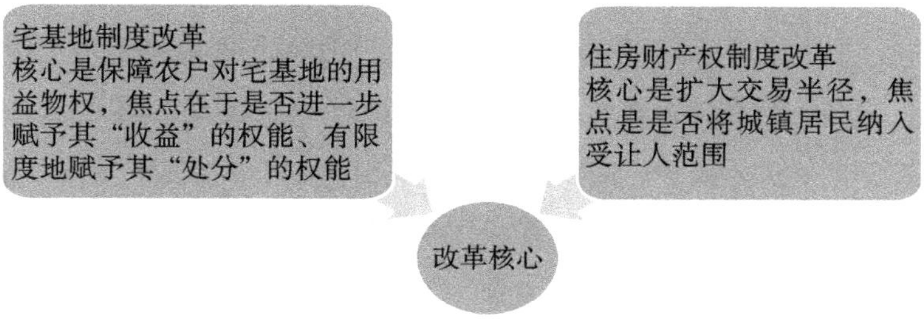

图 2－4　宅基地相关改革核心内容

由于房地难以分离，完成这两项任务必须以宅基地产权重构为基础。[1]通过上述努力和探索，改革的方向逐渐清晰，宅基地使用权流转制度改革剑指宅基地“三权分置”的产权重构。2014 年 11 月，中共中央办公厅、国务院办公厅出台《关于引导农村土地经营权流转发展农业适度规模经营的意见》，“坚持农村土地集体所有，实现所有权、承包权、经营权三权分置，引导土地经营权有序流转”的表述是农地“三权分置”改革首次在中央政策文件中被提出。但是，这些改革都限于土地承包经营权领域。2013 年党的十八届三中全会后，中国在农村土地承包经营权改革问题上，坚持土地所有权属于集体所有、土地承包经营权归属农户或集体成员的前提，将承包权和经营权分开，放开土地经营权流转，所得收益归农户或集体成员的“三权分置”思路。农村土地承包经营权的“三权分置”一经提出，就被解读为未来农地产权制度演变的大趋势和历史必然，[2]这也为中国宅基地制度改革提供了重要的参考和借鉴。经过前期的探索和经验积累以及不同改革路径的对比选择，最终“三权分置”的改革思路也被运用到了宅基地制度的改革上。2018 年 1 月 2 日，《关于实施乡村振兴战略的意见》即 2018 年中央“一号文件”中

---

〔1〕参见叶兴庆：《农村集体产权权利分割问题研究》，中国金融出版社 2016 年版，第 39～40 页。

〔2〕参见叶兴庆：《从“两权分离”到“三权分离”——我国农地产权制度的过去与未来》，载《法学研究》2014 年第 4 期。

正式提出要探索宅基地的所有权、资格权、使用权“三权分置”，这标志宅基地“三权分置”改革路径第一次以国家文件的形式提出。农村宅基地“三权分置”是继承包地“三权分置”之后，中国农村土地产权制度的又一次重大改革。而2019年中央“一号文件”《关于坚持农业农村优先发展做好“三农”工作的若干意见》关于制定意见、起草条例的表述，都可以视作宅基地“三权分置”改革已正式进入操作层面。2020年中央“一号文件”《关于坚持农业农村优先发展做好“三农”工作的若干意见》提出“以探索宅基地所有权、资格权、使用权‘三权分置’为重点，进一步深化农村宅基地制度改革试点”的要求，则可视作继2018年年初《关于实施乡村振兴战略的意见》从国家层面提出宅基地“三权分置”改革后，经过两年的讨论和实践，对这一改革思路的再次肯定。2021年中央“一号文件”《关于全面推进乡村振兴加快农业农村现代化的意见》提出要探索宅基地“三权分置”的有效实现形式，可以预见今后改革的重心将是“三权分置”这一方案的不断细化和完善。

二、“三权分置”改革方案的争议及辨析

在理论界，“三权分置”并不是由法学界提出的，经济学界更早提出了“三权分置”的路径。早在1985年，就有学者提出土地承包经营权“三权分置”的雏形，认为土地转包导致“所有权、使用权、经营权在不同层次上的分离”。[1] 从此之后，虽然也有一些成果论及农地“三权分置”，但数量不多。“三权分置”真正成为学术讨论热点，是2013年在得到中央层面的认可之后。“三权分置”作为一种政策一经提出，就面临很大的争议和挑战。在学界，尤其是在法学界产生了较大质疑。有的质疑不符合基本法理；[2] 有的认为“三权分置”是中央文件的政治用语，[3] 是一种政策设计而非法律用语，[4] 是将

〔1〕 关春根：《略论农村土地转包》，载《湖南农学院学报》1985年第4期。

〔2〕 申惠文：《农地三权分离改革的法学反思与批判》，载《河北法学》2015年第4期。

〔3〕 张庆华：《新型城镇化背景下的农村土地物权流转法律制度研究》，法律出版社2015年版，第212页。

〔4〕 参见陈小君：《我国农村土地法律制度变革的思路与框架——十八届三中全会〈决定〉相关内容解读》，载《法学研究》2014年第4期。

法律概念与法律概念搅在一起、混为一谈；[1]有的质疑“三权分置”不符合物权法定原则。[2] 还有的质疑声音似不在产权分解本身，而在于产权分解后新的权利的定性问题。“三权分置”的理论根据主要是经济学上的现代产权理论，与法学研究领域中的物权理论似有衔接上的困难。如法学中的物权只包含对于财产的占有、支配、使用、收益等权利内容，而经济学中的产权却包含占有、使用、改变、馈赠、转让或阻止他人侵犯其财产等更丰富的权利内容，其反映的社会经济关系也要相对更复杂。物权不能涵盖的权利，如农户土地承包权、宅基地资格权等，恰恰是中国农村土地产权范畴中举足轻重的权利。

“三权分置”是一种流转路径上的尝试，既然是政策层面的思路，在上升为法律之前就有很大的讨论空间和讨论必要。这就要求学界以对待新鲜事物的态度来分析“三权分置”路径下新分解出的宅基地资格权、新宅基地使用权，作出法学视角的重新解读。可以说，“三权分置”从政策文件中的一种改革路径上升为国家法律，还有很长的路要走，这中间仍有一系列的问题需要研究和回答。必须研究清楚的问题是，“三权分置”与以往的改革思路有什么不同，它的解决路径是什么？在宅基地所有权与使用权“两权分离”模式下，宅基地所有权层面的权利内容和结构是锁定的，是作为红线无法触碰的。因此，既有的改革路径均是从宅基地使用权权能的扩大角度切入来寻找自由流转的可能。

第一，与法定租赁权路径的比较。法定租赁权的路径主张，农房的买受人在取得房屋所有权的同时，对于房屋的宅基地并非取得作为物权的村民的“宅基地使用权”，而是取得作为债权的“宅基地租赁权”，基于该债权占有使用宅基地，达到“用益”目的。这一结果并非出于买卖双方的自由意思，而是基于法律规定当然发生的结果，因此称为“法定租赁权”。租赁的标的物是“宅基地”，而非“宅基地使用权”。原房屋所有人（出卖人）的宅基地使用权

---

〔1〕 陈振涛：《物权法定下土地经营权的体系定位》，载黄建中主编：《农地“三权分置”法律实施机制理论与实践》，中国法制出版社2017年版，第19页。

〔2〕 参见栗阳：《“三权分置”下农村土地经营权性质认定与制度构建》，载黄建中主编：《农地“三权分置”法律实施机制理论与实践》，中国法制出版社2017年版，第136～137页。

继续存在，但不可以用来向房屋买受人主张。在立法政策上，可以让其权利人主张相应的收益，即房屋买受人定期支付的租金。该租金恰恰可以成为失房农民的基本生存保障。[1] 采用设置法定租赁权来解决宅基地使用权流转问题的观点在学界有较多的支持者，被评价为“立足国情”“构思新颖”，[2] 具有重大意义。[3] 还有的学者专门通过宅基地使用权流转制度的现代化构造对相关流转问题作了详细建议。[4] 这种流转路径也受到一些司法实务部门的赞同，安徽省高级人民法院调研组在《关于审理土地承包经营权和宅基地使用权流转纠纷案件适用法律若干问题的解释(建议稿)》中就提出，应作出“农民房屋转移给非集体成员，而宅基地未同时转让，则依法形成法定租赁关系。买受人是本集体成员的，宅基地可以同房屋一同转让，买受人成为新的宅基地使用权人”的规定。

笔者尝试对法定租赁权的法律逻辑作出如下分析：一是法定租赁权不能称为一种权利分解的解决路径。法定租赁权不是从宅基地使用权中分离出使用的权利内容，也不是对宅基地使用权权利内容中使用权利的让渡，而是对宅基地的租赁。换言之，租赁的标的物是“宅基地”。[5] 法定租赁权路径在宅基地使用权之外新设了一种权利，而非对固有权利的分解，宅基地使用权本身并未发生任何变化。二是法定租赁权路径对流转受让方的保护存在不足。法定租赁权路径的法理依据是土地及房屋分别为独立的交易标的物，即“房地分离”原则。而无论是中国城镇土地关于“房地一体”原则的立法选择，还是实务界对“房地一体”原则的认可，都与“房地分离”原则相悖。因此，法定租赁权路径以法定的方式允许房屋受让人继续使用土地，但应支付相应代价，通过租赁这一债权方式赋予买房人继续使用土地的权利，实现农

---

[1] 韩世远：《宅基地的立法问题——兼析物权法草案第十三章“宅基地使用权”》，载《政治与法律》2005 年第 5 期。

[2] 申建平：《宅基地使用权流转模式的选择》，载《政法论丛》2011 年第 3 期。

[3] 刘凯湘：《法定租赁权对农村宅基地制度改革的意义与构想》，载《法学论坛》2010 年第 1 期。

[4] 王崇敏：《宅基地使用权制度现代化构建》，法律出版社 2016 年版，第 183～185 页。

[5] 韩世远：《宅基地的立法问题——兼析物权法草案第十三章“宅基地使用权”》，载《政治与法律》2005 年第 5 期。

房买卖。选择租赁这一流转方式是对“房地一体”原则下无法实现农房买卖的规避。但众所周知,债权性质的租赁权与物权性质的权利在权利保护方面存在较大差异。即使这种租赁权是法定的,但其本质仍是一种债权。建立在债权基础上的对房屋不动产所有权这一物权的保护,仍存在较大的不足和交易安全隐患。三是法定租赁权路径并没有从根本上解决宅基地使用权的流转问题。法定租赁权的构造是以宅基地使用权不能自由流转为前提的,目的是在宅基地使用权不能自由流转的情况下,解决农房的转让问题。既然是着眼农房的转让,那么就难以从根本上解决宅基地使用权的流转问题。本质上,法定租赁权是一种渐进路径,其实质是对宅基地使用权不能自由流转的妥协。从短期看,流转的问题在不改变宅基地使用权公益和私益双重属性的前提下解决了。但从长远看,法定租赁权一旦通过制度构建建立运行起来后,对农村土地建立权属清晰的登记制度是一项极大的挑战,租赁关系在流转公示方面存在的天然不足是难以克服的。同时,宅基地使用权中的福利保障等公益属性本质上没有被分解,对于构建城乡统一、同地同权的土地市场等改革目标的实现仍是一个巨大的阻碍。因此,这种渐进的方式所产生的改革成本是高昂的,所产生的实际效果也具有一定的局限性,并未从根本上解决问题。

第二,与地上权路径的比较。需要说明的是,地上权路径并不是认为宅基地使用权本身是地上权。在学界,早有学者提出宅基地使用权是地上权的观点,〔1〕笔者在此不作展开讨论。在这里,地上权作为一种解决路径而存在,其与“三权分置”相比不仅成本低,而且“可以减少制度跨越中出现的风险”。〔2〕 地上权解决路径认为,宅基地使用权与地上权有相似之处,二者都对所有权具有限制作用,且同样具有取得地上建筑物所有权的效力。当宅基地上房屋所有权让与他人时,宅基地使用权本身不随之转让,仅需转移地上

〔1〕 参见江平:《中国土地立法研究》,中国政法大学出版社 1999 年版,第 295 页;张国华:《论宅基地使用权的可流转性及其实现》,法律出版社 2013 年版,第 69 ~80 页。

〔2〕 温世扬、韩富营:《从“人役权”到“地上权”———宅基地使用权制度的再塑造》,载《华中师范大学学报(人文社会科学版)》2019 年第 3 期。

权。地上权解决路径将宅基地使用权理解为农民土地所有权的替代物,并以此为基础进一步指出,地上权为设立于宅基地使用权上的限制物权,宅基地使用权人因而有权要求房屋所有权取得人支付地租。地上权期限届满时,宅基地使用权人在补偿地上建筑物价值的条件下收回土地及其地上建筑物。[1] 地上权路径的基础是把宅基地使用权理解为一种准所有权,并进而认为地上权为宅基地使用权上的限制物权。但是,由于无法将宅基地使用权视为所有权,因此地上权的解释路径无法应用于实践,也无法与现有法律体系相衔接。地上权的解决路径已经有了权利分解的"影子",但还不能视为一种纯粹的权利分解思路。同时,地上权让渡后,宅基地使用权留下的权利内容是一种怎样的权利,是宅基地使用权,还是一种新的权利?地上权路径似未能完全解决。

综上所述,既有解决路径无论是法定租赁权还是地上权路径都存在一定的局限性。一方面,两种解决路径面对宅基地使用权转让权能的缺失问题都采取了妥协态度,无论是理解为渐进或是过渡的改革方案,均未触及权能缺失这一问题的本质,宅基地使用权仍然不能称为一个完整的用益物权,未能彻底解决宅基地使用权流转所带来的交易风险等后续问题。另一方面,两种路径都无法兼顾宅基地使用权自身所存在的公益与私益双重属性,未能从宅基地使用权权利构造上作出改变,从根本上调和公益属性与私益属性之间的矛盾,化解限制流转的症结。

三、"三权分置"改革方案的思路:权利分解

宅基地使用权流转问题并不是一个是与非的问题,而是一个"路径问题",即在"何种程度上、以何种方式、逐渐开放流转",[2] 也许换一种解决思路,答案会有很大不同。按照科斯的产权理论,产权的界定将影响资源的配置,并对经济制度运行的效率产生影响。不合适的产权制度设计将直接影响

[1] 王卫国、朱庆育:《宅基地如何进入市场——以画家村房屋买卖案为切入点》,载《中国政法大学学报》2014 年第 3 期。

[2] 于霄:《中英比较视野下的宅基地法律改革》,上海人民出版社 2013 年版,"自序"第 2 页。

资源配置的效率,影响或阻碍社会总产值的最大化。就经济学的基础理论而言,有效率的产权界定并不是仅指权利的归属,还包括权利束中权利结构的安排等重要内容。对于土地这一带有资源属性的产权来说,其必须不断通过交易来实现资源配置的调整,并达到或无限接近于资源最优配置的要求。但在宅基地使用权的权利结构中却欠缺了转让这一项重要的权利内容,这才是宅基地使用权流转制度的问题所在。"关系产权的身份性突破是农地使用权有序流转的关键",〔1〕对宅基地权利结构重新作出调整和安排,剥离其身份性权利内容,赋予其流转的权能,才是解决问题的根本途径。

如上文所述,宅基地使用权自由流转的障碍在于其自身存在两种难以调和的公益和私益属性,那么能否放弃对流转非此即彼的争论?答案是肯定的,解决的路径就是对宅基地的权利内容进行重新分解。宅基地"三权分置"的解决路径是将宅基地的权利结构由"集体享有宅基地所有权—农户享有宅基地使用权"的"两权分离"结构转变为"集体享有宅基地所有权—农户享有宅基地资格权—农户或者流转受让主体享有宅基地使用权"的"三权分置"全新结构。具体而言,可以从以下几个方面对宅基地"三权分置"的权利分解加以认识。

从经济学的角度理解,"三权分置"是产权可分割性的体现。产权的可分割性意味着其能被"拆解",实现所有权权能与各种具体用途上的权利相分离。〔2〕产权只有在能被分割的情况下,才能实现大规模集中的有效利用。因此,产权如果要实现利用效能的最大化,则产权权利束构成中的各项权利,就必须具备被单独或组合地拆解出去的权能。回归到法学视野分析,一项财产的所有权权利内容由占有、使用、收益及处分 4 部分组成。如果按照产权可分割性的逻辑,所有权的各项权利内容就应该具备与名义上的所有权主体进行分离的权能,从而最大限度地发挥财产的效用。"三权分置"一改禁止或开放的二元选择,着眼产权再造这一基础性课题,从权利解构的角度对宅

〔1〕 陆剑:《我国农地使用权流转法律制度研究》,中国政法大学出版社 2014 年版,第 117 页。

〔2〕 [德]柯武刚、史漫飞:《制度经济学:社会秩序与公共政策》,韩朝华译,商务印书馆 2003 年版,第 230 页。

基地权利重新进行分解,将双重功能和权利内容通过资格权和使用权实现了剥离和独立,其实质上就是对产权结构的调整。与民法物权理论重在通过在所有权之外建构用益物权和担保物权等他物权以加强财产利用相比,现代产权理论重在通过产权安排,既解决土地资源的利用问题,增加农民土地财产性收入,又解决土地利用的负外部性问题,确保农地可持续利用和农村社会稳定,无疑更加彻底、更加全面。[1] 宅基地“三权分置”的实质就是一种对宅基地地上权利的分割,体现了宅基地制度从“所有主义”到“利用主义”的重要转变,是产权可分割性的充分例证和重要实践。“三权分置”能够兼顾福利保障属性和财产属性,既保留身份属性又实现流转,可能法学色彩不强,但取得了很好的实际效果。“三权分置”既是基于中国农村集体土地制度的特定情况进行的理论创新,更是回应广大农民实践探索的结果,可以借鉴但不能囿于西方物权理论。[2]

第一,“三权分置”寻求从宅基地权利内容的分解入手,对宅基地权利构造中公益属性与私益属性这对矛盾分而治之,为问题的解决提供了全新的思路,摆脱了农村宅基地管理的惯性思维和路径依赖,有利于重塑城乡土地权利关系。

第二,从政策生成动因认识,“三权分置”是公平价值与效率价值的有机统一。“三权分置”的权利构造离不开对问题导向和政策话语的准确把握。在宅基地集体所有、农户使用的“两权分离”模式下,宅基地使用权,一方面承担土地保障功能,另一方面又包含财产属性。两者的内在冲突导致宅基地使用权难以市场化流转,阻碍了资源的合理配置和有效利用。因此,宅基地使用权流转制度在设计上存在一种失衡,表现为宅基地保障功能的延续与财产价值的实现之间某种难以调和的矛盾,本质上是公平价值和效率价值在一定程度上的对立。“三权分置”政策生成的动因正是致力对公平和效率这对

---

〔1〕 董祚继:《“三权分置”——农村宅基地制度的重大创新(下)》,载《国土资源》2018 年第 4 期。

〔2〕 参见董祚继:《“三权分置”——农村宅基地制度的重大创新(下)》,载《国土资源》2018 年第 4 期。

矛盾的调和。一方面,宅基地资格权及其背后的福利性内容受到法律的保护,有利于维护整个农民群体利益和社会公共利益,是对公平价值的追求;另一方面,分解出的新宅基地使用权又有利于提高土地资源的利用效率,实现土地资源的优化配置,最终达到公平与效率的有机统一,这是对党的十八大后国家提出的"加强对农民财产权的保护"这一目标的重要践行。[1]

第三,从土地权利的发展历史分析,权利分解理论也有一定的历史渊源。历史上,英美法系的保有制[2]对认识和理解"三权分置"具有启发意义。如何认识和理解同一土地上不同权益之间的关系,是两大法系都在致力研究的基础性问题。就大陆法系而言,从罗马法时期就采用了权能分析的方法,以"自物权(所有权)—他物权"的关系模式认识和规范同一土地上不同权益之间的关系。但在英美法系则没有这一模式,而是选择将土地上的各种权益一并纳入土地保有制的模式下,[3]保有权理论为认识"三权分置"带来了很多启发。在英国,土地保有权不仅可以无限制分割,而且分割后产生的土地权益能够并存。不仅可以在水平维度上对土地权益作长宽划界的分割,在垂直维度上对地下矿藏、地上空间进行分割,在时间维度上对不同主体设置先后相继的权益,而且可以在权利内容上进行分割,如将土地的收益权从保有权中分离出来等。[4] 中国历史上权利分解也有先例可循。在清代,长三角地区土地所有权逐渐演变成两层权利,即为满足城市富人投资土地和贫困农民卖出土地的需要而买卖的、受国家法律认可的田底权,以及实际使用土地、不受国家法律认可的田面权。至20世纪40年代,长三角地区的华阳桥等地的田底权买卖已经非常频繁,形成了一个计划式自由竞争的田底权市场,而田

---

〔1〕 董新辉:《宅基地使用权流转制度的困境、出路与重塑》,载《学术交流》2018年第9期。

〔2〕 在英国土地法上,保有制表示保有人(tenant)以某种义务为条件向领主(lord)持有土地。保有人占有土地享有收益并向领主提供役务(service)和附属义务(incidents),领主保证保有人人身财产安全。

〔3〕 参见咸鸿昌:《英国土地法律史——以保有权为视角的考察》,北京大学出版社2009年版,第184页。

〔4〕 参见咸鸿昌:《英国土地法律史——以保有权为视角的考察》,北京大学出版社2009年版,第122~124页。

面权则显得相对较稳定。[1] 虽然可以将田面权与田底权理解为一种社会自发形成的惯例,但从制度变迁的线索分析,“三权分置”是符合新中国成立后宅基地制度的发展脉络的。2018年中央提出宅基地“三权分置”的改革方案,将代表私权属性的资产价值、财产属性分离出来,进一步表现出农村宅基地使用权的定位从公权范畴向公私交织范畴的过渡。鉴于历史上土地制度对中国农村社会方方面面产生的深刻的影响,在经济社会发展,新型城镇化浪潮的时代背景下,宅基地使用权流转制度改革应以维护公益为基点,以保护私益为制度变革完善的驱动力,以公益与私益的平衡作为改革的制度逻辑。中央政府从经济学的视角借鉴权利解构的解决路径,通过宅基地“三权分置”改革来调整和规制制度运行中的现实问题,引领中国土地制度改革,推进乡村振兴战略的实施,符合宅基地制度变迁的历史脉络和发展方向。一方面,从“两权分离”到“三权分置”,宅基地使用权权利内容分解为资格权和新使用权,是对宅基地使用权的一种强化,这种强化既体现为对财产属性的凸显,又表现为对保障属性的坚持,是“1+1>2”的道理。另一方面,“三权分置”改革力图通过在土地政策与法律法规的制定上加入更多的私法元素,实现宅基地使用权的自由流转,实现市场在社会资源配置中的基础作用,这是对现实中宅基地使用权私权属性乏力的回应,也是对宅基地使用权民事权利属性的回归和财产属性的凸显。同时,“三权分置”改革充分尊重农民的意愿,从立法上进一步减少政府行政权力对私人权利的干预,通过赋予农民最大化的选择权,把是否流转以及何时流转的选择权留给农民自己,进一步减小了改革阻力,降低了改革成本。

---

〔1〕[美]黄宗智:《明清以来的乡村社会经济变迁:历史、理论与现实(卷二:长江三角洲的小农家庭与乡村发展)》,法律出版社2014年版,第92~93页。

第三节　"三权分置"改革方案的法律解构

一、宅基地所有权

（一）宅基地所有权不能等同私权意义上的所有

我国的宅基地集体所有权制度直接脱胎于集体土地所有制，在分析"三权分置"路径下对宅基地集体土地所有权的坚持和发展问题上，不能生搬硬套以私人所有权为基础的民法所有权权能理论。而是需要从中国实际、中国认识和中国语境出发，尤其是需要从中国集体所有权面临的实际情况出发，研究设置"三权分置"下宅基地集体所有权的实现制度。

第一，从制度生成的角度分析，宅基地所有权不能简单等同私权意义上的所有。社会主义改革时期宅基地收归集体所有，不能以法律意义上的所有权转让等同视之。宅基地归公后，按道理国家和集体应给农民统一修建住房，满足农民的居住需要，保障农民的居住条件，消灭土地和住房的私有制。但是，限于当时国家和集体的财力，普遍依靠集体修建农民新居在事实上是没有条件实现的。因此，立法在利用宅基地修建住房方面采取了渐进式改革措施，即先保留农村住房的私有，再逐步过渡到住房公有。在保留住房私有阶段，为了让农民感受到宅基地公有带来的现实利益，《农村人民公社工作条例修正草案》第45条规定了国家和集体帮助农民修建住宅的义务。[1] 这是限于经济条件而采取的权宜之策，并以一种渐进的路径延续至今。这种所有制度以"在农民集体内部追求消除剥削"[2]为目标，是每个集体成员平等享有成员权的历史根源，是宅基地权利架构无论如何发展都不能改变的制度根基。

第二，从公平价值视角分析，宅基地所有权不能简单等同私权意义上的所有。宅基地所有权与农房之间的关系体现为一种利益平衡。宅基地归公时，绝大多数农民是有房屋的，如果新建农村住房全部由国家和集体出资，那

---

〔1〕《农村人民公社工作条例修正草案》第45条第4款规定："国家和人民公社的各级组织，应该在人力、物力等方面，对于社员修建住宅，给以可能的帮助……"

〔2〕董景山：《农村集体土地所有权行使模式研究》，法律出版社2012年版，第35页。

么已有房屋的农民也有权利要求给自己新建住房,或者要求国家和集体回购住房。这样一来就需要大量投入,当时的财政收入恐怕不能应对住房归公方案。为了平衡“有房户”和“无房户”之间的利益,国家在政策上作出了国家和集体的义务仅限于“帮建”的规定。因而,立法保留了农民在占用的宅基地上自主修建住房的权利,并规定农民对自建房享有所有权,同时让集体承担一定的“帮建”义务。此外,宅基地集体成员平等体现为一种时间维度上的纵向平等关系,农村集体财产属于农村集体,这一集体的成员是随着时间发展、生老病死等因素不断变化的。因此,成员的权利不仅是当前的权利,也是“将来成为农民集体成员的人”的权利。[1]

第三,从实际运行的情况看,宅基地所有权不能简单等同私权意义上的所有。宅基地修建房屋,保有房屋财产权,国家和集体有义务“帮建”,这种从实际出发的相对复杂的立法制度,的确存在理解上的困难,这也为后来农房的出卖以及宅基地使用权的流转引发的争议埋下了伏笔。在实际运行中,集体所有权主体虚化、弱化现象普遍,这成为制约农地合理利用的“瓶颈”。[2] 农村集体土地所有权权能体现不充分,尤其是处置权和收益权得不到落实,村集体经济组织在村规划编制,宅基地调整、收回、出租、流转中的缺位失位现象较为严重。[3] 因此,这种历史上政治因素促成的所有权与使用权相分离的权利构建,的确不能以私权意义上的一般所有权等同视之。

(二)宅基地所有权性质为新型总有

从“两权分离”到“三权分置”,其实也是对宅基地集体土地所有权权利性质的再造,是对使用权与所有权之间关系的重塑。关于对集体土地所有权性质的认识,代表性观点主要有以下几种。[4]

第一,“共有说”的观点。该观点认为集体土地所有权属于一种共有。

---

〔1〕 参见董景山:《农村集体土地所有权行使模式研究》,法律出版社2012年版,第35页。

〔2〕 参见陈小君等:《农村土地法律制度研究——田野调查解读》,中国政法大学出版社2004年版,第96页。

〔3〕 参见宋迎新、钟和曦:《浙江省农村宅基地“三权分置”的实践与思考》,载《浙江国土资源》2018年第4期。

〔4〕 参见孙建伟:《论宅基地“长期使用”权》,载《暨南学报(哲学社会科学版)》2016年第3期。

而在这一观点中,又存在3种不同的理解。一是以肖方扬为代表的学者认为,农民"对集体土地不享有可分割的份额,因此集体土地所有权是农民共同共有的所有权",〔1〕即共同共有。二是以王铁雄为代表的学者认为,集体土地所有权的主体为全体村民,农民以集体成员一分子的身份享有管理、使用、收益,甚至自由流转集体土地的完全所有权人身份,〔2〕即集合共有。三是以程雪阳为代表的学者认为,全体成员可以在符合法律规定的条件下依照其所享有的份额请求分割"入社的土地或者同等数量和质量的土地"的所有权,〔3〕即按份共有。"共有说"的理论存在较明显的局限性,"如果将集体所有权等同于一般的共有,无论是按份共有还是共同共有,都有可能导致集体财产完全私有化以及集体财产的不稳定性",〔4〕与中国集体土地所有权的实际情况与实质要求均不相符。因此,用"共有说"来认识农村集体土地所有权的性质问题,缺乏理论基础,前景有限。

第二,"所有权说"的观点。该观点是对所有权的进一步划分,存在以下几种认识。一是认为,集体土地所有权由村、村民小组、乡(镇)三级主体依法享有,〔5〕即"三级主体所有权说"。二是认为,集体土地为集体组织法人所有,而集体组织成员对集体财产享有股权,〔6〕即"集体法人所有权说"。三是认为,集体土地所有权是一种由"集体经济组织"享有的单独所有权,〔7〕即"单独所有权说"。也有学者将该观点归纳为应把农民集体(组织)视为一种法人,而农民集体所拥有的土地就变成该法人享有的财产,集体土地所有权也就演变成一种法人所有权,〔8〕即"法人所有说"。上述"所有权说"虽然存

〔1〕 参见肖方扬:《集体土地所有权的缺陷及完善对策》,载《中外法学》1999年第4期。

〔2〕 参见王铁雄:《集体土地所有权制度之完善——民法典制定中不容忽视的问题》,载《法学》2003年第2期。

〔3〕 参见程雪阳:《中国土地制度的反思与变革——基于公法的视角》,郑州大学2011年博士学位论文,第46页。

〔4〕 王利明、周友军:《论我国农村土地权利制度的完善》,载《中国法学》2012年第1期。

〔5〕 参见张燕飞、陈平:《论我国集体土地所有权的不完全与完善》,载《中国土地》1996年第11期。

〔6〕 参见高飞:《论集体土地所有权主体之民法构造》,载《法商研究》2009年第4期。

〔7〕 参见王卫国:《中国土地权利研究》,中国政法大学出版社1997年版,第14页。

〔8〕 参见王卫国:《中国土地权利研究》,中国政法大学出版社1997年版,第14页。

在具体划分上的不同,但在解决问题的方法上都是采用民法理论的视角来分析集体土地所有权的性质,在结合我国特有的农村土地设计理念以及集体土地自然资源属性的把握等方面略显不足,对集体土地所附带的社会保障功能未能给予足够重视。

第三,“公有权说”的观点。向勇认为,宅基地集体所有权更接近一种公有的概念。虽然立法用的是“所有”这个词,但它并没有严格的法律意义上的所有权含义,更多地体现为一种土地公有理念。宅基地归集体所有,并不意味着集体可以出租、出卖宅基地。宅基地集体所有具有禁止农民出租、出卖其占有的宅基地的法律功能。宅基地公有最终使宅基地成为禁止流通物。宅基地归集体所有,并未赋予集体占有、收益和处分宅基地的权利。集体既无法要求农民退回占有的宅基地,也不能改变宅基地的用途,擅自收回宅基地,并将其复垦为耕地或者进行工商业建设。[1]

第四,“总有权说”的观点。总有的概念来自欧洲日耳曼固有法的制度,德国学者基尔克认为,“总有”制度意指不动产属于团体成员共同所有管理,而按照团体内部规约,成员使用经营土地的制度。我国学者指出,在集体财产权归属、管理和处分的成员表决机制,权利享有的身份基础以及集体财产处分等方面,两者具有很多类似之处。[2] 原《物权法》中规定的集体土地所有权,就参考了民法上的“总有”理论。[3] 《民法典》第 261 条第 1 款“农民集体所有的不动产和动产,属于本集体成员集体所有”的规定延续了原《物权法》的思路,作出了同样的表述。

笔者认为,宅基地使用权与集体土地所有权的关系应该是一种新型总有的关系。《民法典》第 261 条第 1 款的表述,应当可以理解为是作了类似总有立场的规定,该观点在法律上于法有据。

“三权分置”的改革路径在宅基地的所有权问题上,提出要强化集体所

---

〔1〕 参见向勇:《中国宅基地立法基本问题研究》,中国政法大学出版社 2015 年版,第 27～53 页。

〔2〕 参见王利明、周友军:《论我国农村土地权利制度的完善》,载《中国法学》2012 年第 1 期。

〔3〕 参见梁慧星:《中国物权法草案建议稿:条文、说理、理由与参考立法例》,社会科学文献出版社 2000 年版,第 271 页。

有。因此,应在总有认识的基础上,把“集体所有”作抽象理解,看作一种类似“总有”的新型所有权,并与时俱进地作出进一步的讨论,赋予其新的时代性。宅基地无法私有是我们认识宅基地所有权的前提。宅基地并不是基于个人可以拥有土地所有权的基础上,产生的合并财产或共有关系,因此不能用传统的民法理论机械地认识和看待。正如马克思所说,“每一个单个的人,只有作为这个共同体的一个肢体,作为这个共同体的成员,才能把自己看成所有者”。〔1〕 宅基地使用权制度是在个人不可能拥有宅基地所有权的前提下,产生的仅能享有用益物权的制度安排。从权利内容的内核上看,宅基地集体所有权具有许多总有的痕迹。日耳曼法的总有制度与我国宅基地集体所有的所有权性质联系得最紧密、外形最接近。宅基地所有权仍然是一种私权,但又具有公有的性质。传统民法理论框架内,并没有“完全合辙押韵的理论能直接套用到农村集体所有权之上”〔2〕。总有制度虽然与宅基地的集体所有权不能完全契合,但相较而言,借鉴总有的……权利模型对我国农民集体土地所有权进行构造,一方面,其更符合公有制的形式,是与我国农民集体土地所有权的性质最接近的制度;另一方面,其无须对现有体制作出更大幅度的改动,具有节约路径成本的优势。宅基地集体所有的权利主体是单一的,即集体经济组织。宅基地所有权权能是在成员的组织机关和成员之间的一种纵向分割,〔3〕而本集体成员的权利主要是通过成员权来体现的,均表现为一种权利的分解。“三权分置”通过分解出宅基地资格权进一步实现集体的成员权,进而坚持集体土地所有制和落实集体土地所有权,也体现为对宅基地权利的分解。因此,两者存在权利生成逻辑上的高度契合。

二、宅基地资格权与新宅基地使用权的关系

从“三权分置”的权利生成逻辑上分析,可以有两种不同模式的解读:一

---

〔1〕 参见[德]马克思、恩格斯:《马克思恩格斯全集》(第23卷),中共中央马克思恩格斯列宁斯大林著作编译局译,人民出版社2005年版,第466页。

〔2〕 参见董景山:《农村集体土地所有权行使模式研究》,法律出版社2012年版,第35页。

〔3〕 参见高富平:《物权法原论》,法律出版社2014年版,第48页。

是通过两次“两权分离”，即第一次分离是在初始取得时宅基地所有权与资格权（或使用权）分离，第二次是流转宅基地使用权时又与宅基地资格权分离实现“三权分置”；二是一次性地将宅基地权利一分为三实现“三权分置”。对这一问题的回答直接决定了这两个概念之间究竟是并列关系还是包含与被包含关系这一基础判断，根本上决定了“三权分置”的权利架构和法律逻辑。如果这个问题不明确，对宅基地资格权或使用权权利属性的界定是很难达成共识的，甚至是无从谈起的。

新宅基地使用权和宅基地资格权究竟是在何时分离的，一种可能的理解是宅基地资格权在取得时即包含宅基地使用权（抑或宅基地使用权在取得时即包含宅基地资格权），在实现流转时，分解出了新宅基地使用权，保留了宅基地资格权。宅基地资格权是新宅基地使用权上位权的概念，宅基地农户资格权应包括宅基地分配资格权和宅基地使用权两种权利；[1]抑或认为宅基地使用权属于上位概念，只是将其中一定期限内的部分权能让渡出去。[2]如果按照这种理解，宅基地在第一次分离时分解为集体的宅基地所有权和农户的宅基地资格权。在流转时，再次分离出了资格权并由农户保留，而分离出的新使用权转让到了集体组织之外。宅基地所有权、资格权与新使用权三者的关系可以表述为：所有权是资格权的母权，资格权是使用权的母权，资格权与使用权同为用益物权。使用权派生于资格权，是资格权人基于处分行为设定的独立用益物权。我们可以称为“两次分离”权利结构，如图 2－5 所示。

---

〔1〕 参见陈耀东：《宅基地“三权分置”的法理解析与立法回应》，载《广东社会科学》2019 年第 1 期。

〔2〕 参见宋志红：《宅基地“三权分置”的法律内涵和制度设计》，载《法学评论》2018 年第 3 期。

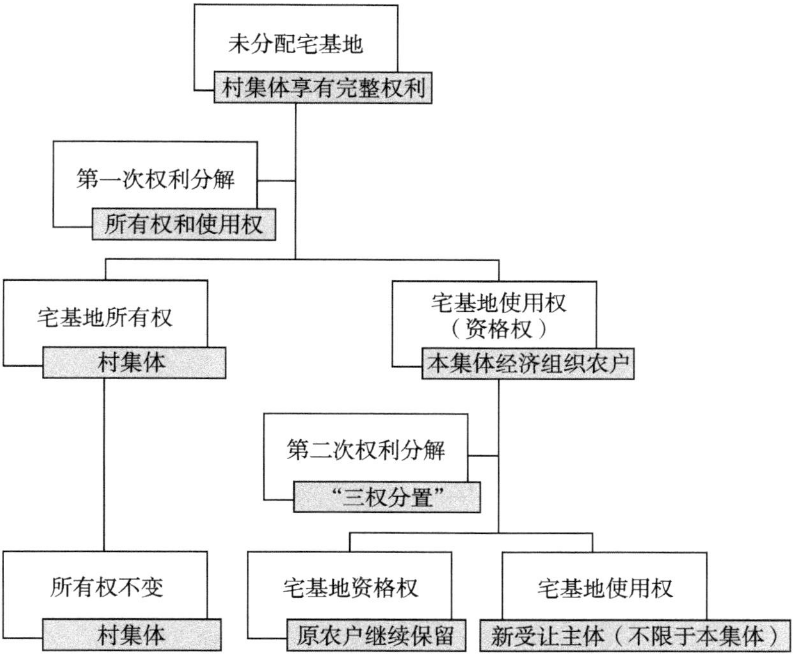

图 2－5　“两次分离”权利结构

还有一种可能的理解是宅基地使用权与宅基地资格权不存在包含与被包含的关系，而是并列关系。资格权作为成员权的组成部分，本身属于土地所有权行使方式的范畴，并不是宅基地使用权的组成部分。[1] 权利人在初始取得新宅基地使用权时，即已享有宅基地资格权，宅基地资格权从初始取得新宅基地使用权时即独立地存在并被权利人所享有，在流转时也就不涉及对权利的二次分解问题。这种权利解构认为，宅基地资格权与使用权应该是在宅基地使用权初始取得时即已分解，在权利结构上认为二者为并列关系，我们可以称为“一次分离”权利结构，如图 2－6 所示。

[1] 参见宋志红：《宅基地“三权分置”的法律内涵和制度设计》，载《法学评论》2018 年第 3 期。

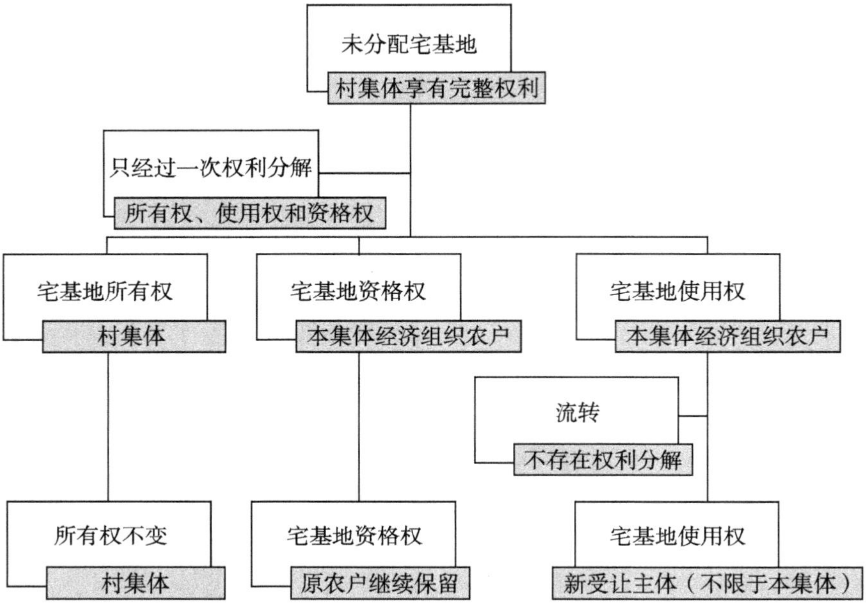

图 2－6 "一次分离"权利结构

虽然宅基地改革的这一问题从《民法典》的条文内容中没有直接答案，但更早提出的承包地"三权分置"却迈出了实质性的一步。《农村土地承包法(第一次审议稿)》明确，在流转后土地承包经营权分解为土地承包权和土地经营权，并将家庭承包所取得的权利直接界定为土地承包权，舍弃了使用多年的土地承包经营权的概念，直接产生"土地所有权—承包权—经营权"的"三权分置"权利结构。第二审议稿提及"土地承包权"这一概念两次，而第三审议稿则减为一次。2018 年 12 月 29 日最后审议通过的《农村土地承包法》仅第 9 条[1]提及一次，并将承包地"三权分置"权利结构界定为所有权分解出土地承包经营权，在流转时土地承包经营权上再分置出土地经营权，形成"土地所有权—土地承包经营权—土地经营权"的权利"两次分离"模式。《民法典》第 339 条等条文继承了这一模式，这与最高提出"三权分置"的

〔1〕《农村土地承包法》第 9 条规定："承包方承包土地后，享有土地承包经营权，可以自己经营，也可以保留土地承包权，流转其承包地的土地经营权，由他人经营。"

2014 年中央“一号文件”中“所有权—承包权—经营权”的表述明显不同。“农户承包权作为母权,由其派生出土地经营权这个子权”,[1]即土地经营权是从土地承包经营权中分离出的一种权利,是承包地的第二次分离。这是早期权威解读所认可及 2016 年中共中央办公厅、国务院办公厅发布的《关于完善农村土地所有权承包权经营权分置办法的意见》首先提到的分置路径,似代表了“官方的主流意见”[2]并在《民法典》出台后在立法机关较官方的解读中得到认可。[3] 但仍有学者认为,应坚持 2014 年中央“一号文件”等早期政策文件中的“农地集体所有权、土地承包权、土地经营权”的权利结构,[4]《民法典》中承包地“三权分置”的表述并不能称为是一次完整的“三权分置”的法律表达。2020 年中央“一号文件”中共中央、国务院《关于抓好“三农”领域重点工作确保如期实现全面小康的意见》(以下简称 2020 年中央“一号文件”)并未提及“土地承包经营权”“土地承包权”的概念,仅提及“土地经营权”一次,在《民法典》几乎定稿的情况下,政策文件中对此却没有体现,至少不能否定中央有进一步改革的打算,还不能就此认为中央在承包地上选择上述“两次分离”的权利架构。在一些基本问题都尚无定论的情况下,也就谈不上承包地“三权分置”改革已经形成了一套可复制、可推广的经验,宅基地改革可以直接套用这种“两次分离”权利结构的可能。

退一步讲,土地承包经营权与宅基地使用权在农民权利体系中的地位也存在明显差异,即便承包地走在前面,所取得的经验已足够完善,但这些经验能否直接适用到宅基地上也存在疑问。在计划经济时代的农村土地权利体系中,以土地承包经营权和宅基地使用权为主要内容,分别指向“耕者有其田”和“居者有其屋”。两者都是农民最主要,也是最基本的权利,关乎整个农民群体的生存和发展。但随着改革开放后社会经济的发展,农民已不再仅限于一种职业的划分,随着大型农业机械种植的推广和承包地的流转集中,

---

[1] 崔建远:《民法分则物权编立法研究》,载《中国法学》2017 年第 2 期。

[2] 参见陈胜祥:《农地“三权”分置的路径选择》,载《中国土地科学》2017 年第 2 期。

[3] 参见黄薇主编:《中华人民共和国民法典释义(上)》,法律出版社 2020 年版,第 665 页。

[4] 参见于飞:《从农村土地承包法到民法典物权编:“三权分置”法律表达的完善》,载《法学杂志》2020 年第 2 期。

农民对于耕作方式产生的收入的依赖,早已被进城务工等更多元化的途径所替代。农民对于承包地的依赖程度在减弱,承包地的保障色彩已经在很大程度上退化。而宅基地侧重对农民居住这一基本权利的保障,居住这一目的背后是对几亿名农民工“进得去城,又回得去家”这一底线的坚守,无疑与承包地相比保障属性更强,在农民的保障体系中占据更根本的重要地位。

土地承包经营权的改革目标相对单一,即通过流转而集中,向大规模机械作业、集成作业发展,而宅基地相比之下则复杂得多。土地承包经营权改革的步子迈得更大,在一定程度上于《民法典》中得以体现,经验固然值得借鉴参考,但两者的改革模式却不能完全照搬。承包地“三权分置”的思路就是对承包经营权的一分为二,而宅基地“三权分置”却是将宅基地使用权中的身份属性内容剥离,并与其他保障性权利内容一起组成一个新的资格权。一个是公司简单的拆分,另一个是公司拆分与其他公司重组,显然两者改革的初衷存在较大差异。在《民法典》几乎定稿的情况下,2020 年中央“一号文件”仍坚持了宅基地“三权分置”的“所有权—资格权—使用权”固有思路,提出“以探索宅基地所有权、资格权、使用权‘三权分置’为重点,进一步深化农村宅基地制度改革试点”,也从侧面反映了两者在权利构架上可能存在的不同。

回到宅基地问题本身,从逻辑上分析“两次分离”的观点存在的问题,在于概念的混乱。如果权利经过“两次分离”,那么第一次分离的宅基地资格权是包含使用权的,而第二次分离时又不再包含使用权,用同一个概念表现两种不同的权利内容,极易造成概念的混乱。而在“一次分离”的权利结构中,在宅基地“两权分离”结构下,农户在申请承包地获批后,获得的是一个包括资格权和使用权在内的权利束,而在“三权分置”结构下,农户在初始取得时,应该获得的是两种独立的权利,即宅基地资格权和新宅基地使用权,如此一来,宅基地使用权成为一个完整的用益物权,去除了基于身份属性内容而对自由流转的限制,为农民实现宅基地上的财产权益扫除了障碍。而资格权从宅基地集体所有权直接分解而来,应在集体成员权基础上加以构造,具备法律理论的基础和改革的空间。这也符合促进宅基地流转,保障农民财产权益的改革初衷。

“两次分离”更大的问题在于，这种理解有悖于物权法的基本逻辑和“一物一权”的基本原则，难以在法律上得以表达。[1] 无论是资格权作为母权还是使用权作为母权，它们都是一种权利，而非有体物，使用权作为用益物权，而非所有权，怎么能作为派生出用益物权的母权？这是其在法学界内部无法达成共识的根本原因。一些学者试图通过“用益物权—次级用益物权”的权利架构对此作出解释或找到一种变通的可能，[2]不但难以说服法律界的反对声音，也存在制度变迁成本过高的隐忧。而这种尚难在法律界形成共识的意见，在与经济学、管理学的学科交融中达成一致也就无从谈起。

综上所述，按照上述逻辑，宅基地所有权、资格权与新使用权三者的关系可以表述为：宅基地所有权是资格权与使用权的共同母权。资格权与新使用权是并列关系，在申请时由农户一并取得；在流转时，宅基地使用权转让给新的权利主体，宅基地资格权继续由农户保留。因此，“一次分离”权利结构更妥当。

三、宅基地资格权

（一）宅基地资格权的权利性质

“宅基地资格权”由政策术语上升为法律概念需要一个过程，在这一讨论和分析过程中，我们当然不能仅仅将其以政策术语来讨论，而必须将其视为一个法律概念来分析和界定其性质、内涵、外延、功能。这些问题都是在“三权分置”对宅基地使用权流转制度重塑过程中，必须解决的基础性理论问题，是“三权分置”与法律衔接的关键环节，不仅决定了改革的目标能否实现，也决定了改革路径的选择，[3]值得深入讨论。其中，权利性质是这些基

---

〔1〕 参见李国强：《论农地流转中“三权分置”的法律关系》，载《法律科学（西北政法大学学报）》2015 年第 6 期；王小映：《“三权分置”产权结构下的土地登记》，载《农村经济》2016 年第 6 期。

〔2〕 参见蔡立东、姜楠：《农地三权分置的法实现》，载《中国社会科学》2017 年第 5 期。

〔3〕 参见陈振涛：《物权法定下土地经营权的体系定位》，载黄建中主编：《农地“三权分置”法律实施机制理论与实践》，中国法制出版社 2017 年版，第 19 页。

础问题中的基础。

由于宅基地“三权分置”刚刚提出,既有的学术观点并不多。土地承包经营权“三权分置”提出较早,对土地承包经营权的承包权和经营权属性的讨论较集中。在《民法典》出台前,对于土地经营权的性质争议集中于如果承包权与经营权的法律属性被构造为用益物权与次级用益物权,〔1〕土地经营权是“设立在土地承包经营权之上的新型次级用益物权”,〔2〕那么,如何解决与物权法理论上“一物一权”原则的冲突?如前所述,《农村土地承包法》修订过程中对土地经营权的性质等基础问题存在很大争议,最终通过采取留白的方式,作了较模糊的处理,只是规定了土地经营权的产生方式和权能,并规定流转期限5年以上的土地经营权可以登记,有学者认可此为一种“务实”〔3〕的做法。

《民法典》以民事基本法的形式在此基础上明确了5年以上土地经营权的物权性质,第341条“流转期限为五年以上的土地经营权,自流转合同生效时设立。当事人可以向登记机构申请土地经营权登记;未经登记,不得对抗善意第三人”的规定,是对物权设立、登记和对抗效力的典型表达方式。此处的登记显然不是行政管理意义上的登记,而是具有物权变动和公示效力的不动产登记。相较《农村土地承包法》第41条的规定,《民法典》进一步明确地确认了流转期限5年以上土地经营权的物权属性。同时,《民法典》第399条特意删除了原《物权法》第184条中耕地的土地使用权不得抵押的规定,表明土地经营权可以抵押,亦进一步印证了流转期限5年以上土地经营权的物权属性。〔4〕但是,此处仅限于为5年以上的土地经营权,5年以下的土地经营权属性如何界定并未明确。而且,从未有一种民事权利是通过时间的长短来区别界定权利属性的。同时,将5年以上的土地经营权界定为物权,如何解决其与土地承包权同为用益物权和“一物一权”原则的冲突,仍未解决。因

〔1〕参见蔡立东、姜楠:《农地三权分置的法实现》,载《中国社会科学》2017年第5期。

〔2〕于飞:《从农村土地承包法到民法典物权编:“三权分置”法律表达的完善》,载《法学杂志》2020年第2期。

〔3〕宋志红:《民法典对土地承包经营制度的意义》,载《经济参考报》2020年8月25日,第8版。

〔4〕宋志红:《民法典对土地承包经营制度的意义》,载《经济参考报》2020年8月25日,第8版。

此,土地承包经营权也并没有现成的经验可供宅基地资格权与使用权的属性界定问题予以套用。但却应有所借鉴,无论是承包地抑或宅基地,“一物一权”原则都是“三权分置”必须解决的理论障碍。在承包地上,似将经营权通过期限的划分来间接承认双重物权的存在,但这种折中的做法只会让本就复杂的农地问题变得更复杂,并不可取。

如前所述,宅基地的资格权究竟源于所有权还是使用权本就存在争议。使用权是权利内容的削减形成一个新的使用权,而剥离出的权利内容与新加入的权利内容一起形成一个全新的概念。对于资格权的权利属性的界定,通过讨论形成了以下几个观点。一是“成员权说”,认为资格权权利属性应当为集体成员权,农户资格权属于集体土地所有权的范畴,〔1〕具有占有、收益和处分等权能。〔2〕 在此基础上,对于资格权与成员权又有以下几种不同认识:一种观点认为,宅基地资格权是农户享有的取得宅基地使用权的权利,作为成员权的组成部分;〔3〕另一种观点认为,资格权其实就是成员权,这样一种认识在非法学领域学者的研究成果或会议发言中并不鲜见。还有一种观点认为,资格权的范围和内容高于成员权,〔4〕持此观点的学者并不多。二是“宅基地使用权说”,该观点认为,宅基地资格权,是指现行法律上的宅基地使用权,在“三权分置”之后其本身并不需要也不应该发生本质上的改变,只有这样才能维持既有的法律制度不变,才不会改变现有宅基地使用权人的权利和利益状况。〔5〕 三是“剩余权说”,该观点认为,宅基地资格权是宅基地使用权人在让渡一定年期的使用权之后,对原有宅基地的剩余权。“母权利的权利人已经在事实上取得了对特定土地的支配权。只不过由于其享有的物权,受制于权利的身份性限制,而无法流转。如果将之界定为只是集体成员

〔1〕 姜楠:《宅基地“三权”分置的法构造及其实现路径》,载《南京农业大学学报(社会科学版)》2019 年第 3 期。

〔2〕 陈振、罗遥、欧名豪:《宅基地“三权分置”:基本内涵、功能价值与实现路径》,载《农村经济》2018 年第 11 期。

〔3〕 宋志红:《宅基地“三权分置”的法律内涵和制度设计》,载《法学评论》2018 年第 3 期。

〔4〕 参见孙建伟:《宅基地“三权分置”中资格权、使用权定性辨析———兼与席志国副教授商榷》,载《政治与法律》2019 年第 1 期。

〔5〕 席志国:《民法典编纂视域中宅基地三权分置探究》,载《行政管理改革》2018 年第 4 期。

基于成员身份而取得宅基地使用权的资格，则违反了对特定物的支配这一物权的根本要求，所谓的‘三权分置’也就无从谈起。”[1]四是“双重属性说”，该观点认为，资格权是集体成员宅基地分配中的一种资格，其应该具有相对独立的权利内涵，并具有人身权和财产权双重属性，[2]是一种兼具身份权和财产权的复合性权利。[3] 同时，也有学者对宅基地资格权是成员权的观点提出质疑，认为将其性质仅仅界定为一种身份权，有失片面。因为农村土地资源配置日益市场化，这种资格权本身就具有很强的资源性和缺失性，其越来越“属于一种社会保障权和发展权”，越来越需要打破土地原有封闭性质并呈现向市场经营开放格局的转化。[4]

“宅基地使用权说”和“双重属性说”其实在某种程度上是一致的。将宅基地资格权直接等同于改革前的原宅基地使用权，显然是将宅基地资格权作为新宅基地使用权的上位概念，将宅基地资格权理解为具有财产属性与身份属性双重属性的权利。笔者认为，宅基地“三权分置”改革的重要初衷就是，分解原宅基地使用权的身份属性和财产属性，将身份属性内容交由资格权实现，将财产属性交由新使用权实现，破除过去宅基地使用权身份属性所造成的流转障碍。而如果将代表身份属性的宅基地资格权再次赋予财产权利的内容，显然有违改革的初衷。同时，如果通过宅基地流转时的“两次分解”来解决上述双重属性的问题，又显然与上文对既有的宅基地“三权分置”权利构架各权利的定位不符。

“剩余权说”分析了宅基地使用权人将权利让渡后有权主张收回的制度内涵，但该观点对于集体成员为什么能够收回剩余权却缺乏系统性的论证，显得过于简单，似应在此基础上对宅基地资格权的权利内容作出更系统的梳

---

〔1〕 李凤章、赵杰：《农村宅基地资格权的规范分析》，载《行政管理改革》2018 年第 4 期。

〔2〕 参见孙建伟：《宅基地“三权分置”中资格权、使用权定性辨析——兼与席志国副教授商榷》，载《政治与法律》2019 年第 1 期。

〔3〕 参见陈耀东：《宅基地“三权分置”的法理解析与立法回应》，载《广东社会科学》2019 年第 1 期。

〔4〕 参见孙建伟：《宅基地“三权分置”中资格权、使用权定性辨析———兼与席志国副教授商榷》，载《政治与法律》2019 年第 1 期。

理。同时，"剩余权说"其实是从权利内容层面所作的分析，本质上仍是"两次分离"法律构架的基础上得出的观点，即将宅基地使用权作为上位概念，将流转作为一种二次权利分解的方式来理解，显然也与宅基地权利体系中对各权利的定位相悖。

根据民事权利的内容和性质，民事权利包括财产权、人身权等权利。[1] 成员权在我国民法体系中，是人身权的下位概念。[2] 笔者认为，宅基地资格权的权利属性应界定为成员权。

首先，宅基地在初始取得时通过申请并分配完毕后，资格权并非不复存在。被视为首个宅基地"三权分置"地方管理办法的浙江省德清县《农村宅基地管理办法（试行）》（德政发〔2018〕31 号）将资格权等同于集体成员申请取得宅基地或申请享受其他替代保障待遇的权利，资格权中的宅基地分配请求权是一次性权利，基于此权利取得面积限额内的宅基地使用权后即已用尽。该办法对于已经转让住房财产权的原宅基地使用权人如何通过资格权保护其"户有所居"留下了困惑。[3] 当宅基地征收补偿等涉及很多具体利益时，宅基地资格权正是获得相关利益的请求权基础，改革成败的关键在于对宅基地资格权的权利内容的明确和丰富。其次，成员权有历史基础和农民内心认同。宅基地制度改革历来都在强调成员权权利属性的内容，如军人、华侨、教师一旦回到村集体，还可以分配宅基地的规定。再如，强调只有集体成员才能获得宅基地，且基于这种成员身份取得宅基地是无偿的规定等。因此，农民心中在对待土地问题上，有根深蒂固的成员权观念，有学者形象地将其类比为老百姓观念中的"份子权"。[4] 最后，成员权在我国法律体系中有理论基础和条文依据。农民成员权与集体所有权密切相关，原《物权法》第

---

〔1〕 参见王利明：《民法》，中国人民大学出版社 2020 年版，第 107 页；梁慧星：《民法总论》，法律出版社 2007 年版，第 71 ~ 72 页。

〔2〕 参见童列春：《论中国农民成员权》，载《浙江大学学报（人文社会科学版）》2018 年第 2 期；杨遂全：《中国之路与中国民法典不能忽视的 100 个现实问题》，法律出版社 2005 年版，第 154 ~ 158 页。

〔3〕 参见高海：《宅基地"三权分置"的法律表达——以〈德清办法〉为主要分析样本》，载《现代法学》2020 年第 3 期。

〔4〕 刘守英：《直面中国土地问题》，中国发展出版社 2014 年版，第 8 页。

59条通过引入“成员权”，解决长期以来困扰集体所有权的“主体虚化”问题。[1] 强化集体成员和成员集体这两个重要的权利主体的权利，解决上述现实问题，是本轮土地改革的重要目标。

如前文所述，既然将集体土地所有权作为母权，宅基地资格权这个子权自集体土地所有权中直接派生出来，那么其与农村集体成员权的关系就必须作出明确界定。同时，“三权分置”派生的资格权是对集体成员权的落实和丰富，如何厘清集体成员和成员集体之间的关系，也是理解资格权权利属性是否可以界定为成员权的一个重要分析路径。有学者认为，资格权的范围和内容要高于成员权，从资格的认定，到资格的享有、资格权利的形式以及对于宅基地权利的剩余权的行使，都是资格权的内容，而成员权仅仅是在判定其具有成员资格以后，享有成员资格所获得的集体土地分配权、占有权和收益权等权利。[2] 也有学者认为，资格权就是集体成员权，两者并无本质区别。笔者试着再从宅基地资格权的权利生成时间，即宅基地资格权在宅基地权利体系中的定位角度进行分析。

显然，宅基地资格权作为一种资格，与农村集体成员的身份紧密相关，具有很强的身份属性色彩，作为集体成员的身份是在初始取得宅基地使用权之前便已存在的，这些均已成为学界的共识，无须赘述。但是，是否应将宅基地资格权的权利生成时间在农户初始取得宅基地这一时间节点上再向前推移，推定到集体成员身份的取得时，即取得集体成员权时也同时获得了宅基地资格权。显然这是上文所述成员权说中，对资格权范围和内容等于或大于成员权的认识基础。笔者认为，将宅基地资格权进一步向前推移作更大范围的解释并无必要。现实中，农村集体成员虽然具有申请宅基地的资格，但申请需要审批等程序，这种成员身份与实际获取宅基地资格权仍然存在差异，因此两者也就不具有等同的基础。既然两者紧密联系又不能等同，那么两者究竟

---

〔1〕 丁文：《论土地承包权和土地承包经营权的分离》，载《中国法学》2015年第3期，第159～178页。

〔2〕 孙建伟：《宅基地“三权分置”中资格权、使用权定性辨析——兼与席志国副教授商榷》，载《政治与法律》2019年第1期。

是否可以理解为包含与被包含的关系? 笔者认为,答案是肯定的,即两者是包含与被包含的关系。申言之,宅基地资格权应该属于集体成员权的一部分。成员权是资格权获得的前提,只有具备集体经济组织成员身份,才有资格申请宅基地,获得宅基地资格权。因此,成员权是资格权的上位概念,集体成员的身份权其实是获取申请资格的前提,但有申请资格和已经获得宅基地资格权存在本质区别。也正基于此,宅基地退出可以明确为宅基地资格权的退出,而非成员权的退出——宅基地退出后仍然是农村集体成员,这也为不以农民放弃村集体成员身份而退出宅基地提供了法律依据。

在此次《民法典》出台未将成员权纳入农村集体经济组织规定的情况下,应考虑在今后的修法中将成员权归置于集体所有权的相关内容中,并在宅基地部分明确成员权与宅基地资格权的关系以及资格权的权利内容,形成"所有权 + 资格权(身份权) + 使用权(用益物权)"的权利属性界定,以真正落实党的十八届三中全会《关于全面深化改革若干重大问题的决定》提出的"保障农民集体成员权利"的重要改革目标。[1]

(二)宅基地资格权的权利内容

目前,学界对于宅基地资格权设立的必要性有颇多质疑,除对宅基地资格权权利定位不清以及权利属性界定不明的原因外,也与宅基地资格权权利内容不够明晰存在很大关系。"三权分置"改革方案如果想获得更多的认同,就必须充实权利内容,增加资格权独立成"权"的必要。

宅基地资格权在权利内容上具有很多集体成员权的权利内容,两者极易混同。可以说,成员权是我们理解和把握资格权的重要视角和对比标尺。为了加以明确,笔者试从与成员权辨析的角度作出分析。从权利行使所指向的对象看,宅基地资格权的权利行使所指向的对象仅是经申请所获批的某一具体的、特定的宅基地,而成员权的权利行使对象是不特定的或者可以理解为集体所有的全部宅基地。学界普遍认为,成员权的权利内容包括自益权和共益权两部分。在宅基地"两权分离"时代,自益权对应宅基地集体所有权权

〔1〕 陈小君:《我国农民集体成员权的立法抉择》,载《清华法学》2017 年第 2 期。

利内容的横向分割，具体表现为占有、使用以及收益等权能。与此同时，又体现在宅基地集体所有权权利内容的纵向分割中，指向为对共益权中的管理权与处分权的尊重。

“三权分置”改革对宅基地权利结构的重塑突出了自益权在宅基地权利体系中的地位，其中，很多权利内容都可与宅基地资格权相对应，具体表现为：一方面，自益权是集体成员取得宅基地使用权的基础，农户只能在拥有集体成员权的情况下，通过法定或约定的程序获得宅基地使用权和宅基地资格权。资格权是成员权自益权内容通过法定程序的一种实现，而成员权是获得资格权的前提和基础。另一方面，宅基地分配请求权属于集体成员权，不属于宅基地资格权。即资格权不同于也不包括宅基地分配请求权。[1] 在宅基地的初始取得上，作为集体成员基于身份权而要求集体分配宅基地的请求权。这是集体成员权通过法定或约定的程序获得宅基地资格权以及使用权的表现，但这种申请的权利本身不属于资格权的权利内容。

宅基地资格权的权利内容主要包括以下两个方面：第一，宅基地无偿使用权属于宅基地资格权的权利内容。在宅基地的使用上，农户基于其已经申请取得的宅基地资格权可以无偿使用，这是宅基地资格权的重要内容。但是，超出面积等不符合规定的应收取使用费。第二，宅基地资格权包含对宅基地收益的分配请求权。宅基地流转的收益包括本集体中他人所有的宅基地流转的收益以及自有宅基地流转的收益两部分。集体内他人宅基地的流转所带来的收益由集体享有，集体按照规章制度通过一定程序将这部分收益分配给集体其他成员，这是成员权的内容，不属于宅基地资格权的权利内容。宅基地资格权中的收益分配权仅限于权利人通过申请所获得的供本人使用的特定宅基地的利益的分配。这种利益的分配并不仅限于流转出去后的一次收益，还可能随着宅基地使用权到期再次续期而产生新的收益。

同时，在宅基地使用权流转后，有可能出现征地的情况，这时候的征地收

---

〔1〕 高海：《宅基地“三权分置”的法律表达——以〈德清办法〉为主要分析样本》，载《现代法学》2020 年第 3 期。

益应如何分配。笔者认为，应从基于享有宅基地资格权的农户和新宅基地使用权的权利人即流转受让人两个方面来分析。对于宅基地资格权的权利人即流出宅基地的农户来说，其收益主要应该为该土地的征地补偿费用。而对于新宅基地使用权人即流转受让人来说，其收益应为地上房屋的补偿费用以及土地升值等所带来的合理补偿。至此，司法实践中当前经常出现的农民与城镇居民签订农房买卖合同，而到拆迁时农民反悔向法院提起诉讼主张农房买卖合同无效的情形，将得到有效规范，相关案件的审理也在法律修订后有了援引的判案依据。具体而言，法院在过去只能认定农房买卖合同无效，城镇居民购买农房只能获得一定的房屋升值补偿，且认定买卖合同的依据并不统一。"三权分置"上升为法律条文后，无论是作为买入方的新宅基地使用权人还是卖出方的宅基地资格权人（原使用权人）都有了主张相应权利的法律依据，交易安全将得到维护，司法审判依据将得以统一。沿着这一思路，应对征地补偿规定作出更新和进一步细化，以适应改革后大量宅基地"隐形流转"合法化的需要。宅基地资格权中的利益分配权利内容是宅基地"三权分置"改革后对宅基地使用权中保障属性的继承，是农民将手中宅基地使用权流转出去后生活的重要保障。显然，上述"剩余权说"仅用"剩余"就将宅基地资格权的内容作出概括不够全面，也难成系统。

集体土地所有权主体的集体成员集合性，决定了集体土地所有权本身包含了集体成员民主决策、民主监督等管理权能，集体土地所有权的行使本身也就是管理权能的行使。[1] 而成员权中共益权部分的权利内容则主要体现在参与决策、参与管理监督等方面。通过与宅基地资格权的对比，再次明确界定宅基地集体成员权的内容对于成员集体所有权的实现，以及与宅基地资格权作出区分，对于宅基地资格权权利内容的界定同样具有重要意义。

首先，参与决策权不属于宅基地资格权的权利内容。参与决策权主要体现为集体组织重大事务决定权，而所谓重大事务即为实质上对集体成员自益权产生重大影响的事务。"三权分置"下，集体土地所有权主要保留最终的

---

〔1〕 韩松：《论农民集体土地所有权的集体成员受益权能》，载《当代法学》2014 年第 1 期。

处分权，关键是健全集体成员民主议事机制，尤其是在政府主导的宅基地流转中，应保障农民知情、决策和监督的权利。要区分发达农村和一般农村的民主决策形式和组织形式。在发达农村，应当推行集体资产股份化改造，实行集体经济组织集体资产保值增值功能和集体自治组织社会服务职能相分离，集体成员的民主决策通过成员股东大会的组织形式得以实现。在一般农村，集体经营性资产匮乏的大多数集体经济组织，可以采取以户为单位，一户一票的决策方式，将村民会议安排在集中回乡时节或者依靠现代化网络会议等形式，解决重大事项和临时事项。[1]

其次，参与管理监督权不属于宅基地资格权的权利内容。对宅基地的管理和监督的权利主要体现在两个方面：一是对集体所有的他人使用权流转的知情权；二是对集体经济组织成员的合法权益受到侵害时，请求司法救济的权利。[2] 上述权利的行使所指向的土地都是不特定的或非其本人所享有资格权的土地，是对村集体土地这一整体或者他人享有资格权的土地，因此上述权利不能作为资格权的权利内容。

最后，还应强调的是，宅基地资格权不具有可转让性。有学者认为，将宅基地资格权转让给他人进行有偿使用，需要将资格权再一次进行剥离，将其中的身份权进行保留，将其财产权进行市场化，而这种使用权进一步分离的标志就是，宅基地使用权是有偿的、有期限的，以及具有法律的根据。[3] 笔者认为此观点值得商榷。一是关于“两次分离”还是“一次分离”上文已详述利弊，再分离一次并无必要，且易造成“三权分置”权利构架的混乱，笔者在此不再赘述。二是权利分解的目的是解决流转的障碍，“三权分置”改革后宅基地使用权已经是一个独立的、完整的用益物权，自然取得了自由转让的权利内容，宅基地流转问题在此已经得以解决。三是宅基地资格权由于其身份属性所限，自然不能向村集体经济组织之外转让。因此，改革设计应作出

---

〔1〕 韩松：《论农民集体土地所有权的管理权能》，载《中国法学》2016 年第 2 期。

〔2〕 陈小君：《我国农民集体成员权的立法抉择》，载《清华法学》2017 年第 2 期。

〔3〕 孙建伟：《宅基地“三权分置”中资格权、使用权定性辨析——兼与席志国副教授商榷》，载《政治与法律》2019 年第 1 期。

宅基地资格权不具有可转让性的选择为宜。

四、新宅基地使用权

(一)新宅基地使用权的权利性质

第一,新宅基地使用权不能被理解为债权。韩世远、黄立等学者提出,应借鉴日本等的“法定租赁权”理论,即农房的买受人同时取得房屋所有权和作为债权的宅基地租赁权,而非取得作为物权的宅基地使用权,并基于对宅基地的租赁权而占有使用该土地。这一结果并非基于买卖双方的自由意思,而是由法律直接规定必然发生的结果。[1] 按此思路,“三权分置”语境下,能否将新宅基地使用权理解为债权?笔者持否定意见,新宅基地使用权不应被理解为一种债权。法定租赁权虽然作为一种租赁债权被披上了法定的外衣,但本质上仍属于一种债权,与物权仍然存在质的不同。由于债权在权利保护方面的保障性明显弱于物权,如果作为一种债权来理解和定性宅基地使用权,不利于购房者对交易安全的预期和社会财产秩序的稳定。因此,债权的定性在新宅基地使用权问题上是行不通的。

第二,新宅基地使用权具有地上权的属性。在宅基地“三权分置”改革前,也有观点认为,应借鉴罗马法解决土地所有权和房屋所有权之间的冲突,而在他人所有权上设立地上权的思路。认为应当运用地上权制度来对国有土地使用权和集体建设用地使用权进行共同规制,将国有土地使用权和宅基地使用权等统一到地上权体系中。主张“法定地上权”的学者认为,宅基地使用权一经取得便可永久存续,其性质更接近所有权。当宅基地上的房屋转让时,宅基地使用权本身不必随之让与,可在宅基地使用权上创设法定或约定的地上权,较之“法定租赁权”,“法定地上权”能够更好地界定各种权利和利益,并促进交易。以宅基地使用权、建设用地使用权等权利为基础创设大

---

[1] 该观点参见刘凯湘:《法定租赁权对农村宅基地制度改革的意义与构想》,载《法学论坛》2010 年第 1 期;韩世远:《宅基地的立法问题——兼析物权法草案第十三章“宅基地使用权”》,载《政治与法律》2005 年第 5 期;陈耀东、吴彬:《“小产权”房及其买卖的法律困境与解决》,载《法学论坛》2010 年第 1 期;孙宪忠:《确定我国物权种类以及内容的难点》,载《法学研究》2001 年第 1 期。

一统的地上权概念和体系。有学者进一步认为，可以考虑允许农民在原宅基地使用权中分割出适当年限的“派生农村宅基地使用权”，进一步优化农村宅基地“物权”的层次结构，以此为基础解决农村宅基地使用权的抵押与担保问题。[1] 有学者持相反观点，指出了两者之间在权利内容、权利主体身份限制等方面存在的不同。认为地上权是存在于他人土地所有权之上的权利，宅基地使用权是存在于权利人作为其成员的集体土地所有权上的权利，由此导致两者在权利构造上存在重大差异，因此，不宜用地上权制度来整合农村宅基地使用权制度。[2] 宅基地使用权与地上权存在不同，因此，笔者认为，新宅基地使用权具有地上权的某些特质。地上权无身份属性，可以自由转让、继承、抵押，具有转让属性和担保属性。而新宅基地使用权在“三权分置”改革后，原来的身份属性从自身剥离，也已经实现了自由流转。从这个角度来看，二者在改革后更加接近了。但是，两者在权利来源上仍然存在本质区别。地上权是存在于他人土地所有权之上的用益物权，而宅基地使用权虽属于集体所有，但作为权利主体的农民确定该集体的成员，故不能简单地以“他人所有”视之。从历史演变来讲，宅基地本来就是由私人所有向集体所有个人使用转变而来的。同时，宅基地权利人本来就是集体经济组织这一所有权主体的成员，宅基地与宅基地权利人存在更紧密的联系。此外，新宅基地使用权在权利取得方式和程序上，依据集体经济组织成员身份申请取得，亦与地上权存在差异。

第三，新宅基地使用权是用益物权。与土地承包经营权“三权分置”新分解出的土地经营权相比，宅基地使用权本身就已经存在于原《物权法》中，并且被明确地赋予用益物权的属性。因此，新派生的宅基地使用权属于一种用益物权不存在法律理论和法律体系的障碍。申言之，将之定性为用益物权

---

〔1〕 该观点参见杨立新：《关于建立大一统的地上权概念和体系的设想》，载《河南省政法管理干部学院学报》2007 年第 1 期；王卫国、朱庆育：《宅基地如何进入市场——以画家村房屋买卖案为切入点》，载《中国政法大学学报》2014 年第 3 期；惠建利：《农村宅基地使用权及流转规范与法律制度创新》，载《湖南农业大学学报（社会科学版）》2016 年第 5 期。

〔2〕 曹云清、曾红波：《试论农村宅基地使用权的性质——兼论集体土地所有权的有关问题》，载《江西公安专科学校学报》2003 年第 5 期。

还有如下理由:一是宅基地使用权本身就是一种身份权与用益物权相结合的权利束,而派生出的资格权与使用权应该理解为,将这一权利束中的部分使用权利进行让渡,但性质不应发生变化。二是以权利的保护视角分析。在新宅基地使用权问题上将其定性为用益物权,比定性为债权更有利于保障权利人的权益,提高了其权利的安全性。[1] 从应尽可能地优化权利人的法律地位、使宅基地使用权成为更有效的融资手段的目的出发,将宅基地使用权设计为用益物权确有必要。三是从政策动因上看,"三权分置"的目的就是实现新宅基地使用权的"可转让""可抵押"的流转,而只有将其确定为物权之后,才能满足这样的需求。[2] 四是从权利内容看,使用本身就是用益物权的重要组成部分。新宅基地使用权剥离了身份属性以及由其带来的保障属性、福利属性等公益属性对其权利内容的束缚,尤其是解放了对其流转范围的限制,使这一具有很强特殊性和中国特色的用益物权与大陆法系传统民法理论关于用益物权的权利属性和权利内容相互对接,解决了困扰法律理论界多年的难题。按照用益物权的"回弹原则",新宅基地使用权剥离了自身的所谓"特殊"的用益物权的标签后,作为一种典型的用益物权,应设定使用期限,并在到期后实现权利的"回弹",由集体经济组织收回或续期。至此,新宅基地使用权成为一种纯粹、完整的用益物权。

(二)新旧宅基地使用权的辨析

"三权分置"改革后,分解的新宅基地使用权与原宅基地使用权存在差异,理解和认识两者之间的不同是正确合理构建"三权分置"流转模式的基础。

第一,两者的权利属性不同。有学者在分析宅基地使用权改革的问题时,鲜明地指出,宅基地的权能扩大到与一般用益物权等同是宅基地制度改革的核心。[3] 旧宅基地使用权是一种不完整的用益物权,它的可转让性是缺失的。而新宅基地使用权则成为一种完全、纯粹的用益物权,完全符合大

---

〔1〕 崔建远:《民法分则物权编立法研究》,载《中国法学》2017 年第 2 期。

〔2〕 参见孙宪忠:《推进农地三权分置经营模式的立法研究》,载《中国社会科学》2016 年第 7 期。

〔3〕 刘守英:《直面中国土地问题》,中国发展出版社 2014 年版,第 13 页。

陆法系传统民法理论对用益物权的界定。"三权分置"改革后,新宅基地使用权剥离了身份权利的内容,真正实现了一般用益物权的改革核心目标,是其自由流转最根本的基础。

第二,两者的权利内容不同。旧宅基地使用权既包含身份属性、保障属性等公益性的权利内容,又包含财产属性等私益性的内容。而新宅基地使用权则仅具有财产属性等私益性内容,身份属性等公益内容已经被宅基地资格权所剥离。

第三,两者的权利定位不同。旧宅基地使用权定位在对农民"居者有其屋"的保障,抑制了其自身可转让性的发挥,阻却了财产权能的实现。新宅基地使用权就是要挣脱限制其自由流转的束缚,成为保障农民财产权利实现的重要依托。

第四节　改革理念:变"政策主导"为"法律主治"

一、宅基地现行改革的"政策主导"

(一)政策与法律的关系

政策,或称国家政策、公共政策,是一个形式多样且外延丰富的概念。一般意义上我们通常将政策定义为国家或政党为实现一定历史时期的任务和执行路线而制定的活动准则和行为规范。[1] 从形式上看,政策既可以是方针、路线、战略、规划、决定、规章、条例、办法,也可以是法律、法规。前者是政策的基本形式,其在作为一项方针路线时,往往表现为一句话的高度概括,而在作为决定或规章时,又可以表现为对上述政策形式的具体要求。从广义理解,法律、法规可以理解为政策的另一种表现形式,也可以视为对政策这一概念的延展,或者说是上升,即我们在本书论述中经常提到的将政策上升为法律。相比而言,法律的稳定性更强,在表现形式上更固化,一旦政策上升为法律也就更难作出修改了。这是作为法律形式的政策与作为非法律形式的政

[1] 参见沈宗灵:《法理学》,北京大学出版社1999年版,第364页。

策的联系和区别。[1] 而在法律的内部,也可以作出广义与狭义的区分,前者包括宪法、法律(狭义)、行政法规以及规章,后者则仅指全国人大及其常委会制定的法律。因此,明确"法律"作广义还是狭义解释,是区分作为法律形式的政策与作为非法律形式的政策的前提。本书对"法律"作狭义的解释,将非法律形式的政策,即国务院的行政法规和其他文件、部门规章及其他规范性文件,以及地方法规等,统一界定为"政策",从而将两者区分开。作出上述界定的目的是充分揭示政策与法律之间的差异性,从而更清晰地将二者对立起来,方便作出对比研究。

在今天的宅基地制度规范体系中,既包括具有法律约束力的法律法规,也包括具有事实约束力的政策文件。这些政策在我国宅基地规范体系中所发挥的重要作用,丝毫不逊色于法律,也同样反映国家在宅基地问题上的意志,甚至在很多情况下对中央改革目的和改革思路的反映比法律更直接和具体。政策不仅可以对法律未能细化规定的内容拾遗补阙,甚至在我国特定的历史阶段,一大堆具有各种名号的政策几乎超越法律成为中国社会规范体系的主流,直接发挥法律调整的作用。[2]

(二)宅基地制度变迁中的"政策主导"

宅基地流转问题一直以来都是宅基地制度改革的一个基础问题,也是改革的难点。在这一问题上,政策层面对流转的限制明显比法律层面的限制更严格,也更明确。宅基地使用权流转规范上的诸多政策,其实际影响力和约束力远远超过侧重宅基地管理方面的《土地管理法》以及将宅基地流转问题搁置未决的原《物权法》。1962 年,党的八届十中全会发布《农村人民公社工作条例修正草案》,规定宅基地一律不准出租和买卖,这是对宅基地使用权作出的较早的限制性规定。随着 1978 年后改革开放的不断深入,土地价值日益凸显,土地的价格尤其是城市周边的土地价格不断飙升,农村土地的市场化进程飞速推进,炒卖宅基地、侵蚀耕地等社会问题日益严重。为作出应对,

---

〔1〕 参见王骚编著:《政策原理与政策分析》,天津大学出版社 2003 年版,第 8 页。

〔2〕 参见张守文:《经济学理论的重构》,人民出版社 2004 年版,第 132 页。

国家于1999年发布《关于加强土地转让管理严禁炒卖土地的通知》，作出禁止城镇居民购买农房的规定，[1]直到1998年全国人大修订《土地管理法》，才将这一规定上升到法律层面。[2] 但对于农房下面的土地，即宅基地的流转问题仍未作出明确规定。尤其是2005年原《物权法》起草和颁布的前后，虽然在起草和修改过程中曾明确作出允许转让宅基地使用权的规定，但后来又将其删除，改为由其他法律另作规定。但直至2019年《土地管理法》修改，乃至2020年《民法典物权编（征求意见稿）》都未对宅基地流转问题作出规定。这就导致法院在审理涉及农房买卖合同效力认定的案件时，司法裁判依据多年难以统一——在同样判定农房买卖合同无效的情况下，援引的法条存在较大差异，形成“同案同判却不同依据”的现象。

1963年，《中共中央关于各地对社员宅基地问题作一些补充规定的通知》中提出，“宅基地上的……房屋出卖以后，宅基地的使用权即随之转移给新房主，但宅基地的所有权仍归生产队所有”，这可以视为确立了所有权和使用权“两权分离”的基本思路和雏形。这一权利体系通过写入1978年《宪法》的形式上升为国家根本大法，中间历经15年。如果在新中国成立初期至改革开放前，我国的宅基地制度改革所奉行的“政策主导”是一种依法治国理念尚未确立的特殊历史时期使然，那么从改革开放后，尤其是2005年原《物权法》的起草和修改并最终作出将宅基地问题留待《土地管理法》等相关法律解决的选择，再到2019年修订的《土地管理法》以及《民法典》对宅基地流转问题的再次搁置，宅基地制度改革的立法、修法的条件在立法机关和政府眼中似乎一直都不曾“成熟”。

“三权分置”最早在农地改革上得以应用，2001年9月浙江省出台的《积极有序地推进农村土地经营权流转的通知》（浙委〔2001〕53号）提出了“稳制活田、三权分离”的土地承包经营权改革方案。随后，安徽合肥、江西抚州等地都陆续出台了地方性的农地“三权分置”意见。2013年12月23日，

---

〔1〕 1999年国务院办公厅发布《关于加强土地转让管理严禁炒卖土地的通知》，明令禁止农民的住宅向城市居民出售。

〔2〕 1998年全国人大修订《土地管理法》，禁止城镇非农业居民取得宅基地。

习近平总书记在中央农村工作会议上首次在国家政策层面提出农地“三权分置”改革。而同一时期的党中央对宅基地制度改革提出的目标是“改革完善农村宅基地制度”“慎重稳妥推进农民住房财产权抵押、担保、转让，探索农民增加财产性收入渠道”，在当时以及其后的很长时间里，几乎没有任何将“三权分置”应用于宅基地改革的政策吹风，也鲜见关于此的实践调研或理论探讨。2018 年 1 月 2 日，中共中央、国务院出台的《关于实施乡村振兴战略的意见》从国家政策层面提出，探索宅基地所有权、资格权、使用权“三权分置”，不可谓不“突然”。宅基地“三权分置”中三权的属性、三权的关系以及资格权与使用权的分解是否违背了“一物一权”原则等基础理论问题都难以达成共识，使改革在一开始就陷入了政策难以上升为法律的困境。[1]

在“三权分置”为主线的本轮土地改革中，“政策主导”的思维惯性犹在，但客观环境却发生了极大变化。依法治国已上升为国家战略，《民法典》颁布但其中的“物权编”在宅基地问题上却鲜有条件成熟的改革方案可以上升为法律，甚至回顾我国近 20 年的立法活动，虽然在政策层面的新提法、新思路层出不穷，理论研究成果也汗牛充栋，但立法层面的肯定和认可却难得一见。

(三)“政策主导”的成因分析

一方面，宅基地制度体系不仅事关农民的切身利益，事关农村社会长治久安，也事关城乡统筹发展的方针大计。同时，主要发达国家实行的是土地私有制，他们的住宅用地法律制度无法直接移植到以土地公有制为前提的中国，中国宅基地立法只能自己探索，这也在一定程度上增加了改革难度。因此，中央政府在近年来的“一号文件”中多次用到“审慎”一词，我们可以将其解读为在探索宅基地改革的过程中，如果条件不成熟，就决不会贸然修改法律，仓促颁布。利用政策文件开展试点，展开探索并总结经验将之上升为法

---

〔1〕 2018 年 12 月 23 日，国务院发布《关于农村土地征收、集体经营性建设用地入市、宅基地制度改革试点情况的总结报告》指出，“各有关方面对宅基地所有权、资格权、使用权的权利性质和边界认识还不一致，有待深入研究。因此，建议在实践中进一步探索宅基地‘三权分置’问题，待形成比较成熟的制度经验后再进行立法规范”。

律的路径也确实更稳妥、更有回旋余地、更有利于降低试错成本,从而更加准确、全面地反映民意,更科学地促进法律的制定。政策文件的很多内容,如"农房抵押""三权分置""宅基地有偿退出"等都带有一定的探索性质,尤其是在地方的试点改革中,一般不会规定详细的责任追究机制,反映了对改革中所付出的合理成本的理解和包容。所以政策的试错也可以视作为法律制定探路,有利于立法后的稳定。

另一方面,对于法律在追求形式正义时,可能造成的实质上的非正义,政策可以作为一种弥补手段。通过颁布政策文件的形式,发布宅基地占有、使用、收益的规范,这在特定的历史条件下更有利于直接反映农村集体和农民个人的意愿,更有利于因形势变化而灵活调整规则。农村集体利用集体建设用地建造乡镇企业,农户利用宅基地经营"农家乐",都是政策在发挥积极作用的结果。在政策的鼓励下,农民可以开展多种形式的土地经营,而经营过程中一旦发现问题,都可以通过政策的调整及时纠正和改进,而法律却缺乏这种优势和便利。因此,政策在农民诉求与法律规定之间起到了某种程度上的"润滑剂"作用,它与法律相互配合、相互促进,在无经验可以借鉴的情况下,在中国人民自己探索社会主义公有制土地的利用形式时,"政策主导"在新中国成立后很长一段历史时间内发挥了不可或缺的重要作用。

但是,我们也应清醒地认识到,用政策作为宅基地使用权流转的基础性规范手段,虽然在灵活性等方面存在一些优势,但也存在自身无法克服的诸多弊端。宅基地"三权分置"改革陷入困境就是我们一以贯之的"政策主导"思路所致,我们总是习惯先把政策制定出来,再探讨将其上升为法律的可能性与操作方案,而在制定政策时缺乏法律理论的准备,法律思维不足,甚至形成了这次"三权分置"改革中先把政策思路提出来,再由法律理论界去研究如何实现在法律体系内的逻辑自洽这一本末倒置的做法,导致政策和法律在一些最基础的问题上形成难以调和的矛盾。在依法治国战略背景下,在社会主义法律体系已经建立并得到不断完善的新时代,宅基地制度改革由"政策主导"向"法律主治"转变已经成为一种历史必然。

二、“政策主导”向“法律主治”转变必要性的分析

(一)“政策主导”下边际收益递减问题

在法经济学看来,是否立法取决于投入与产出的函数关系。立法与否的选择,其本质是一种对投入与产出的权衡。著名的经济学家波斯纳曾就这一问题指出,经济进步多是在“缺少法律,甚至根本没有法律的情况下发生的”,随着一个国家的进步和发展,“它将会有额外的资源来改善它的法律制度”。而“在一开始对法制改革的投入过于巨大,反倒可能会消耗过多的经济资源,进而扼杀整个改革”。因此,“谨慎的选择应该是推迟进行那些代价昂贵而又雄心勃勃的法制工程,而代之以一个比较适度的开端”。[1] 这也解释了我国在经济尚未迈入高速发展轨道的初期,缘何采取了一种“宜粗不宜细”的简约立法风格,甚至在某些领域,比如,宅基地制度改革上直接“放弃”了对立法的制定或修改,转而直接采取通过政策调整的方式。

但是,这并不意味着可以无限期地推迟法律的立法和完善进程,上述以政策为主导的“比较适度的开端”仅仅只是一个“开端”,其最终的发展方向仍然是法律之治。法律和政策都有其成本的,两者在某种程度上可以相互替代,选择哪种制度安排的关键看成本高低的比较。对制度成本的考虑,是我们作出选择的基础,也是决定我们选择哪种制度安排的主要因素。在新中国成立后的很长一段时间里,政策因其程序简单、修改灵活的低成本优势而成为我国制度安排的主导,得以在制度规范体系构建中被广泛使用。

近年来,我国各级政府出台了数量繁多的经济和社会政策。虽然有一些取得了显著成效,但还有些许政策效果一般,甚至在一些问题的解决上还出现了这样一种“政策怪圈”——面对复杂而棘手的社会经济问题和矛盾,政策总是倾向制定更多的政策来予以解决。问题越多,政策越多,而政策数量的增加却不一定会取得较好效果。如果政策的效果不好又导致问题更多,则

[1] Richard A · Posner, *Creating a Legal Framework for Economic Development*, World Bank Research Observer 13,p.3(1998).

更多的问题又使政策更多……这种较典型的“怪圈”我们可以称为“政策依赖症”或者“政策效果递减现象”。当我们将政策的作用发挥到了极致、已经产生一种不计成本的依赖时,政策的效果也就必然走向了其追求的反面,政策边际收益的递减不可避免。

在宅基地问题上,2005 年的原《物权法》、2020 年的《土地管理法》以及 2020 年的《民法典》对宅基地改革成果鲜有体现。同样,我们在面对农房买卖合同效力认定的问题上也是如此——当法官找不到直接的法条来援引,又囿于政策必须认定此类合同无效,就必然导致适用法律的无法统一。像“劣币驱逐良币”,这一结果必然导致法律失去在社会治理中的基础作用,降低法律在人们心中的地位,对人们的法治信仰造成损害。因此,“政策主导”的成本从长远看是高昂的、巨大的、不经济的。同时,社会公众对宅基地使用权流转政策表现出漠视和不认同,通过农房买卖导致宅基地“隐形流转”大量存在,形成了一个庞大的宅基地流转“地下”市场,这些都是“政策依赖症”所带来的负面影响。

(二)“政策主导”下政策制定程序简单、稳定性较低等弊端被放大

与法律相比,政策具有较强的领导意志,随机抉择性更强。而随机则意味着不稳定、易改变,尤其是在一些没有法律程序作为约束、没有表决条件作为制约的政策制定中,更容易导致政策的多变。这种不稳定带来的不利后果是显而易见的,将导致政府决策的短期化、侵蚀社会对形式理性的可计算性,影响社会对政策结果的可预期性。社会大众无法建立起稳定的政策预期,将最终影响整个政策效果的实现。美国宪法的设计者们在《联邦党人文集》指出,“公务多变,有利于精明大胆而又富有的少数人,却不利于勤勤恳恳但不了解情况的人民群众”,[1]强调了法律与政策的稳定性。虽然经济社会不断发展变化使利益的格局从来都不是一成不变的,但如果政府以此为由而轻视法律,发挥政府管理职能总是依靠执法权来灵活处理,仅凭政府相机抉择,政

[1] [美]汉密尔顿、杰伊、麦迪逊:《联邦党人文集》,程逢如、在汉、舒逊译,商务印书馆 2009 年版,第 365 页。

策难免会导致随意、多变,甚至导致专断和滥用自由裁量权,这时“法律将形同虚设,总成本也将趋于无穷”。[1]

面对纷繁复杂的实践情况,政策常常以其迅速反应、灵活应对、及时处理而凸显出法律无法比拟的灵活优势。但这种灵活性由于决策时间较短,程序简单且不规范,缺乏对成本收益的扎实分析和影响评估,难免在慎重和长远的考虑上存在不足。有学者就批评大量的政策制定是“通过惯性、类推或直觉进行的”,甚至称为“傻规则”。[2] 法律是实践理性的产物,根本上不同于实践经验。“先例在经济法中并不具有特别的普遍意义。”[3]但在政策实践中,很多带有“试错”性质的内容却几乎成为实践经验,由于其缺乏理性因而其实质上与实践理性相差甚远。法律之所以具有说理性,其根本在于其生成过程源于民主的程序,源于对最广大群体利益诉求的回应与保护。而与此相比,政策则大多是行政机关制定的,代表颁布部门的态度,代表的是行政机关的制度逻辑,带有较强的行政色彩,这是“政策说”理性不足的原因所在。政策的制定虽然也要按照法定的程序进行,但显然没有立法的程序严肃,亦无须执行多数决规则,这也反映了政策在对大众意愿的反映和诉求的回应上的较大不足,民意基础相对较弱。而立法的过程中要贯彻多数决规则,这是法律获得合法性的前提和基础,这也反映了立法在反映民意方面的优势。经济法视角下的公法性质的规范结构,涉及对社会公众最基本权利的保护,与公民的利益息息相关,因而“国民的同意”对于经济法规范的形成是十分重要的。[4]

宅基地使用权长期租赁形成的事实流转以及农房买卖等导致的宅基地“隐形流转”体现了社会大众,尤其是广大农民群体实现自身财产权益的强

---

〔1〕 参见戴治勇、杨晓维:《间接执法成本、间接损害与选择性执法》,载《经济研究》2006年第9期。

〔2〕 [美]盖伊·彼得斯:《美国的公共政策——承诺与执行》,顾丽梅、姚建华等译,复旦大学出版社2008年版,第47页。

〔3〕 岳彩申:《论经济法形式理性的优先性》,载吴志攀主编:《经济法学家(2003)》,北京大学出版社2004年版,第83页。

〔4〕 张守文:《经济法原理》,北京大学出版社2013年版,第69页。

烈诉求。原《担保法》、《土地管理法》等法律仅规定了“一户一宅”“禁止抵押”等内容,而政策却将宅基地使用权的流转范围限定在集体经济组织内部,加重了限制的力度,导致了一系列现实问题,在一定程度上侵蚀了社会对宅基地价值的预期,降低了社会对农房这一农民重要财产价值的评估,不利于农民财产权益的保护,不利于社会交易秩序的稳定。原《物权法》的起草曾试图解除这种限制,但最终无功而返。并由此又开始了长达15年之久的搁置,15年后颁布的《民法典》仍未正面回应,法律层面的改革几乎停滞,且在现实问题层出不穷的情况下仍然选择维持这样的现状,这不得不说是一种“政策主导”思维的体现。

(三)“政策主导”下政策规范性和强制力相对较弱

政策的用语规范性和内涵清晰性显然不如法律,因此执行起来弹性也较大。政策缺少法律规范应有的明确行为界限,缺少法律规范应有的预定法律后果。因此,政策在赋予自身以法律规范性质和功能的同时,也因其并不具备像法律那样的较高规范性和较强强制力而削弱了自身价值。[1] 如对“宅基地资格权”“流转”等概念必须严谨界定,以防止概念模糊导致的宅基地权利人权益受损。同时,政策缺少法律应有的归责程序,从《行政处罚法》《行政诉讼法》的规定来看,政策的强制力难免有限,相对较弱。[2] 政策在实际运行过程中,靠的是纪律约束、道德约束,而不是法律约束、制度约束,违反政策规定的成本较低,难免“上有政策,下有对策”,导致规范内容执行质量的下降、制度纪律的松弛。宅基地的“隐形流转”就是这一局限性的表现。而公民之间因违反政策而发生的纠纷往往是难以通过诉讼解决的,在司法机关对农房买卖合同效力的认定上,也受限于法律供给的不足,导致“同案同判却依据不同”的司法乱象,相关当事人尤其是买房人的合同利益一旦在遇到拆迁等现实问题时往往难以得到切实保障。政策缺少法律应有的明确追责程序,故其在违法结果承担上存在较大的不确定因素。

---

〔1〕 参见孟勤国:《关于政策法的若干问题研究》,载《天津社会科学》1990年第1期。

〔2〕 比如,政策能规定的法律责任种类有限;再如,在审理案件时,除行政法规外,部门规章仅起到“参照”的作用。

同时,非立法机关制定的一些政策,由于有行政机关的权力予以维护和保障,也具有一定的约束力。司法机关在审理案件时不可能完全不顾政策文件中的规定,比如,在审理经济适用房买卖纠纷案件时对购房资格的认定就必须考虑政策问题中的内容。同理,在农房买卖合同效力的认定上,显然无法抛开城镇居民不能在农村买房的政策规定。这种政策虽然不是法律,但却在很大程度上发挥了和法律一样的规范作用。事实是,这些政策文件在实践中的确发挥了法律的功能,对公民的行为和财产产生了较强的规范和约束作用,并受到国家强制力的保障。然而,将政策文件参照国家法律的强制性来适用,并通过司法机关来保障,必然会衍生一系列负面问题和影响,如司法裁判的法律依据不统一、法律供给不足等。这种过渡性体系只应是暂时的,而不能是一种常态化的规范状态。

三、“法律主治”对宅基地改革困局的克服

(一)“法律主治”的基础理念

调制法定理念是经济法的基本理念,[1]力图给调制行为设定法治轨道和法治边界,强调依法规范调制行为的必要性,其实质是“法律保留”原则的体现。[2] 依据调制法定理念,调制的实体内容和程序规范都要用法律来加以规定。只有在法律明确授权的情况下,才能由行政法规来规定,即法律为主、政策为辅,也可以称为“法律主治”。这种“法律主治”的规范模式的主要目的,是力图保障调制的合理性与合法性,保障市场主体或第三部门的财产权等重要权利,保障法律被遵从和其实效。调制法定理念的本质,其实是处理好法律与政策的关系问题。

宅基地制度的重构,无论是选择“三权分置”抑或是其他改革方案,都必

〔1〕 采用上述观点的主要参见王保树:《经济法原理》,社会科学文献出版社1999年版,第50~51页;张守文:《经济法原理》,北京大学出版社2013年版,第70~71页;肖江平:《中国经济法学史研究》,人民法院出版社2002年版,第229页;杨紫煥:《经济法》,北京大学出版社、高等教育出版社2006年版,第68页。

〔2〕 参见张守文:《经济法原理》,北京大学出版社2013年版,第69页。

须确立和贯彻调制法定理念,以法律为主,以政策为辅。随着农村改革的不断深化,必然会越来越多地触及农村利益格局的调整甚至重划。农村社会矛盾在近年来呈现一定的加剧趋势,尤其是随着宅基地资源价值的提升,因宅基地利益争夺而引发的社会矛盾凸显,如宅基地权属纠纷、宅基地交易纠纷以及进城农户宅基地使用权纠纷等,已成为影响农村社会稳定的重要不安定因素之一。为了维护农村社会稳定,必须要对宅基地"隐形流转"等社会隐患予以疏解。过去,在治理农村社会问题上,国家一直坚持"以严治乱"的惯性思维。"三权分置"改革方案的初衷是,既从产权重构的角度回应流转的现实需求,又兼顾宅基地保障作用的保留,但这一目标的实现必须坚持"法律主治"的改革理念,最大限度地避免矛盾的激化和更大危机发生的可能。

同时,宅基地管理的完善是提升国家社会综合治理水平的重要组成部分,将宅基地制度改革置入整个乡村振兴发展战略中去统筹考虑,通过建立权属明晰的宅基地管理制度,为规范流转打下坚实基础,具有提升农村社会治理水平、促进农村社会稳定的重大意义。"法律主治"引领下的宅基地改革将在一定程度上促进农村社会的和谐稳定和持续发展。因此,宅基地改革不能再走"政策主导"的老路,而应牢牢坚持"法律主治"的路径,按照法律的思维和法律的理论去制定政策,并将通过实践检验的政策内容尽快通过立法程序及时转化为法律,构建"法律主治"的宅基地制度新体系。这是"三权分置"改革方案,乃至整个宅基地制度改革能否成功的关键。

(二)"法律主治"的基本原则

向"法律主治"的转变,具体而言,就是要求在改革的制度重塑过程中以"法律为主、政策为辅"为基本原则。

一方面,要坚持以法律为主。法律的稳定性和滞后性决定了不可能无论大事小事,全部不计成本地都通过立法来应对和解决。法律规定的内容是高度概括的,而政策应该是对法律的细化;法律的规定是更加稳定的,而政策应该在经过充分实践检验后上升为法律。如果将宅基地的规范体系比作一棵大树,则法律就是树的树干,政策就是树叶,枝繁才能叶茂。如果仅仅叶茂却树干中空,则这种外强中干的状态必定无法长成参天大树和栋梁之材,顶多只能是一片难成大用的藤萝灌木。法律才是权力控制和政策稳定的基石,因此"法律主治"的首要任务是将宅基地"三权分置"中关于各权利之间的关系、权利性质、权利边界等基础性问题作出回答,为改革奠定理论基础和确定方向。同时,不应忽视乡规民约等习惯法在"法律主治"中的重要作用。原《民法总则》第10条已经明确在法律没有明确规定的情况下可以将习惯法作为法律依据,以乡规民约为代表的习惯法是"村民自治的内容和形式的表达,在村庄熟人社会中具有实用性的逻辑,可用于解决正式的法律制度所不能解决的涉及道德但又真正干扰宅基地制度改革的难题",〔1〕作为正式制度的重要补充。

另一方面,以政策为辅。政策为辅是对法律与政策关系的另一基本认知,是建立政策与法律之间良性互动机制的前提。"政府的政策,其与法律的关系,不是平行关系或并列关系,而是有主从(或主次、主辅)之分的,法律是主,政策是从(或次、辅)"。〔2〕在宅基地制度改革上,国务院及土地主管部门制定的具体政策,应理解为探索和先导。先导是因为时间在前,有试错的成分,而同时又是探索。因此,并不是所有的政策内容都是正确的,都可以上升为法律。从政策而言,其应该对法律进行拾遗补阙,是规定的细化,但不能轻易加重限制的条件。所以在宅基地流转问题上,通过政策来进一步限制宅基地的流转范围是极不恰当的,即便这种限制仍然具有合理性,但也应通过法律予以明确规定。同时,在推出改革方案时应首先作出法律评估,研究是否能与现行法律理论相衔接。只有具备法律理论基础支撑的政策才能以更低的成本和更少的争议完成上升为法律的质变。如果说,政策与法律之间一直存在某种相互拉扯的张力,那么就要改变过去的"政策主导"理念,建立一种"法律思维在前、法律理论为基础、法律条文为最终指向"的"法律主治"改革理念,在全面推进依法治国的背景下,实现法律在国家社会治理中的主导地位。

---

〔1〕 邱丽:《善治视域下的宅基地制度改革》,载《华南农业大学学报(社会科学版)》2020年第1期。

〔2〕 邢会强:《走向规则的经济法原理》,法律出版社2015年版,第125页。

(三)“法律主治”的转换方式

目前,《宪法》、原《物权法》、《土地管理法》等法律和法规与中央地方政府出台的意见与办法共同构成了宅基地制度的规范体系,但总体比较分散,给制度的运行、法律的适用造成了诸多不便。尤其是“三权分置”政策缺乏与法律衔接的具体路径指向,使理论研究的着力点难以集中。如果“三权分置”想真正发挥法律功效,就必须与现有规范体系,尤其是与法律体系相配套和融合,将改革的成果通过法律予以确认,[1]并对现有体系进行重新整合和统一。从法律衔接的路径选择上,存在两种方式:第一种路径,直接写入《民法典》物权编。结合中国实际,将经过实践证明可行的“三权分置”做法直接写入《民法典》物权编,建立中国特色的物权理论。第二种路径,先写入《土地管理法》。维持物权理论传统,将宅基地“三权分置”写入《土地管理法》,[2]并在今后通过修改《民法典》物权编作好使用权细分。[3]

相比而言,第二种路径更合理。“在学说汇纂的民法体系中,对于一项财产权必须要予以定性,而且只能在既有物权和债权之中选其一。”[4]直接在《民法典》物权编中对宅基地使用权和宅基地资格权等相关基础问题进行明确规定,有利于以明确的态度减少认识的混乱带来的负面影响。但从《民法典》物权编的情况看,目前关于宅基地的条款未体现出“三权分置”的任何内容,且仅有4条,其中第363条作出了“宅基地使用权的取得、行使和转让,适用土地管理的法律和国家有关规定”。《土地管理法》在2019年修改的情况下,显然短时间内也无法将改革的基础性问题作出规范,这不得不说是一个很大的遗憾。目前来看,上述两种路径都已经难以走下去,比较可行的方法是对两种路径作折中处理,即日后通过《土地管理法》的修改或者出台单独的宅基地管理法将宅基地“三权分置”的相关基础问题先作出明确规定,再在合适时机写入《民法典》。

---

〔1〕 参见王利明:《法治:良法与善治》,北京大学出版社2015年版,第96页。

〔2〕 蔡立东、姜楠:《承包权与经营权分置的法构造》,载《法学研究》2015年第3期。

〔3〕 参见董祚继:《“三权分置”——农村宅基地制度的重大创新(下)》,载《国土资源》2018年第4期。

〔4〕 席志国:《民法典编纂视域中宅基地“三权分置”探究》,载《行政管理改革》2018年第4期。

(四)"法律主治"的核心内容

宅基地"三权分置"的表述"未采用法学上的权利概念,该政策在落地实施前必须进行从政策语言到法学语言的转换",[1]这里首先涉及法律概念名称的技术问题。名正才能言顺,如何给新分解出的权利取一个表意准确、不会给社会大众造成困扰和混淆的名字,是宅基地"三权分置"改革的重要前提和基础性问题。有学者认为,可以将宅基地"取得权"和"使用权"合称"取得使用权",或简称"取用权"。也有学者提出,可将宅基地使用权划分为基于成员权免费申请获得的初始使用权和通过住房继承、赠与、转让获得的继受使用权。[2] 还有学者认为,无须在中央已经明确的"三权分置"提法之外另搞一套。[3] 从实践看,"三权分置"提出之前,无论是承包地还是宅基地,均存在"三权分置"的事实和权利结构拆分的可能。前者表现为农户土地承包权的转包、土地经营权的出租,后者表现为宅基地使用权的"隐形流转"。因此,从便于农民理解和降低改革成本两个方面考虑,土地承包经营权改革不必放弃由广大农民创造、被广大农民普遍熟知和广泛使用的承包权、经营权等概念,而在宅基地问题上,却有较大不同。土地承包经营权被拆分成承包权和经营权,在概念上具有传承性。而原宅基地使用权与"三权分置"改革后的新使用权所表达的意思显然不同——因为如果将两项权利等同,则该新的使用权也同样不能进入市场进行自由流通,这完全违背了实现宅基地"三权分置"的目标。[4] 但这种权利内容上的变化并不必然要求一定要再造出一个新的权利名称与之对应,且宅基地使用权已经被使用多年,新名称还涉及与现有体系的衔接问题,修法成本也更高昂。因此,可以将宅基地使用权的称谓继续保留使用,但要明确所包含的权利内容发生的变化。

在资格权问题上,政策文件中的"农户资格权"这一称谓易引起误会。

[1] 宋志红:《宅基地"三权分置"的法律内涵和制度设计》,载《法学评论》2018 年第 4 期。

[2] 参见叶兴庆:《农村集体产权权利分割问题研究》,中国金融出版社 2016 年版,第 40 页。

[3] 参见董祚继:《"三权分置"——农村宅基地制度的重大创新(下)》,载《国土资源》2018 年第 4 期。

[4] 参见席志国:《民法典编纂视域中宅基地"三权分置"探究》,载《行政管理改革》2018 年第 4 期。

现在一些学者,尤其是非法学领域的学者在解读宅基地资格权时常把这一权利"望文生义"地界定成申请宅基地的权利,很重要的原因就是"资格"这一称谓使然。"资格"显然是一种期待性的权利,是对一种请求获得这种权益的可能,但这种权益尚未获得。而资格权政策设计的初衷却是对宅基地流转后,对农户剩余权利的保护,目前学界比较达成共识的一点是,资格权是成员权项下的一个子权利,显然资格权的称谓并不能真实反映其真实内涵,易造成误解。在政策语言尚未上升为法律概念时,应该考虑重新命名这一概念。

从权利属性看,新宅基地使用权已经不再含有保障属性的权利内容,也不再具有身份的限制,关于资格权的全部权利内容已经与使用权完全脱离。因此,宅基地使用权已经成为一种新的权利,或者说是回归成了一个完整、不再特殊的用益物权。但宅基地使用权与资格权是否均为用益物权还是成员权——用益物权抑或是其他的权利结构,在学界争议很大,这也是政策与法律衔接最大的理论障碍。无论最后作出怎样的设计,都必须像原《物权法》明确宅基地使用权为用益物权一样,在《民法典》这一基础法律中对资格权的权利属性进行明确。

从权利内容看,宅基地资格权包含哪些权利内容,是其是否有必要独立存在的关键,也是农户财产权益能否得到保护的重要载体,建议这些权利内容应该在《土地管理法》中予以明确。同时,宅基地资格权与集体成员权是一种什么样的关系,由于集体成员权在《民法典》总则编中已经明确界定,那么在分则物权编部分将资格权与集体成员权的关系进行明确更妥当,尤其是有一些学者将集体成员权与资格权等同的情况下,更应将两者的关系作出明确规定,即资格权是成员权的子权利,两者是一种包含与被包含的关系。

从长远来看,宅基地制度改革将通过全面清理现有法律法规和政策文件,废除修改相抵触、不合理的文件和内容,建立从权利属性界定到权利内容,从初始取得到自由流转的法律框架,完善从申请审批到权属登记的一整套法律制度,建立以《宪法》为根本,以《民法典》物权编为基础,以《土地管理法》为一般,以国家政策文件和地方政策文件为补充和细化的宅基地制度。同时,通过最高人民法院出台相关案件司法解释,对农房买卖合同相关案件审理的法律适用等问题予以明确，以化解司法机关在审理案件中遇到的难题，维护司法的公正权威，真正实现“法律主治”。

本章小结

宅基地使用权自身包含双重属性，一方面是以保障属性、福利属性等为主要内容的公益属性；另一方面是以资产价值、财产属性为主要内容的私益属性。公益属性决定了宅基地的身份性限制了宅基地在私益属性层面的可转让性。对此，在理论界有继续保持流转限制和解除限制实现自由流转两种观点，中央和地方政府在解除流转限制的实践探索中主要存在宅基地置换和宅基地资本化补偿（“地票”）两种模式，其本质都是为凸显宅基地资产价值、财产属性等私益属性所做的努力。在宅基地所有权与使用权“两权分离”模式下，所有权层面由于涉及国家根本政治制度是固定的、不具有改革的空间和可能。因此，既有的改革路径都是在使用权层面赋予其更多权能所做的尝试，如法定租赁权、地上权路径等。但是，宅基地使用权公益与私益的双重属性又导致了，这些改革路径在私益权能的扩张与宅基地自身公益权能之间无法根本兼顾和融合，这是宅基地使用权流转制度改革无法取得实质进展的症结所在。

宅基地“三权分置”是2018年1月中央提出的对宅基地制度整体的改革方案，对于宅基地使用权流转来说，从宏观上看，“三权分置”是实现宅基地使用权流转的一种思路设计上的全新路径；从微观上讲，“三权分置”是实现宅基地使用权流转的一种具体流转模式。“三权分置”路径放弃了对宅基地使用权自身权能的扩展，走的是一条对宅基地使用权权利分解的全新路径，通过新分解的宅基地使用权和宅基地资格权，使使用权自由流转实现宅基地的财产价值，资格权保留在农户手中继续实现宅基地的保障价值，实现了公益与私益的兼顾。“三权分置”是宅基地使用权流转困局的全新解决路径，其着眼对宅基地公益属性和私益属性、公平价值与效益价值的兼顾，是公权视角与私权视角的平衡，既放开流转，保护农民财产权利不受损，又保障基本生活，使农民不致流离失所，是宅基地使用权流转的应然选择。与承包地“三权分置”面向实现农业现代化相比，宅基地“三权分置”面向实施乡村振兴战略，有利于统筹各类要素改革，最大限度地激发农业农村发展活力，形成改革合力，为乡村振兴提供强大支撑，变革的意义毫不逊色。

宅基地“三权分置”改革的关键是能否将“三权分置”由政策术语转化为法律概念，由政策上升为法律，与现有法律理论、法律体系有效衔接。在概念名称上应保持现有宅基地所有权、使用权、资格权的称谓。宅基地所有权不能等同于私权意义上的所有，其权利性质为新型总有。宅基地资格权具有成员权属性，但又不能与集体经济组织成员权等同。新宅基地使用权的身份属性、保障属性与自身剥离，不再是学者口中不具有转让性的、特殊的、具有中国特色的用益物权，而变成了一种与传统民法理论完全对应的、纯粹的、完整的用益物权，这也是新旧宅基地使用权的根本区别。在宅基地资格权与新宅基地使用权的关系上，为避免宅基地使用权在流转前包含宅基地资格权，在流转后又不包含这样的混乱情况出现，应认定宅基地使用权与宅基地资格权在宅基地初始取得后即已分离，宅基地使用权与资格权是并列关系，使用权不是资格权的母权利，两者非“母子”关系。

“三权分置”的路径选择是一种改革方向，这一方向在国家层面已经得到了认可，并且由中央在国家政策文件中正式提出。但宅基地“三权分置”改革又与其他改革存在很大不同，其他改革多是由理论界先大力呼吁和倡导，再由政府政策探索，最后由国家立法作出回应。而宅基地“三权分置”改革方案则表现出明显的反“套路”，先由国家政策文件正式提出，在此之前，理论界一般仅在土地承包经营权领域研究“三权分置”，鲜有宅基地“三权分置”的观点和论述。宅基地“三权分置”出乎了绝大多数理论界人士，尤其是法学界人士的意外。这一方面从一个侧面反映了宅基地使用权流转困局求解的困难，另一方面缺乏其他改革之前的理论酝酿，也凸显了“三权分置”流转路径理论基础的薄弱。由政策上升为法律，宅基地使用权流转问题的解决还有很长的路要走。通过政策文件提出的“三权分置”改革方案由于与传统物权法理论存在难以调和的矛盾而无法与现行法律相衔接，使改革陷入僵局。其根本原因在于，宅基地改革一直坚持“政策主导”，未能正确处理政策与法律之间的关系。政策虽然具有一定的探索试错属性,亦可以作为法律的重要补充,但“政策主导”的改革存在边际收益递减严重、制定程序相对简单、不稳定性较大以及规范性和强制力均较弱等弊端。在宅基地改革中坚持“法律主治”是历史的必然选择,应遵循“法律为主、政策为辅”的基本原则,将“三权分置”改革后各权利的名称、属性、内容以及相互关系等基础问题在《民法典》物权编中予以明确规定,实现从“政策主导”向“法律主治”的转变。可以说,宅基地“三权分置”改革当下最根本和迫切的就是理论基础的夯实和补强。

第三章 路径的检视:宅基地“三权分置”改革的理论基础

经济法的理念是经济法最根本的价值追求,也是观察问题和分析问题最基础的准绳,是对以经济法视角阐释国家经济结构、社会结构以及法律结构的重要参考,会直接影响国家法律政策的制定和决策,也会直接作用于主体的具体经济行为。有的学者认为,经济法的理念应包括经济法的人本主义理念、经济法的实质正义理念、经济法的社会本位理念、经济法的可持续发展理念、经济法的适度干预理念等。有的学者认为,经济法价值、功能和理念的特点决定了经济法的基本原则是维护和促进社会经济总体效率和社会公平。[1] 也有的学者将调制的法定性、适度性以及绩效性确立为经济法的三大基本原则。[2] “就‘经济法理念’与‘经济法原则’来看,当我们把‘经济法理念’理解为指导经济法制定与运用的最高原理时,它实际上可以等同于‘经济法原则’。”[3]因此,上述经济法原则也可以认为是一种对经济法理念的认知。宅基地使用权流转问题离不开经济法理念作为重要参考和评价标准,经济法的理念是宅基地“三权分置”改革的理论基础,对以经济法的分析方法和分析范式来研究该问题具有重要意义。本章摘取 3 个与该问题联系较紧密的重要经济法理念作为切入点,对宅基地“三权分置”改革的两个方

〔1〕 参见漆多俊:《经济法基础理论》,法律出版社 2017 年版,第 174 ~ 175 页。

〔2〕 参见张守文:《经济法原理》,北京大学出版社 2013 年版,第 69 页。

〔3〕 李昌麒主编:《经济法理念研究》,法律出版社 2009 年版,第 25 页。

面来进行分析和论述:一方面,对现有制度,尤其是限制流转制度规范的不合理性进行分析,从经济法的视域下进一步为解除流转限制进行“三权分置”改革寻求理论支撑;另一方面,从国家政策层面选择“三权分置”政策动因展开论证,探寻在宅基地改革中如何坚持上述理念。

第一节 宅基地“三权分置”改革的人本主义理念

一、人本主义理念是经济法的元理念

人本主义理念并非玄妙深奥,从根本上说,它就是“以人为价值和尺度的哲学认知”。[1] 人本主义理念是我们理解人的世界、人的社会、人的国家的一个根本原则,其不仅是一种价值观,也是一种认识论和方法论。从法学视角分析,人是法的根本和终极的关怀对象。关心人的全面自由发展,促进人的社会发展进步,推动人的国家走向富强文明,推动人的世界走向和谐共赢正是法的目的和意义。以人为本的价值追求不但成为我们孜孜以求的具有形式意义的目标,更是社会文明进步和发展程度的重要标尺。因此,从以人为本的理念分析经济法的固有品格及价值意蕴,从而提升经济法的精神品格对经济法问题的研究具有重要意义,以人为本是经济法的元理念。

以人为本理念的内涵“从根本上是要对社会强势群体和社会弱势群体的分化,以维护和促进社会强弱势群体的生存和发展”。[2] 在马克思看来,人自身的历史发展过程可以分为 3 个阶段:一是原始社会、奴隶社会和封建社会的“人的依赖关系”阶段;二是资本主义社会为主的“以物的依赖性为基础”的阶段;三是共产主义的“自由个性”阶段。[3] 市场经济的实质就是一种“以物的依赖性为基础”的经济,人在其中并未获得真正的独立,同时还会由于过分依赖“物”的倾向而出现被“物”异化的可能,形成“金钱至上”“唯利是图”的恶果。这些正是只顾经济利益而缺失人文关怀、忽视人本主义理念

[1] 李昌麒主编:《经济法理念研究》,法律出版社 2009 年版,第 86 页。

[2] 李昌麒主编:《经济法理念研究》,法律出版社 2009 年版,第 91 页。

[3] 参见[德]马克思、恩格斯:《马克思恩格斯全集》(第 46 卷上),中共中央马克思恩格斯列宁斯大林著作编译局译,人民出版社 1979 年版,第 104 ~ 111 页。

的表现。在经济社会发展的这一特定阶段,人被分化,人的社会被分层在所难免,这就是“阶级固化”等社会问题产生的根源。如何保护弱势群体的利益,防止人的过度分化是经济法人本主义理念的题中之义。

同时,我们还可以从共生的角度来理解人本主义理念。“经济法的人本主义理念是一种共生理念。”[1]共生是一个生物学概念,其实质是“异质者开放的社会结合方式。它不限于内部和睦的共存共荣,而是相互承认不同生活方式的人们之自由活动和参与的机会,积极地建立起相互关系的一种社会结合”。[2] 人作为一种社会性存在,每一个个体都无法脱离整个社会和其他个体而孤立存在。社会风险的存在使每一个个体或者每一个群体,无论阶层高低、弱势或强势,都必须以一种共生的理念认识风险存在的可能以及其所带来的危害。这就导致各个利益群体间虽然存在利益冲突,但却必须以共生的态度直面人类共同体的整体利益需要。必要时,甚至要舍弃自己的部分利益诉求,以维护更大的社会整体利益。

二、人本主义理念下农民财产权利的保护

对于一个普通家庭来说,房子永远是其最重要的家庭财产。无论在农村还是城市,两者并不存在根本差异。如果说,让农民宅基地的流转受到限制还在一定程度上存在合理性和讨论空间,那么限制农民房屋的交易,使广大农民不得不通过“隐形流转”的市场交易自己的房产就明显存在极大的不合理性,是对农民这一弱势群体财产权利的侵害,是对人本主义理念的违背。让作为农民家庭最重要的财产之一的农房,通过转让及抵押等方式进行流转,将这一重要财产货币化或资产化,以获取相应的资金,是保障农民财产权利实现的最重要的内容。宅基地使用权实现自由流转使农房的转让脱离了“隐形流转”的“地下”市场,让农村房屋可以和城镇住房一样在市场中自由交易,让宅基地上农房的经济价值在房产市场上与城镇住房一样变现,房屋

---

〔1〕 李昌麒主编:《经济法理念研究》,法律出版社2009年版,第91页。

〔2〕 [日]尾关周二:《共生的理想》,卞崇道译,中央编译出版社1996年版,第120页。

的资产价值得以在自由市场流转中大幅提升，这是对农民住房财产权利最基本的保障，是对农民这一社会弱势群体权利的最基本的关注和维护，也是人本主义理念最基本的体现。同时，“三权分置”丰富了宅基地产权体系，使宅基地使用权的转让属性在不突破保障属性的前提下实现宅基地使用权转让性的回归。宅基地使用权的自由流转，是对宅基地自身财产价值的实现，最大限度地显化了宅基地的财产价值，为农民进一步实现对土地的财产权利留下了足够的想象空间。

上述农房和宅基地资产价值的实现是对农民发展权利的保护，农民财产性收入的极大提升，赋予了农民更多选择的权利，可以满足购房、教育、创业等农民对宅基地和农房财产价值的不同需求，促进社会整体的机会平等。依靠农民的自主选择而非政府的强制主导，有利于进一步“降低农村劳动力的转移成本”，[1]为全社会的人口城镇化，为推进城乡一体化建设提供人力资源保障。

实行宅基地“三权分置”改革，宅基地使用权实现自由流转，将使农民的集体财力增强。农户在更大范围内流转宅基地的障碍有效破解后，宅基地的流转动力将得以有效释放，宅基地的流转活力将得以全面激发。可以预见，流转后宅基地有偿使用将会带来收益的显著增加，农村集体经济组织作为宅基地的所有权人参与流转收益的分配，集体财力也会相应增强。而这些资金将进一步促进农村基础设施建设等公益事业的发展，提升农民的生活质量。同时，有偿使用的收益也充实了闲置宅基地退出的资金，有利于退出补偿标准的提高，进一步盘活了农村宅基地的流转和治理。促进农村集体对宅基地有偿退出工作的积极性，保障退出工作有序开展。

三、人本主义理念下农民生存权益的保障

在宅基地使用权流转问题上，人本主义理念下农民生存权益的保障就是

---

〔1〕 庄开明、彭亮等：《农村闲置宅基地有偿退出与优化利用——基于四川省农地改革与探索的实践》，人民出版社2017年版，第2页。

要在充分尊重农户意愿的基础上,对农户流转的后续生存保障予以合理、适度的关注。宅基地资格权制度设计是对流转后宅基地保障功能的继续维护。城镇化用地的改革方向是如何保障占总人口绝对大部分比例的进城农民和其他移居就业者的安居权利。[1] 城市化并不仅仅是土地的城市化,更是人口的城市化。而人口城镇化的着力点首先就应该是户籍制度的改革,其中最关键的是建立城乡统一的社会保障制度。宅基地使用权流转制度改革后,对于“带地入城”的农民来说,他们手中的土地权利、身上的农民集体资格等如何保障,已成为亟待明确的法律问题,这也是他们能否真正实现有保障的“人的城镇化”的基础。正因如此,“十三五”规划在“提高民生保障水平”部分,特别提出了关于农民的社会保障问题。农民祖祖辈辈生活在某一土地上,在今后相当长的一段时间内,土地仍将会在农民生活保障方面发挥重要作用。[2] 受制于我国人多地少的现实国情,显然,城镇日渐紧张的土地中已经没有太多潜力可挖,在农民保障问题上国家的合理选择应该还是在农村土地中探寻可能,在宅基地权能的丰富和完善上寻求突破口。

“农民进城务工居住,将来是不是在城里,这很难说。一个人的脱胎换骨需要一个长期的过程,人的改造不是一代人的问题。许多传统的观念、习惯和生活方式,都是从小养成的,不可能一进城一下子就改变了。”[3] 城市化问题并不是简单的非农化,而是从农民变市民的长期的养成教育问题。农村宅基地不应急于从农民手中收回,农民在农村的房子不应急于拆除。这在一些发展中国家的城市化进程中是有深刻教训的,一些“进了城、又留不下、也回不去”的农民变成了城里的“绿林好汉”,成为政治上、社会上的不安定因素,导致“城市病”——城市贫民窟的出现。要让农民这边进得来,那边回得去,来去自由,有进取之路,无后顾之忧。因此,我们也应清醒地认识到,虽然宅基地的保障功能呈弱化趋势,但其依然是农民的重要生活保障。在宅基地管

---

[1] 参见华生:《新土改:土地制度改革焦点难点辨析》,东方出版社 2015 年版,第 46 页。

[2] 参见李昌麒:《中国农村法治发展研究》,人民出版社 2006 年版,第 108 ~ 109 页。

[3] 习近平:《干在实处　走在前列——推进浙江新发展的思考与实践》,中共中央党校出版社 2014 年版,第 159 页。

理制度的构造中必须充分考虑宅基地使用权人的合法权益,以对农民宅基地保障属性的保护为导向,在顶层制度设计中严格落实。

从“三权分置”流转模式的设计思路看,宅基地资格权的制度设计正是基于上述考虑的结果。“三权分置”为农民在流转后保留宅基地资格权,继续通过宅基地资格权为农民在宅基地上保障权利的实现提供权利基础,为进城失败的农民提供了出路,这是防止“流民”风险的根本性保障。宅基地资格权制度的设想在一定程度上实现了持限制流转观点的学者所主张的“农民可以进城又可以返乡的稳健的城市化战略”,[1]实现了农民在城市化过程中“这边进得来,那边回得去”的目标。让农村真正成为“中国现代化的稳定器和蓄水池”,[2]为国家应对危机提供了调控的余地,为社会各界对防范“流民”风险寻求共识建立了可能的基础。同步推进承包地“三权分置”和宅基地“三权分置”,回应了举家迁往城镇,同时又希望流转承包地和宅基地的农村家庭的需求。虽然在具体制度设计上以及制度运行的实际效果上,还需要实践的检验,但这一改革思路无疑回应了持限制流转观点的学者在流转可能导致风险方面的担心,凝聚了各方的改革共识,为改革的推进减少了阻力,创造了有利条件。

同时,农民生存权益的保障也要对既往经验进行及时分析和总结,形成可复制、可推广的制度安排。在既有改革实践探索中,各地对流转后的农民社会生存权益的维护作出了大量的探索和努力,取得了较显著的效果。从已有的农民住房财产权抵押贷款试点的实际情况看,各地政府对金融机构在处置抵押物时,如何保证农户的基本住房权利的问题上已经有所考虑。很多地方都作出了要求“流转以农民在城市里稳定就业和稳定居住为前提”,要求农民提供“拥有其他稳定居所和稳定生活来源的书面材料”的规定,[3]以防止抵押权实现时抵押人居无定所,防范社会风险的发生。有学者对此做法作

---

[1] 贺雪峰:《地权的逻辑——中国农村土地制度向何处去》,中国政法大学出版社 2012 年版,第 230 页。

[2] 贺雪峰:《地权的逻辑Ⅱ——地权变革的真相与谬误》,东方出版社 2013 年版,第 79 页。

[3] 相关规定有《成都市农村房屋抵押融资管理办法(试行)》第 5 条、《厦门市农村房屋抵押融资管理暂行办法》第 2 条等。

出了批评,认为其将会大大限制农民住房抵押的设立,也不利于调动银行积极性,从而也就间接限制了农民住房的价值发挥。[1] 笔者认为,应首先对“拥有其他稳定居所和稳定生活来源的书面材料”的规定明确标准和细化要求。何为“拥有其他稳定居所”,并未明确是农民拥有自己名下合法产权的房屋,还是拥有租赁关系的住房,抑或是拥有借住的房屋。而如果所谓“拥有稳定生活来源”仅指具有劳动合同关系的职业这一种情况,那么其却无法涵盖自由职业者或者个体经商者。“住宅以外其他适当住所的证明”的真实性和必要性亦值得质疑,可能在最后的结果上徒具形式而无多大的实际意义。因此,笔者认为,制度设计者对农户流转宅基地使用权进行此类限制的可操作性不强,显得并无多大意义。不应单纯停留在农户提交书面材料等形式上,更应与是否在城镇购房、就业情况、经济能力等相结合,划分出不同类型,着重关注自我保障能力的强弱。同时,保障农民的基本住房权利,已经超出了宅基地用益物权的范畴,其是社会保障制度的功能。“随着整个社会保障体系的不断建立和完善,此种责任最终会回归政府。”[2] 故而,在制度构建的思路上,还应从政府的角色和责任入手,完善制度,落实政府保障职能。而不应以农民的个人情况作为流转的门槛,徒增农民负担,为农民解除一个限制又新增一个限制。此外,有的地方政府要求流转农户将依法获得的补偿款拿出一部分购买社保,参与社会保障,即“宅基地换社保”。还有的地方政府要求对流转后必须留下不低于一定面积的宅基地,以此作为流转条件。浙江义乌规定,转让后人均建筑面积不能低于 15 平方米,四川成都规定不能低于 30 ~ 35 平方米。笔者认为,上述这些做法可以视为一种在农村社会保障体系还不完善情况下的过渡方式,值得肯定,可以在“三权分置”流转模式中继续实践并不断完善。

对于农户流转宅基地后的生存保障,政府要对流转出让主体的经济能力、自我保障能力等作出适当的介入和帮助,其资格权的退出应以农民在城

---

〔1〕 参见周学东:《农村土地“两权”抵押法律问题研究》,载《中国金融家》2014 年第 11 期。

〔2〕 王飞鸿:《〈关于人民法院执行设定抵押的房屋的规定〉的理解与适用》,载《人民司法》2006 年第 1 期。

市里稳定就业和稳定居住为优先因素,并通过强制其购买社会保险、留下一定面积的宅基地等措施加强其对自身生存风险的保障。从根本上,国家还是应从打破城乡二元社会保障体系的全局出发,着力于不断创新和完善包括宅基地资格权制度在内的农村社会保障体系的构建,根本解决农户的后顾之忧,这也是国家政府应尽的职责。

最后需要强调的是,"三权分置"改革后,在宅基地使用权初始取得阶段仍应继续强调宅基地的保障功能。农村宅基地使用权的无偿设立,是农村社会保障制度内容的重要组成部分。在绝大多数的农村,宅基地对农民的住宅保障功能仍然是无可替代的。过去,对宅基地使用权流转的限制,过度关注在初始取得时保障价值的实现,以及在流转时保障价值向交换价值的转换,使其用益物权的权利内容大打折扣,让市场经济主体实现宅基地资产价值的期盼落空,让土地高效利用的目标难以实现,违背了市场经济谋求资源最优化配置的初衷。因此,"三权分置"改革后,应分阶段地定位保障功能的地位和作用。在宅基地使用权的设立阶段,仍应最大限度地体现宅基地的保障属性;在宅基地设立后,在其使用和流转过程中,可以适当淡化其社会保障色彩,通过流转实现宅基地使用权的资产价值,避免宅基地使用权在设立与保障阶段的价值错位。厘清宅基地保障价值与交换价值,避免不同阶段的定位混淆,是我们发挥宅基地物权效能的基础。

第二节 宅基地"三权分置"改革的社会本位理念

一、社会本位是经济法的基本立场和归宿

"社会本位作为一种基本理念和研究范式,为人们认识、研究、创制和实施经济法提供了一个全新的理解系统、理论框架和理论背景。"〔1〕李昌麒教授从经济法应当是"国家对全局经济生活的干预",〔2〕强调它的社会本位。漆多俊教授指出,经济法是"适应生产社会化要求而产生",是"关于国家调

〔1〕 李昌麒主编:《经济法理念研究》,法律出版社2009年版,第145页。

〔2〕 李昌麒:《经济法——国家干预经济的基本法律形式》,四川人民出版社1999年版,第278页。

节社会经济之法”,[1]应以社会为本位。杨紫烜教授认为,“经济法作为国家协调本国经济运行之法,以维护国家利益和社会公共利益为主。”[2]潘静成、刘文华教授提出,“经济法迫于社会化要求,为调和个别主体或私人间的利害冲突,使社会不致毁于一旦而产生。”[3]王保树教授认为,经济法“调整对象的社会公共性是它区别于其他法的调整对象的一个最根本的特征”。[4] 薛克鹏教授认为,“社会本位构成现代法律的主题,催生了经济法和第三法域的形成”。[5] 可见,基于经济法自身独立存在与继续发展的内在要求,以及重塑和完善经济法理论体系的原初动力,社会本位理念获得了经济法学界的广泛认可和青睐。可以说,经济法的问题离不开社会本位,经济法的分析离不开社会本位,经济法的结论也离不开社会本位。

社会本位理念,一方面是经济法的基本立场,是研究问题和分析问题的出发点和分析范式,另一方面又是解决问题、求得结果的最终归宿。在学界,还有义务本位、权利本位、个人本位、国家本位等观点,这些观点都可以理解为基于不同视角,对“以何为本”这一基础问题的认识,作出的不同组合与划分。但是,无论是权利本位还是义务本位,无论是个人本位、社会本位还是国家本位,其本质都是对各种法本位背后永恒不变利益关系的认识,是基于对利益的不同理解才抓住了各种纷繁复杂的社会关系的本质,作出了不同的解读。社会本位的理解和界定离不开对社会公共利益的正确把握,两者就像“20 世纪法学中的一对孪生兄弟”。[6] 社会本位理念从逻辑上要求承认社会公共利益。在社会本位理念看来,社会与个体一样具有法律拟制的人格。社会是由自然资源、公共物品、制度规范和精神文化系统等诸多因素构成的人类共同体,它的存在首先是人的群体的共同生活;同时,这种生活形成了有文化、有组织的系统,并且从事生产活动。而对每一个具体社会来说,它们都

---

〔1〕 漆多俊:《经济法基础理论》,武汉大学出版社 2000 年版,第 81 页。
〔2〕 杨紫烜:《经济法》,北京大学出版社 2006 年版,第 42 页。
〔3〕 潘静成、刘文华:《经济法》,中国人民大学出版社 1999 年版,第 12 页。
〔4〕 王保树:《经济法原理》,社会科学文献出版社 1999 年版,第 33 页。
〔5〕 薛克鹏:《经济法基本范畴研究》,北京大学出版社 2013 年版,第 179 页。
〔6〕 薛克鹏:《经济法基本范畴研究》,北京大学出版社 2013 年版,第 179 页。

有明确的界限划分,并且存在一定的空间范围。正是由于作为一种共同体而存在,社会才有了自身的利益。国家宏观调控与市场规制的作用被降至最低,“最小的政府即为最好的政府”的理念深入人心。但是,随着自由资本主义经济的充分发展,负外部性、垄断等市场失灵问题不断显现,以凯恩斯为代表的国家干预经济学应运而生,而国家干预从某种程度上看,正是国家以“看得见的手”的形式对社会公共利益的维护。20世纪以来的法律社会化催生了大量的经济社会立法,如消费者保护法、反垄断法、劳工法、反不正当竞争法、环境与资源保护法等。经济法就是在这一运动中诞生并成长起来的一股新生法律力量。法律社会化正是对社会公共利益的体现和维护,而确认和保障国家干预的正当性、合理性也正是经济法的重要职能。因此,经济法具有突出的社会性,这种社会性的特征就要求经济法必须考虑社会政策、社会公益和社会效益,必须“嵌入”现代社会规则的网格中去思考和判断,才能实现经济的持续健康发展。克服效率价值追求这一弊端的根本途径就是对效率价值、公平价值等法律价值的综合判断和共同兼顾。对公平价值的追求是社会本位理念分析问题、认识问题的基点,也是社会本位理念的本质要求。

与此同时,经济法作为一门调整市场经济主体行为规范的法律,经济性是其本质特征。因此,对解决经济运行过程中出现的各类问题进行规制,是其主要目标,而经济效益也自然成为其重要的考虑因素和分析标准。效率价值是对投入与产出之比最大化的不懈追求。[1] 然而,这种对效率的界定并没有考虑行为的外部效应,因为外部效应的成本会由社会承担。如果将外部效应考虑在内,一个看似有效率的行为选择是否依然有效率,将会被重新评估。因此,经济法在追求经济效益的同时,必须做到对社会公共利益的合理兼顾。效率表现为生产力的发展水平,公平是对生产关系社会正义价值的肯定,二者是辩证统一的。[2] 经济法的调整要实现一定的绩效,这既包括经济

〔1〕 从经济学的角度理解对效率与否的评价,应至少满足下面两个条件中的一个:一是不可能使用一个较低成本的要素组合生产同样数量的产出;二是不可能利用同样的要素组合生产更高的产出水平。参见[英]罗伯特·D.考特、托马斯·S.尤伦:《法和经济学》,施少华等译,上海财经大学出版社2002年版,第12页。

〔2〕 参见李宴:《农村土地市场化法律制度研究》,中国法制出版社2012年版,第164页。

效益,也包括社会效益。追求法律规制的经济绩效与社会公共利益的平衡、社会总福利的增长已成为经济法的一种普遍的根本价值追求。对经济绩效的追求和实现,对社会效益的强调和兼顾,正是经济法作为现代法的重要价值和体现。这也是经济法有别于其他部门法的规制性、经济性,有别于传统部门法的现代性,以及在一定程度上社会性的重要表现。因此,在追求经济效率的同时,兼顾公平也是社会本位理念的本质要求,是经济法调整的重要目标。

从主张限制宅基地使用权流转的观点看来,宅基地使用权自由流转将可能带来巨大的社会风险,突出表现为两个方面:一是对社会整体利益的侵害,表现为对国家耕地的“蚕食”,危及国家的粮食安全,侵害社会整体利益。二是对农民群体利益的侵害,突出表现为农民流转宅基地后存在无法在城镇立足的可能,从而形成“流民”风险。通过上文对宅基地制度历史变迁和历史线索的梳理和分析,我们已经认识到,国家对宅基地使用权流转的限制在很大程度上是基于对“流民”风险的担忧。这种风险所带来“城市贫民窟”等危害在一定程度上影响了社会稳定、管理秩序以及公共安全,这也是对全社会利益的侵害。国家不能提供足够的城市廉租房、经济适用房以及教育等其他社会公共资源,不能提供完善的养老、医疗等社会保障体系,这也加剧了对农民“流民”风险以及由此带来的社会问题的忧虑。

在宅基地使用权流转问题上,国家干预作出的限权规定是基于对社会公共利益的考量。宅基地与生俱来的保障属性决定了对流转后或致农民失去保障的担忧,这是对农民这个社会群体整体利益的维护。同时,宅基地对耕地侵蚀的现实情况决定了对流转后或致耕地风险的担忧,国家必然会对其进行干预,这是出于对维护社会公共利益的考虑。可以说,宅基地使用权流转的限制是经济效益在社会效益两者作出对比权衡后的退让,是一种从社会整体本位利益出发的平衡,结果是造成了宅基地“产权的残缺”。在对宅基地使用权自由流转后可能带来的风险,以及对于风险的控制能力尚未能形成较一致认识的情况下,国家对是否开禁观望情绪浓烈,改革行动迟迟无法取得突破性进展,在改革问题上表现出较强的对既有制度的路径依赖。但是,诚如有学者所言,风险最小化的逻辑不应成为不作为的逻辑,不应成为不出问题的逻辑。[1] 面对问题,只有勇敢面对,大胆假设,细心求证,耐心解决,才有解决问题的可能和希望。从实际情况客观分析,宅基地使用权流转确实可能带来一些风险问题,这种风险的本质其实是制度变迁所需要衡量的制度改革成本。这种改革成本与改革收益之间的比较,其实是对自由流转可能带来的风险与改革后可能带来的利益之间的权衡。如果风险是改革的成本,那么流转带来的收益是否足够值得我们去"冒险",需要我们进一步根据客观情况的发展变化作出理性分析,得出客观结论,作出正确判断。

二、社会本位理念下耕地流失风险的防控

(一)宅基地使用权流转和耕地流失不存在必然联系

不可否认,"地少人多"是我国最基本也是最现实的国情。如何在有限的土地上保障14亿人的粮食安全,是我国土地制度的根本出发点和最后底线。对这种土地所承载的社会价值的实现,要求我们无论在国家立法还是国家政策上都要严格控制农用地转向其他用途,这当然包括耕地向宅基地的转用。正是基于这样的认识和考虑,我国自"十一五"规划明确提出要努力实现"耕地保有量保持1.2亿公顷"的目标以来,18亿亩耕地红线就正式成为我国土地管理与宏观调控的国策。

过去,我国的确存在一段农村宅基地管理尤其是用途管制上的宽松期。具体主要表现为以下几种情况:一是以"农家乐""客栈"等为代表,发展观光农业;二是新建生产作坊或个人企业,发展加工业、服务业;三是一些城镇居民或工商企业到农村租赁土地建房等。这些违规的宅基地使用已超出了宅基地的使用初衷,突破了宅基地的居住用途定位,增加了土地的商业价值,"加大农民的占地冲动","蚕食"着国家耕地的面积,造成了大量耕地流失和土地资源的浪费,在一定程度上甚至形成了"不断占地后再去转卖"[2] 的

[1] 参见贺雪峰:《地权的逻辑——中国农村土地制度向何处去》,中国政法大学出版社2012年版,第143页。

[2] 刘守英:《最需要突破的就是宅基地制度》,载《发展》2013年第10期。

局面。

从我国的耕地总量上看，全国耕地总面积保持在了一个较稳定的总量上，近10年的数据已经扭转了下降的趋势，呈现小幅上升状态。从2016年通过的“十三五”规划所披露的资料看，我国的耕地保有总量从2010年的18.18亿亩上升到2015年的18.65亿亩，不但没有下降，反而增加了近5000万亩。2017年1月，中共中央、国务院发布了《关于加强耕地保护和改进占补平衡的意见》，提出到2020年全国耕地保有量不少于18.65亿亩的目标。[1] 2021年第三次全国国土调查，我国耕地面积为19.179亿亩。耕地保有总量上升的数据说明，近年来，我国对耕地保护的强调和重视取得了明显效果。这一事实也说明，通过对土地的严格管理，耕地总面积是可控的。宅基地使用权自由流转后，完全可以通过《土地管理法》等法律法规作出“流转的宅基地必须权属清晰”“多占等不符合规定的宅基地的流转不予登记”的规定，使乱占的宅基地无法流转。同时，加强对耕地转农地的土地用途管制，从而在出口上堵住社会各界对宅基地侵占耕地导致耕地红线被突破的担心。

（二）规范严格的流转和土地利用的优化可以促进耕地保护

第一，宅基地退出制度是宅基地复垦为耕地的重要途径，而退出制度的推进动力不足的最大原因在于财力不足，补偿标准不高导致农民退出意愿不强烈。这使闲置宅基地的土地整理工作推进缓慢，直接降低了宅基地转化为耕地的可能，在一定程度上影响了耕地总量的增加。当前农村2亿多亩宅基地，随着更多农民进城，会有越来越多的农民退出自己的宅基地，这些土地可以为中国增加相当数量的耕地。[2] 因此，在土地用途的管制上，我们不能只强调“限制”，而忽视“盘活”。“三权分置”路径下，宅基地使用权得以有效流转，随着流转后收益的增加，国家从宏观上建立起调配宅基地退出补偿款的资金池也会大为增多。同时，退出的宅基地为闲置宅基地的治理注入了活力，为潜在耕地的增加提供了巨大的想象空间。

---

〔1〕 参见《国务院：2020年全国耕地保有量不少于18.65亿亩》，载东方财富网，http://finance.eastmoney.com/news/1348,20170123705840361.html。

〔2〕 参见贺雪峰：《地权的逻辑Ⅱ——地权变革的真相与谬误》，东方出版社2013年版，第46页。

第二,通过“建设用地增减挂钩”可以控制城镇化对耕地的占用。人多地少的现实国情,决定了我国必须将保护耕地、守住耕地红线作为一项基本国策。在今后,再继续通过开垦荒地来增加总体耕地面积的方式已经没有太大的上升空间。一方面,现实中没有那么多的荒地可供开垦,在滩涂围垦中新增耕地往往会带来较大的生态问题,且开发出的土地质量较差;[1]另一方面,随着国家对土地管理的不断规范,能够进行开垦的所谓荒地受到国土、林业等相关部门的严格管理,可供随意开荒的时代已经过去。所以,试图通过开垦荒地来实现有效增加耕地的目标是较难实现的。同时,我国又处于城镇化不断加快的发展进程中,城市扩张的必然结果就是城市建设用地的不断增加。从某种程度上,近年来我国城镇化进程的加速,也是耕地急剧减少的根源之一。这主要表现为“土地财政”和城镇化“摊大饼”现象。近年来,各个地方都通过县改市、县改区、建新城、建新区等行政区划调整的办法,使城市规模不断扩大。[2] 以政府为主导的对耕地的占用,主要表现为大学城、高尔夫球场建设,开发区设立过多甚至过滥,城市建设占用大量耕地等情况。而农地转用的低成本以及高收益,正是导致城市建城区超常、无序扩张的主要原因。2005 年,国家正式提出城镇建设用地增加与农村建设用地减少相挂钩,即“建设用地增减挂钩”的改革方案,目的是优化城乡用地结构、引导合理布局调整,推进土地集约节约利用,促进城乡协调发展。“建设用地增减挂钩”为耕地总量的保持和提高探索出了一条有效渠道,一改过去从严管理的惯性思维,而是转而在提高地方政府以及市场主体保护耕地积极性上做文章,在利用土地的源头上寻找改革的突破口。“建设用地增减挂钩”有效提高了各方力量对保护耕地的积极性,是在土地利用总体规划之下,通过土地利用方式的调整,达到新增耕地目标的制度创新。一些诸如“地票”制度等

〔1〕 参见汪晖、陶然:《中国土地制度改革:难点、突破与政策组合》,商务印书馆 2013 年版,第 173 页。

〔2〕 2006 ~ 2014 年,我国城市建成区总面积从 3.37 万平方公里增加到 4.98 万平方公里;城市建设用地面积从 3.18 万平方公里扩大到 5.00 万平方公里,过去 9 年扩大了 57.23%。参见《2006 ~ 2015 年我国房地产开发投资完成情况及我国城市建成区面积增长情况分析》,载中国产业信息网,http://www.chyxx.com/industry/201610/461864.html。

探索模式,都可以视为对“建设用地增减挂钩”的变形。因此,从某种意义上来说,只要严格按照“建设用地增减挂钩”的政策规定,不但不会导致耕地流失和耕地总量减少,还能有效保持甚至新增耕地面积,对宅基地使用权流转或致耕地流失的担忧是说不通的。

第三,土地利用结构的优化是保护耕地的根本途径。从各地试点的情况看,二元土地政策才是耕地流失的主要原因。这也是对宅基地使用权流转不会必然导致耕地流失理由的进一步补强和佐证。上文述及,我国现行土地制度采用一种农村土地与城市土地、农业用地与建设用地的二元分割体系。两者表现出一种对立的结构,在权利体系、规制机构以及管辖等方面都表现出不同的特征,存在较大不同。在这种城乡二元的土地制度安排下,农业用地转化为城市建设用地,最主要途径就是政府通过征收集体土地将之转变为国家所有进行开发利用。这种二元分割的土地政策本身就是我国为加速工业化进程而发明的特殊时代产物。经过多年的运行,不但发展演变出太多诸如征收等衍生品,里面更是纠结了太多的既得利益和深层次矛盾,已经日益成为统筹城乡社会经济一体化发展的阻碍。正如有研究表明,城乡分割的二元土地政策“违背了激励约束相容的基本原则,扭曲了各个地权主体和利益相关者的土地行为,造成了激烈的利益争夺和尖锐的社会冲突,不仅导致了土地资源的巨大浪费,而且有可能引发严重的经济、金融和社会危机”。[1] 基于上述认识,在城镇化不断推进的现实背景下,国家一方面要考虑对有限耕地的保护,另一方面又要不断占用和转化其他土地,来满足城市化建设的需求。消除这种难题的根本途径是优化土地利用结构,即引导城乡用地结构调整和布局优化,推进土地节约集约利用,促进城乡协调发展。因此,为保护耕地红线,防止宅基地“蚕食”耕地情况的发生,应改变土地供应中的一元结构和政府在其中的垄断地位,让农村集体建设用地可以直接进入土地市场。宅基地的“三权分置”改革,为宅基地使用权的自由流转扫清了障碍,极大地激

---

〔1〕 北京天则经济研究所中国土地问题课题组:《城市化背景下土地产权的实施和保护》,载《管理世界》2007 年第 12 期。

活了宅基地需求主体和出让主体的互动,激发了流转动能,使宅基地市场真正建立和活跃起来,无疑为统一城乡土地市场的构建提供了制度的可能和构建的基础。

三、社会本位理念下“流民”风险的预防

(一)宅基地保障功能的下降减弱流转的“流民”风险

“居者有其屋”是宅基地使用权制度的设立初衷和根本目的。因此,宅基地使用权所承载的居住保障功能是与生俱来的。在主张限制流转的学者看来,限制宅基地使用权的流转能够最大限度地实现保障目的,避免大量失地农民成为无依无靠、无居无业的“流民”,从而降低危害社会秩序稳定的风险。相反,一旦允许其自由流转,城市高价的商品房是农民难以负担的。而城镇的廉租房和经济适用房等为解决城镇低收入群体所提供的住房,难以满足农民的大量需求,城镇为农民提供保障的能力以及提供土地的空间很难在短期内赶上农民进城的速度。2008 年国际金融危机的爆发导致农民工失业返乡,大批农民工回得去,更是增强了主张限制宅基地使用权流转学者的决心。[1] 认为这正是中国目前能够在经济外向程度如此之高的情况下,仍然可以有效应对经济波动的根本原因。[2] 有学者直接指出,所有人口超过 1 亿人的大型发展中国家,没有一个国家的城市化是成功的,中国必须警觉,我们不能走其他发展中国家靠大型贫民窟来加快城市化的道路。[3] 因此,对于失去宅基地农户的生存无法保障、风险无法防控的担忧成为限制宅基地使用权流转的重要理由和论据,甚至可以说是禁止流转观点最现实的考量。2020 年,新冠肺炎疫情在全世界暴发,中国之所以能够短时间内有效控制疫情,没有出现“流民”潮等大规模社会问题,宅基地在社会中尤其是农村社会发挥

---

〔1〕 参见贺雪峰:《地权的逻辑Ⅱ——地权变革的真相与谬误》,东方出版社 2013 年版,第 192 页。

〔2〕 参见贺雪峰:《地权的逻辑——中国农村土地制度向何处去》,中国政法大学出版社 2012 年版,第 230 页。

〔3〕 参见温铁军:《中国的“城镇化”与发展中国家城市化的教训》,载《中国软科学》2007 年第 7 期。

的风险“蓄水池”作用功不可没。

“失地风险”之所以会成为限制宅基地使用权流转观点的一个重要理由和论据,是因为宅基地承担了重要的社会保障功能。一方面,宅基地是农民基本的居住保障。传统农业社会的基本特征是,以务农为主要收入来源,非农就业机会贫乏。土地在此种情况下成为农民从事生产、获得生活资料、维持生计、抵御各种社会风险的主要依托。在传统社会条件下,土地不仅意味着就业的机会、基本生活资料的来源,而且意味着遇到意外风险时的基本保障。土地成为一种多元性、综合性的保障载体,承载最低生活保障、就业保障、养老保障、疾病保障等多种基本保障功能,[1]无疑成为中国农村社会保障体系的主要组成部分和核心内容之一。同时,作为一个具有悠久农耕文明历史和深厚土地情结的传统国度,土地在社会中具有特殊地位以及在农民心中具有重要位置。在中国农民对土地的传统认识中,“传给儿子最好的东西就是地,地是活的家产,钱是会用光的,可地用不完。把从父亲那里继承来的土地卖掉,就要触犯道德观念”。[2] 这一观念使土地在我国农村的社会保障体系中一直发挥巨大的主导作用,在某种程度上是无可替代的。而宅基地作为农村土地的重要组成部分,是农村社会保障体系中不可或缺的重要一环。另一方面,农村尚未建立像城镇一样完善的社会保障体系,这也加剧了土地在承担社会保障职能中的分量。这在我国体现为在城乡二元的社会管理结构中,对农村社会保障设计的先天不足。其解决的方式是,通过宅基地使用权的无偿分配予以弥补。这种天生自带的保障属性,从一开始就决定了宅基地使用权的特殊地位,也造成了其权利属性中流转内容在制度设计之初的缺失。

但是,随着社会经济的不断发展,宅基地的居住保障功能已日渐表现出弱化趋势。当前,我国的城市化已进入高速发展时期,方兴未艾的城市化建设对劳动力产生了巨大需求,大幅拉动了农村劳动力向第二、第三产业的转

---

[1] 参见胡杨:《中国农村社会保障改革的路径依赖与制度创新》,载《兰州学刊》2006 年第 1 期。
[2] 费孝通:《江村经济——中国农民的生活》,商务印书馆 2001 年版,第 160 ~ 161 页。

移,向城市的流动。每年数以百万计的农民离开生于斯长于斯的家乡,走出农村乡土文化中“老婆孩子热炕头”的心理舒适区,冲破传统城乡二元体制的束缚,在城市从事非农工作,拓展收入来源,提高收入水平,寻求自身的发展,形成了声势浩大的“民工潮”。有学者将这种劳动力流转的趋势,从总体上概括为“由中、西部农村向东部农村,由农业型村庄向城郊城庄,由经济贫困村庄向经济发达村庄流动,以及由农村向城市流动,由欠发达地区向发达地区的流动势头”。[1] 费孝通先生在《乡土中国》中曾形象地描述,“直接靠农业来谋生的人是黏着在土地上的”。[2] 而现如今的中国,完全靠农业谋生的人已越来越少,农民外出务工或从事其他非农产业早已是一种普遍现象,农民的收入来源已经从耕种收入向更加多元的方向转移。其中,非农收入已经构成农民收入的主要组成部分。据 2007 年的统计,只有 28% 的农民仍以农业生产为主要的就业取向,大量的进城务工人员通过在城市工作提高了收入的水平,农村家庭从事第二、第三产业的收入,工资性收入占农民人均纯收入的 81.3%,已成为农民增收的主要来源。而耕地通过土地承包经营权的流转进一步向经营合作社集中,农业不断向机械化、集约化方向的发展,[3] 这也使人均农地进一步减少,从事农业耕作的劳动力需求进一步压缩。在未来的较长一个时期内,两者共同作用将使农民的收入构成发生较大变化。与自身相比,大部分农民的经济收入构成早已摆脱对传统农业收入的依赖,具备了一定的非农生存能力和谋生技能。农民收入增速高于城镇居民,两者在收入上的差距也在缩小。[4] 农民收入的显著提升主要得益于农民非农收入的逐年增长,农民就业渠道的多元化。大规模的农村人口城市化是我国经

〔1〕 贺雪峰:《论人口流动对村级治理的影响》,载《学海》2002 年第 1 期。

〔2〕 费孝通:《乡土中国》,人民出版社 2008 年版,第 3 页。

〔3〕 目前,全国田间平均机械化作业水平达到 63%,江苏、黑龙江可以达到 80% 以上。参见神州土地研究院:《2017 中国农村产权流转交易市场发展报告》,中国农业大学出版社 2017 年版,第 60 页。

〔4〕 从 2016 年通过的“十三五”规划所披露的我国农业以及农村社会若干重大问题的数据分析,农村居民人均纯收入“十二五”期间平均增速是 9.6%,超过了城市的 7.7%。2017 年,城镇居民人均可支配收入 36,396 元,扣除价格因素实际增长 6.5%;农村居民人均可支配收入 13,432 元,扣除价格因素实际增长 7.3%。城乡居民人均收入倍差 2.71,比上年缩小 0.01。中国经济网、国家统计局:《2017 年全国居民人均可支配收入 25974 元》,载中国经济网,http://finance.sina.com.cn/roll/2018-01-18/doc-ifyqtycw9505362.html。

济、社会发展的必然，正如有学者所言，“乡土中国将农民从身份关系中解放出来的‘从身份到契约’的运动”将是“一个不可逆转的趋势”。[1] 对于已经选择完全脱离农业生产而在城务工的农民来说，其对农村宅基地的需求在减弱，宅基地对于这部分的保障功能自然也会有所降低。就业渠道的多样化、就业地点的非本地化、收入水平的城镇化等趋势，使土地在农村的社会保障地位相应地呈现弱化趋势。

（二）农民理性能力的觉醒进一步降低“流民”风险

一旦宅基地流转开禁后，农民是否会不顾长远、不计后果地处置其手中的宅基地，是很多学者的担心，甚至也是国家在制定政策时的担忧。但从经济学视角看，事实可能并非如此——我们也可以将农民视为一种“理性人”来看待和分析。“理性人”是一个经济学的概念，滥觞于亚当·斯密的经济人假设，后经穆勒将其概念化和形式化，最终由帕累托提出。[2] 在该理论中，人不但是经济人，同时也是“理性人”。“理性人”能够认识并追求个人利益的最大化，具备充分认知权利、辨别行为的能力。“理性人”能够对自己的行为权衡利弊，能够选择最利己的方式处分自己的权利。按照经济学对“理性人”的假设，没有人比他自己更清楚自己需要什么，每一个个人才是自身利益的最佳判断者，在市场经济中皆会按照利润最大化或趋利避害的原则，尽其所能地作出对自己最有力的选择和安排。舒尔茨认为，农民在考虑成本、利润及各种风险时都表现出了与资本主义企业家同样的“理性”。[3]

国家应该提供适当的经济条件和政治条件，使农民的制度理性能力能够在不同层次发展，在农地使用权流转上农户一样具有经济理性。[4] 但在我国的宅基地制度中，作为“理性人”的农民，却无法通过合法的渠道寻求宅基地使用权利益的最大化实现，这不得不说是一种制度上的遗憾和不足。我们不能仅仅因为对农民知识文化水平处在一种较低状态的认知和判断，就先入

---

[1] 喻文莉：《转型期宅基地使用权制度研究》，法律出版社 2011 年版，第 236 页。

[2] 冯友兰：《中国哲学简史》，赵复三译，天津社会科学院出版社 2005 年版，第 187 页。

[3] 参见[美]西奥多·舒尔茨：《改造传统农业》，梁小民译，商务印书馆 1999 年版，第 23 页。

[4] 参见史清华、贾生华：《农户家庭农地流转及形成根源——以东部沿海苏鲁浙三省为例》，载《中国经济问题》2003 年第 5 期。

为主地认定农民缺乏理性精神和理性判断的能力,为其贴上“一旦宅基地可以自由流转,其就会为眼前利益而不计后果进行流转”的“非理性”标签。正如韩世远教授所言,“弱者并非弱智,农民自有农民的智慧,立法者不必杞人忧天”。[1] 在涉及切身利益的抉择中,实际情况也许恰恰相反,农民并不缺乏理性精神。随着社会经济的不断发展,“面朝黄土背朝天”早已成为我们对农民昨日的记忆,如果说“中国已经不是捆绑在土地上的中国”,[2]那么农村也早已不再是捆绑在农地上的农村,农民也早已不是捆绑在宅基地上的农民。如果农民只是一种户籍制度上的分类,那么随着城乡户籍制度的改革,农民的概念已经在户口册上退出了历史舞台;如果农民是一种职业的划分,那么随着大型农业机械种植的推广和土地承包经营权的流转集中,农民的耕作也早已超越了我们固有的印象;如果农民只是一种基于其来自农村的称谓,那么农民工的收入来源和工作内容也早已不同于我们对农民的界定。农民,早已和过去的传统生活渐行渐远,其对宅基地的诉求也早已超出居住保障的划定。

第三节 宅基地“三权分置”改革的调制绩效理念

一、调制绩效是经济法的重要价值追求

在经济法的视域下,效率是人类经济社会发展追求的永恒主题。任何市场主体的行为都以经济的最大绩效为初衷展开,并最终回归到经济绩效的原点。经济效率是经济法强调的重要行为目标和主要评价因素。调制绩效理念是对经济法调整目标原则的体现。[3] 因此,应当在经济法上确立调制绩效的理念。对土地资源的优化配置,实现高效利用是调制绩效理念所追求的不懈目标。土地是人类生存的重要物质基础,也是人类从事生产活动的重要自然资源和社会资源,更是人类从事经济行为的重要生产要素。土地作为一

〔1〕 韩世远:《宅基地的立法问题——兼析物权法草案第十三章“宅基地使用权”》,载《政治与法律》2005 年第 5 期。

〔2〕 贺雪峰:《新乡土中国》,北京大学出版社 2018 年版,序第Ⅴ页。

〔3〕 参见张守文:《经济法原理》,北京大学出版社 2013 年版,第 69 页。

种资源是有限的,甚至是稀缺的。这种特性决定了人类在开发和利用每一寸土地时都要做到物尽其用,达到土地资源优化配置,实现经济效益、生态效益和社会效益的统一和最大化。众所周知,地少人多的现实国情早已成为制约我国经济社会持续健康发展的一个重要制约因素和前进阻碍。在资源稀缺的情况下,如何最富有效率地使用资源,既是调制绩效理念的重要追求目标,也是我国在土地高效利用上存在的现实问题。作为一种资源,宅基地的大量闲置显然不符合土地资源优化配置的要求。在现代经济学理论中,财产的高速流动、市场的合理配置、资源的优化利用是财富增长的不竭动力。尤其对于具有高度稀缺性的土地来说,对其的合理利用、优化配置就显得更必要和紧迫。经济法在追求经济绩效的同时,也要在一些问题上强调社会效益,这本质上也可以理解为一种对绩效的考虑,平衡协调效率和公平是调制绩效理念的本质要求。将这种平衡与协调置入宅基地使用权流转问题中,则表现为在不损害社会公共利益的情况下如何最有效和集约地利用土地资源,达到最优配置的效果。这是我们在土地利用问题上追求的永恒主题,也是调制绩效理念在土地问题上的题中之义。只有在自由流动中,通过市场机制的调节和运行才能凸显宅基地的财产价值,达到土地资源优化配置的结果,发挥宅基地这一稀缺资源的最大功效。因此可以说,土地资源的优化配置和土地要素在市场配置下的合理流动是调制绩效理念在土地问题上的根本要求。

完整清晰的产权是传递正确市场价格信号,有效配置资源,提高经济绩效的根本保证。[1] 要通过市场实现土地资源的自由流转与优化配置,完整清晰的产权是前提和基础。不同学者从不同角度对产权作出了界定。在新制度经济学理论中,产权被定性为“一种通过社会强制而实现的对某种经济物品的多种用途进行选择的权利”,[2]并被解读为“占有、使用、改变、馈赠、

---

〔1〕 参见蒋淑玲:《产权、契约与经济绩效——中国“三农”问题解读》,载《湘潭论坛》2005 年第 1 期。

〔2〕 [英]约翰·伊特韦尔等编:《新帕尔格雷夫经济学大辞典(第 3 卷)》,经济科学出版社 1992 年版,第 1101 页。

转让或阻止他人侵犯其财产的一组权利”。[1] 而从法学视角看，产权可以被界定为一种“财产”与“权利”的组合，它既是经济学上的资源、生产要素，表现为“财产”；也是要求他人为一定行为或不为一定行为的一系列规则体系，表现为一种“权利”。因此，“产权是一个权利束，拥有一项资产并持有它（消极运用）；将它用于交易或让他人暂时使用其某些方面（积极运用）”。[2] 我们可以将产权界定为不让他人使用一项资产的权利，以及使用、向他人出租或出售该资产的权利。

根据上述对新制度经济学和法学研究成果的梳理，产权具有排他性、可分割性、可转让性的本质特征。可转让性涉及所有权通过出售或捐赠等方式的变化，[3] 是产权的本质要求。一项产权不能被转让，将意味着其不能得到与之相匹配的价值评判，也无法充分发挥在使用上的最大潜能，实现资源的优化配置。产权一旦被禁锢在一个固定主体身上，其他主体尽管对该财产具有更强烈的使用需求、更高的使用技能、更有效益的使用用途，都无法达到利用此项财产的目的。这使产权的效能处于一种被抑制的状态，本质上与调制绩效理念所追求的资源最优配置的目标相违背。土地作为一种稀缺性明显的资源，以一种静止、隔绝的状态存在时，其经济意义无从谈起。一块土地只有与其他经济要素联系起来，形成流动、联系的整体，才能体现出其经济价值。因此，土地利用本质上就是要流动起来，而土地价值也只有在流转中才能被具体衡量和客观评价。宅基地不具有可转让性，或者说，转让性受到严格限制，转让范围被限制在一个非常小的范围内。可以说，宅基地使用权的产权是不完整的，是一种“产权的残缺”。

---

〔1〕［美］罗伯特·考特、托马斯·尤伦：《法和经济学》，史晋川、董雪兵等译，上海三联书店1991年版，第125页。

〔2〕［德］柯武刚、史漫飞：《制度经济学：社会秩序与公共政策》，韩朝华译，商务印书馆2003年版，第224页。

〔3〕参见［德］柯武刚、史漫飞：《制度经济学：社会秩序与公共政策》，韩朝华译，商务印书馆2003年版，第224页。

二、调制绩效理念下土地资源的优化配置

城镇化水平的提升和乡村人口数量的减少,理论上可以减少居住用地、节约建设用地。但实际上,农村居住用地不减反增,直接的原因就是城乡土地分割管理,农村宅基地使用权流转动力不足。“尽可能地赋予当事人的行为自由是市场经济和意思自治的共同要求。”[1]在2015年开始的农村土地制度改革试点中,宅基地使用权的流转范围相对过去没有变化,仍被限定在村集体经济组织中,流转范围仍然狭小,单纯通过对超标占地和“一户多宅”等收取有偿使用费,不仅集体财力增加有限,且农民获得感不强。而对于村集体经济组织之外有求购意愿的组织和个人来说,这也抑制了流转交易的发生,无法满足交易的需求,造成了市场供给的不足。

宅基地使用权自由流转本质上是通过市场手段实现土地资源的优化配置。市场决定资源配置是市场经济的一般规律,市场经济本质上就是市场决定资源配置的经济。只要存在适宜的制度,通过自有契约实现主体间的自愿交换就可以达成资源的优化配置。[2] 综观我国社会主义市场经济发展的历程,市场在调节资源配置中发挥的作用不断提升,发挥最基础的作用,甚至从某种程度上说,没有市场的开放就没有中国今天的改革成就。党的十九大把市场在资源配置中的“基础性作用”修改为“决定性作用”,[3]这是我国对中国特色社会主义经济建设规律认识的一个新突破,标志社会主义市场经济发展进入了一个新阶段。

在土地资源的优化配置上,也要切实发挥市场的决定性作用。郑永流教授在分析市场在农地流转问题的重要作用时曾说,人们追求最大的利润,是

---

[1] 江平、张洪礼:《市场经济和意思自治》,载《中国法学》1993年第6期。

[2] 参见李晓明:《私法的制度价值》,法律出版社2007年版,第475页。

[3] 梳理我国近30年的国家经济政策,党的十四大提出建立社会主义市场经济体制的改革目标,党的十五大提出“使市场在国家宏观调控下对资源配置起基础性作用”,党的十六大提出“在更大程度上发挥市场在资源配置中的基础性作用”,党的十七大提出“从制度上更好发挥市场在资源配置中的基础性作用”,党的十八大提出“更大程度更广范围发挥市场在资源配置中的基础性作用”,党的十九大提出“使市场在资源配置中起决定性作用,更好发挥政府作用”。

不可能在本村这一具有血缘的圈子里实现的。因为受人伦规范的制约,财富增长不可能获得有效的刺激力量。只有跨越这个圈子,进入陌生人的空间,人的独立利益才能体现出来,这个空间就是市场。[1] 一笔土地交易成功将意味着土地资源的配置得到一次优化,通过不断的土地流转,土地的资源配置也将得以不断优化。[2] 宅基地使用权通过市场流转的过程就是土地资源配置趋于最优化的过程。"权利应该赋予那些最珍视它们的人。"[3]解除对宅基地使用权流转的限制,实现宅基地使用权按照权利人意志的自由流转,有利于改变宅基地利用闲置、低效的状态,使大量宅基地资源,尤其是城镇周边的土地从闲置状态转化为利用效率较高的状态,充分盘活闲置土地,将宅基地交到了真正珍视它的人手中。宅基地可以按照自愿、有偿原则以转让等方式自由流转,将切实激发市场活力,提高宅基地的利用绩效,推动实现土地资源的有效配置。

同时,宅基地使用权流转还将通过市场手段解决宅基地有偿退出的资金不足问题。在2015年开始的农村土地制度改革试点中,宅基地制度改革面临的困难最大,主要表现为宅基地有偿退出面临资金困难。从地方的探索实践看,允许闲置宅基地由农民集体经济组织回购,整治后仍然限于在村集体经济组织范围内使用,有的虽然扩大至县域范围统筹使用,但仍然无法从根本上完全满足宅基地的流转需求,这严重限制了指标收益能力。而集体收益不足又会反过来影响集体回购宅基地的财力,阻碍闲置宅基地整理的进程。改革前,农民对宅基地有偿退出的补偿满意度不高,据在四川南充的有关调研显示仅为21.05%,[4]很大一部分原因就是补偿标准偏低。一方面,是因为政府的资金主要源于财政支出,财力有限且受制于预算等因素,难以满足土地整理周期长、金额大的要求;另一方面,集体财力的不足也是导致宅基地退出补偿偏低的主因。宅基地"三权分置"改革疏通了流转障碍,为进一步

---

〔1〕 参见郑永流:《当代中国农村法律发展道路探索》,中国政法大学出版社2004年版,第73页。

〔2〕 参见李昌麒:《中国农村法治发展研究》,人民出版社2006年版,第102页。

〔3〕 [美]理查德·A.波斯纳:《法律的经济分析》,蒋兆康译,法律出版社1997年版,第20页。

〔4〕 庄开明、彭亮等:《农村闲置宅基地有偿退出与优化利用——基于四川省农地改革与探索的实践》,人民出版社2017年版,第54页。

扩大流转范围打下基础,可以预见流转收益将大幅增加,集体财力也会相应得到增强,将为宅基地有偿退出提供更有力的资金支持,通过市场循环机制解决集体财力不足的问题,促进宅基地有偿退出。这对于市场流转需求并不大、资产价值并不高的偏远地区的一般农村来说,更具有重要意义。宅基地使用权的自由流转将有力促进农村富余宅基地的退出,通过构建城乡统一建设用地市场,为集体建设用地直接进入土地市场打下坚实基础,极大限度地缓解了城市建设用地的需求和缺口,从根本上提高了宅基地使用权流转机制的活力。宅基地使用权流转充分回应了市场需求,让市场的问题充分回归市场,是市场在资源配置中发挥决定性作用的重要表现。

三、调制绩效理念下城乡一体化发展

党的十八届三中全会通过的《关于全面深化改革若干重大问题的决定》提出“健全城乡发展一体化体制机制”的目标,通过“三权分置”流转模式改革实现宅基地使用权自由流转对于这一目标的实现具有重要的促进作用。

第一,宅基地使用权流转为农村发展带来资金和机遇。2018 年中央提出的宅基地“三权分置”改革方案回应了农民流转宅基地以及农房诉求,也为满足以城市居民到农村购房居住为典型的“逆城市化”需求打下了基础。随着社会经济的发展,城乡居民对土地的需求发生根本变化。一方面,城市工商资本存在下乡发展农业的强烈愿望,对包括宅基地在内的农村非农建设用地存在旺盛需求。另一方面,城镇居民对宅基地也存在旺盛的需求和强烈的意愿。“三权分置”实现了宅基地使用权的自由流转,赋予了宅基地完全的可转让性,既促进了土地资源配置的优化,也充分实现了产权主体的利益,是宅基地制度朝着产权完整清晰目标迈出的重要一步,为现代化市场要素在城乡间的自由流动打下了基础,充分回应了工商资本与城镇居民共同构成的“逆城镇化”土地需求。“逆城镇化”是城镇化发展到一定阶段派生出来的新潮流,城镇化发展水平越高,“逆城镇化”趋势越强。“逆城镇化”对城市来说是吐故纳新,是分流人口,是解决城市“大城市病”的重要途径。对农村来说,“逆城镇化”是巨大的发展机遇和发展动能。农村与城市发展差距的逐步加大,与城市资本无法参与到农村的发展建设中有很大的关系。城镇中所谓的“土地财政”其实就是购买者为土地埋单,而政府则将这些资金用于城市基础设施开发建设等经济社会发展的方方面面。“逆城镇化”的潮流涌向哪里,必将带动哪里的经济发展。同时,宅基地使用权自由流转也顺应了部分农民想流转宅基地使用权的意愿。农村富余宅基地的退出和宅基地的自由流转,为返乡、下乡人员创新创业提供了必要空间,为承接资本、人力、技术等要素返乡、下乡创造了条件。

第二,宅基地使用权流转促进城乡统一土地市场的构建。允许农村宅基地等集体建设用地进入市场,与国有土地同权在政策层面已被国家确立为土地制度改革发展的方向。[1] 建立统一的城乡土地市场的关键在于,要大力促进包括宅基地在内的农村集体建设用地向土地市场的合理、有序、有效流转。土地是农民乃至农村最重要的生存要素,要让农村“活”起来,就必须先让土地“活”起来,使土地要素能够在一定范围内流动起来,以实现城乡土地资源整合。取消限制农村宅基地使用权进入市场的政策限制,加快建立包括宅基地使用权流转市场在内的土地要素市场是社会主义市场经济在宅基地问题上的改革方向。应当允许农村宅基地与国有土地具有进入市场的同等权利,以盘活宅基地这块“沉睡”的资产。“三权分置”重塑了城乡土地权利关系,进一步推动了城乡统一土地市场的建立和完善,可以视为这一改革的重要组成部分。通过“三权分置”以实现宅基地使用权的自由流转,可以有效促进农村资产的流动,为宅基地退出流转给村集体经济组织后,直接进入土地市场提供更多土地资源并打下坚实基础,为推动城乡二元制度改革解决了最大障碍,有力促进了统一城乡土地市场的建立,是向着构建城乡统一土地市场,实现城乡土地同地同权的方向迈出的重要一步。

第三,宅基地使用权流转促进城乡融合和一体化发展。我国一直将城市

---

[1] 党的十八届三中全会通过的《关于全面深化改革若干重大问题的决定》在第三部分“加快完善现代市场体系”中提出“实行与国有土地同等入市、同权同价”的城乡统一土地市场的改革目标。2018 年 1 月,时任国土资源部(现自然资源部)部长姜大明表示,“我国将研究制定权属不变、符合规划条件下,非房地产企业依法取得使用权的土地作为住宅用地的办法”,“推动建立多主体供应、多渠道保障租购并举的住房制度,让全体人民住有所居。政府将不再是土地唯一提供者”。

和乡村按照两种模式进行管理，社会保障、发展定位等均存在很大不同。计划经济时代，人口流动小，城乡互动少，这种二元管理模式并未表现出太多问题。但随着改革开放和经济社会的发展变化，原有的城乡二元结构逐渐被大量的经济互动和人口迁移打破。通过上述城乡要素的变化，我们既可以看到城乡二元管理体制的过去，也可以看到其发展的方向和未来。当前，城乡二元制度的局限和滞后日益凸显。党的十八届三中全会《关于全面深化改革若干重大问题的决定》中提出的"健全城乡发展一体化体制机制""推进新型城镇化""推进一亿左右农业人口转移为城市常住人口""建设美丽宜居乡村"等农业和农村改革目标，都剑指城乡二元制度的改革，原有常规思路可能会在一定程度上被打破，固有的政策制度框架也有可能会被重构。宅基地使用权的自由流转显著提升了宅基地的资产价值，加快宅基地有偿退出，有效促进城乡统一土地市场的构建，从而打通城乡二元制度改革中的梗阻，为城乡要素平等交换和优化配置，推进城乡一体化进程打下了坚实基础。就农民住房财产权和宅基地抵押担保转让试点而言，自由流转有利于更好地实现对抵押物的处置，这将显著激发金融机构开展抵押业务的积极性，从而进一步促进农村相关改革，最大限度地释放农村各项改革的红利，放大改革的效应。"三权分置"的流转模式综合考虑了我国的经济发展现状、社会结构、"三农"整体情况，尤其是农民生计等因素，构建了一种农民可以进城又可以返乡的"弹性"城乡一体化体系，有助于农民对自己的生活更加理性地作出安排，有利于保证中国现代化的整体安全，提高中国现代化的安全系数，[1]为破除城乡二元社会格局，平稳向城乡一体化体制机制过渡奠定了坚实基础，具有重要意义。

本章小结

宅基地"三权分置"改革，放活宅基地使用权自由流转，实现土地资源的

---

〔1〕 贺雪峰：《地权的逻辑——中国农村土地制度向何处去》，中国政法大学出版社 2012 年版，第 230 页。

优化配置是调制绩效理念在宅基地使用权流转问题上的根本追求。随着经济社会的不断发展，宅基地的一些基本特征，如对集体经济组织成员的平等保障性、成员的非流动性和土地不可分割性等，正在逐渐丧失其存在的社会土壤和理论基础，正在被发挥市场对农地资源的基础配置作用，提升土地在高效利用基础上的相对公平等理念所取代。破除集体经济组织的平均分配，以及在此基础上的绝对平等保障已成为宅基地使用权流转制度改革和创新的方向。宅基地使用权的自由流转正是市场在资源配置中起决定性作用的表现，符合城乡生产要素流动的新要求，促进城乡一体化建设，是对经济绩效的实现。

与此同时，宅基地“三权分置”改革也要坚持人本主义理念与社会本位理念，稳中求进。人本主义理念是经济法的元理念，如何保护弱势群体的利益，防止人的过度分化是经济法人本主义理念的题中之义。“三权分置”流转模式保障了农民的财产权利，回应了农民对宅基地保障属性的要求，保护了农民的生存和发展权益。社会本位理念是经济法的基本立场和归宿，本质上是对社会公共利益的维护。在宅基地使用权流转问题上突出表现为对流转风险问题的关切，主要包括耕地流失风险和“流民”风险两个方面。在耕地流失风险上，宅基地管理宽松确曾造成宅基地侵蚀耕地，但是宅基地使用权流转和耕地流失不存在必然联系，规范严格的流转和土地利用的优化可以促进耕地保护。在“流民”风险上，解除流转限制确实存在“流民”风险的可能，但是宅基地保障功能呈下降趋势，“三权分置”改革后宅基地资格权将成为农民居住保障的基础，“流民”风险可控。从当前情况看，总体上我国农村经济发展基础不够坚实，农民退出宅基地进城或就地从事其他产业仍存在一定风险，不同地区农民的抗风险能力还存在不小差异，虽然宅基地的保障功能呈弱化趋势，但大多数传统农村宅基地福利保障功能仍未消失。而宅基地“三权分置”的改革兼顾了财产属性和保障属性，对“放开”“限制”两方面的考虑都有所兼顾，既回应了对“风险”的担忧，在保障农村社会稳定的前提下，有条件放活宅基地使用权的入市流转，又关切了对农民财产权益的保护和实现，赋予流转农户具有保障属性的宅基地资格权，似妥协的方案，实质是充满智慧的制度安排。

“一子落而满盘活。”总体上看,“三权分置”的流转路径解开了宅基地“稳”与“活”的死结,打破了当前宅基地制度改革的困局,有利于凝聚农村土地制度改革共识,是在宅基地制度改革关键节点的重大创新。“三权分置”对形成可复制、可推广的改革做法和经验是极大的推动,是农村土地改革迈出的关键一步,甚至可以说,是迄今农村土地制度改革的最大亮点。

第四章　制度的重塑:宅基地“三权分置”改革的法律规制

宅基地制度改革的困难,诸多法律问题亟待解决,法律规制在所难免。农村土地“三权分置”改革方案引致宅基地权利结构发生根本性变革,进而为宅基地使用权流转的法律规制提供了路径,为流转制度的改革指明了方向。宅基地使用权流转制度要依托“三权分置”流转模式来实现,制度改革的目标应着眼强化宅基地集体所有权、保障宅基地农户资格权、放活宅基地使用权三个方面统筹推进。围绕上述三个方面改革目标,本章以经济法法律规制为视角,从制度重塑的起点出发,从国家适度干预理念分析宅基地使用权流转制度重塑所应遵循的基本原则,并对宅基地使用权流转制度所涉及的强化宅基地所有权、放活宅基地使用权、保障宅基地资格权三方面内容作出进一步的分析,提出细化规则的具体建议。

第一节　国家适度干预理念下“三权分置”改革的原则

一、国家适度干预是土地资源优化配置的有效途径

与计划经济体制相比,市场经济具有更高效率。同时,我们也应该认识到,市场有其自身的局限性,在运行过程中还存在一些问题和不足,这些不尽如人意的地方表现为垄断、负外部性问题等,还不能称为最优的资源配置形式。要让市场机制本身来克服上述问题是不现实的,必须寻求独立市场机制以外的力量。在诸多外力因素中,国家干预是使市场获得最理想资源配置的

重要途径。市场主体针对国家调制行为作出的对策行为要以国家的调制行为为前提。可见,国家的调制行为的作用更根本,也更具有主导性地位。国家权力以经济法的法律形式对上述市场失灵等问题进行干预,是克服市场失灵、实现资源优化配置的重要方式。经济法的产生正是源于国家干预,其本质就是国家公权机关即政府对社会经济生活进行的干预,即国家经济管理职能的发挥和国家权力的介入。社会主义市场经济体制要坚持发挥社会主义制度的优越性、发挥政府在调节市场经济中的积极作用。科学的宏观调控、有效的政府治理是发挥社会主义市场经济体制优势的内在要求。因此,市场在资源配置中起决定性作用,并不是起全部作用,不是说政府就无所作为,而是必须坚持政府有所为、有所不为,着力提高政府在宏观调控和市场规制两个方面的科学管理水平。“更好发挥政府作用,不是要更多发挥政府作用,而是要在保证市场发挥决定性作用的前提下,管好那些市场管不了或管不好的事情。”[1]因此,什么该管,什么不该管,管到什么程度,这些都需要有一个合理的边界和限度。在市场经济条件下,任何干预都需要理由,也需要法律和非法律的依据,更需要设定干预的合理边界,这种合理边界的认定就是适度中所谓的“度”。在经济法理论体系中,对国家的干预行为进行规范,始终是一个处于研究核心地位的重要问题。而确保国家干预的适度,就是这一问题核心中的核心。经济法将这一问题概括为对国家适度干预理念的确立和坚持。国家适度干预理念强调对调制手段、措施、力度等方面的要求。[2] 作为经济法的基本理念,国家适度干预对经济法的宏观调控、市场规制等经济法调制手段具有重要意义和指导作用。

因此,在宅基地“三权分置”问题上,也应确立和坚持“国家适度干预理念”。诚然,国家在政策制定之初对宅基地使用权流转问题的干预,以一种对权利作出限制的安排体现在宅基地制度中,具有一定的合理性。但基于上述问题,这种干预是否仍然符合国家适度干预理念的要求,即干预所掌握的

---

〔1〕 习近平:《习近平总书记系列重要讲话读本》(2016 年版),学习出版社、人民出版社 2016 年版,第 147～150 页。

〔2〕 参见张守文:《经济法原理》,北京大学出版社 2013 年版,第 69 页。

“度”是否恰当，是否需要作出与时俱进的改变，需要进行重新分析和探讨。在宅基地使用权流转制度的重塑问题上，如何确定国家干预中放活宅基地使用权流转的“度”是改革的核心问题，也是各方分歧最集中的地方。这个“度”除要在经济法学理论层面寻找依据外，更需要结合经济社会，尤其是农村的发展实际在“稳”和“活”之间寻找平衡。“稳”就是要充分考虑流转或致农民失去作为居住保障的宅基地，导致农村社会秩序失控，出现“流民”的风险。充分防范农村土地非农化，可能导致耕地流失、冲击耕地红线的风险。“活”就是要盘活闲置宅基地、增加农民财产性收入、激活土地资产，实现放开流转这一改革目标。因此，宅基地使用权流转制度的重塑应坚持国家适度干预理念，在“稳”与“活”之间探寻最适度的标尺，并作为制度重塑的基本原则。

二、宅基地“三权分置”改革要因地制宜

明确和统一的讨论标准是制度设计的前提，以及制度可行与否的关键。经过改革开放和市场经济的洗礼，农民谋生的手段早已从单一的务农而变得日益多元，土地的利用手段也更加丰富，发达与欠发达的农民也早已千差万别。因此，在对问题展开具体分析前，我们首先要明白讨论的是“什么农民的什么土地”，[1]明确我们分析的宅基地是哪一类农村的宅基地。具体说，就是要对不同的农村进行划分，从而针对不同对象作出讨论，区别对待，得出有针对性的结论。从目前的划分看，农村的划分一般以经济的发达程度和地理位置为标准，划分为发达和欠发达，抑或城市近郊和偏远两类，虽然在具体称谓上有所不同，但发达农村或城市近郊农村所指向的对象却并不存在明显差异，欠发达与偏远农村也是如此。也有学者将其划分为城中村、城郊村和一般农村3类[2]或者发达地区、中等发达地区和不发达地区3个地区。[3] 笔

〔1〕 贺雪峰：《地权的逻辑——中国农村土地制度向何处去》，中国政法大学出版社2012年版，第3页。

〔2〕 参见刘锐：《土地、财产与治理——农村宅基地制度变迁研究》，华中科技大学出版社2017年版，第33页。

〔3〕 参见陈文成：《农村土地流转：一个阶层分析的视角》，人民出版社2012年版，第71页。

者认为，随着“城”的范围扩张，很多城郊早已变成了城中，笔者更倾向不再作更进一步的3类划分，仅将农村划分为两类，概括地称为一般农村和发达农村。需要说明的是，笔者无意生造出两个全新的概念，只是为了便于讨论，将两类农村分别作出指代，方便对比分析。

一般农村，主要是指经济欠发达地区以及远离城镇的偏远地区农村。这类农村经济发展水平、经济结构、社会结构虽然发生了一定的变化，但并未产生本质性的转变，有的地方由于人口的外流甚至更加的萧条。主要呈现如下特点：一是从农民收入构成看，农民兼业行为十分普遍，真正完全依靠农业收入的“纯农民”已经很少；二是从农村家庭劳动力分配结构看，农业已逐渐成为真正的兼业，家庭的青壮年劳动力都外出打工，截至2015年我国农业从业人员60岁以上者占比18%，截至2016年女性从事农业劳动比重提高到61.3%，[1]老人、妇女成为种田的主要力量；三是从农地的种植作物种类看，农地的收益主要限于传统农业，越偏远的地区越无法耕种经济作物，越是以大田作物为主；四是从宅基地利用情况看，宅基地和农房不太可能产生租金等收益，更多是农民自用；五是由于人地分离，在很大程度上造成了宅基地闲置的结果。[2] 因此，对于绝大多数的一般农村来说，宅基地仍有较强的保障功能，基本上处于零星、分散状态，只有通过政府统一组织土地整治，才能产生较大的流转动力。通过自发的形式，通过市场因素形成较大流转市场是几乎不具备可能性的。鉴于该类地区的宅基地仍有较强的保障功能，在流转时充分尊重农民意愿的自愿原则就显得尤为重要。

发达农村，主要是指东部沿海地区、大中城市城乡接合部、旅游区，第二、第三产业发达的县城城区、乡镇规划区和控制区范围内的村庄和城中村。笔者无意生造出一个发达农村的概念，只是觉得“城中村”“城郊村”等都不足以准确概括和全部涵盖上述各类农村，为了讨论时与一般农村的对比方便，

---

〔1〕 参见神州土地研究院：《2017中国农村产权流转交易市场发展报告》，中国农业大学出版社2017年版，第52页。

〔2〕 参见贺雪峰：《地权的逻辑——中国农村土地制度向何处去》，中国政法大学出版社2012年版，第36页。

本书以“发达农村”指代这类农村。发达农村的宅基地保障功能明显减弱，而要素功能显著增强。发达农村已经超出了人们对传统农村的一般印象，在经济发达程度、农村非农人口构成、农业在村集体经济的占比等各个方面表现出了与一般农村的不同，呈现如下特点：一是随着城镇化进程中土地级差收益的大幅提高，城镇建设用地的紧张，无偿分配宅基地与土地资本化背道而驰，这些地区在20世纪90年代中后期就不再分配宅基地了；[1]二是这里的农民可以在本地就较方便地获得非农就业机会；三是宅基地和农房商业价值高，可以用来出租，房租收入在很多农民家庭占有相当大的比重；四是农民可以从集体经济中获利，如村集体利用土地盖酒店、修停车场等；五是征地补偿会给农民带来较大收益，甚至“一夜暴富”，[2]他们是农民群体中经济发展最大的获益者。放开流转限制观点的很多事实依据都是建立在这些发达农村的情况上而得出的。在发达农村，继续把宅基地使用权的权能定位限定在居住方面，既有损城乡公平，也不符合它们的实际。宅基地增值是城市化的结果，有学者指出，中国城市化规模上限与城市平面扩张规律决定，只有占总量5%～10%[3]的发达农村的宅基地有机会转化为城市建设用地，这部分宅基地才具有高于农地价格的市场价值，并据此认为不应放开流转限制。诚然，目前发达农村仅仅占比10%，这一类宅基地的发展经验对宅基地制度的整体设计也是十分重要的。基于对市场价值的追求而作出的放开宅基地使用权流转限制的改革探索应从这部分农村开始，但并不止于此。上述发达农村和一般农村的划分并非完全固化，发达农村10%的占比会随着经济社会发展以及城镇化的不断推进而提升，在沿海发达地区、城中村和城乡接合部的发达农村的流转市场会不断增大，即使它们由于自身的位置因素不会因大

---

〔1〕 参见刘守英：《直面中国土地问题》，中国发展出版社2014年版，第37页。

〔2〕 参见贺雪峰：《地权的逻辑——中国农村土地制度向何处去》，中国政法大学出版社2012年版，第33～34页。

〔3〕 5%～10%仅仅是学者总结各方面情况的一个估值，但发达农村在全国农村中的占比很小是一个不争的事实。考虑到近几年的提高，笔者取10%来表述一个大概的状况。参见贺雪峰：《地权的逻辑——中国农村土地制度向何处去》，中国政法大学出版社2012年版，第76页；贺雪峰：《地权的逻辑Ⅱ——地权变革的真相与谬误》，东方出版社2013年版，第8页；华生：《人口城市化是厘清土地问题的主线》，载《中国证券报》2012年10月21日，第1版。

城市的平面扩张而被吸纳,但其自身的发展也同样存在城镇化的可能。正如习近平总书记曾指出的,"城市化要大城市、中小城市、中心城镇以及小城镇和新农村多层次推进,使更多的人住在城镇以上的单位。"[1]随着越来越多的农村结合文化旅游、休闲养老、设施农业等新产业、新产品的开发,对流转的需求也必然会不断增加。大规模的中小城镇、小城镇的土地城镇化使宅基地的财产属性凸显,中国要到达发达国家城镇化的标准还有极大的土地城镇化空间,宅基地自由流转应是未来宅基地制度改革的方向,自由流转必然会成为宅基地改革在取舍利弊后所作出的选择。同时,还应当看到,对于占比绝大多数的一般农村来说,它们的宅基地使用权流转问题不应被忽视。因为"我们不能忽视发达农村农民的利益诉求和他们的处境,但也不能以这部分农民的利益诉求来替换全国农民的利益诉求和处境"。[2] 对于这部分地区的农民来说,宅基地资产价值不高,农民将其闲置更多是作为一种保障,国家倡导的宅基地退出制度由于补偿标准不高等问题,并未在宅基地治理中发挥应有作用,这部分农村的宅基地使用权流转更多应着眼宅基地退出制度的完善。

因此,基于我国幅员辽阔,各地经济发展水平差距较大,在宅基地使用权流转问题上突出表现为流转驱动因素的较大差异,我们将宅基地使用权流转问题的分析从发达农村和一般农村两个区域区别分析,分别讨论,进而为得出有针对性的结论打下基础。要充分考虑各地经济发展状况、社会保障制度完善程度、农民素质及生存能力等地域差异性因素,扎实平稳、分块分布推进宅基地使用权流转制度改革,不可能一蹴而就,应作进一步的具体划分并区别对待。在地方探索实践中,北京就将全市村庄确定为迁建安置、城镇化整理和保留发展3 种类型,并有针对性地对不同地区编制了发展规划。[3] 中

---

〔1〕 习近平:《干在实处 走在前列——推进浙江新发展的思考与实践》,中共中央党校出版社 2014 年版,第 160 页。

〔2〕 贺雪峰:《地权的逻辑——中国农村土地制度向何处去》,中国政法大学出版社 2012 年版,第 41 页。

〔3〕 参见赵树枫、李廷佑等:《农村宅基地制度与城乡一体化》,中国经济出版社 2015 年版,第 66 页。

国农业科学院农业信息研究所的梁丹辉在分别选取两类农村中的一个代表作为调研对象时发现,一般农村的农民的首要任务是从事农业生产,尤其是粮食生产,农民开展宅基地整理要考虑的第一要素是农业生产条件的改善,所以农业总产值、粮食产量和农业劳动力数量是前3位因素。[1] 同时,在离城镇较远、经济基础一般、以农业为主的一般农村,应采取积极引导农民集中居住与宅基地有偿退出相结合的方式,按照有利生产、方便生活的原则,以逐步建设中心村为主要方式,不宜推行农宅公寓化。农村城镇化,首先要高起点规划,避免“镇镇像农村,村村像城镇”;同时,要严格执行规划,避免“建筑现代化、环境脏乱差”。农村城镇化,并不是村村都要城镇化,还要根据村庄的布局,有的发展为中心镇,有的建设成新农村,有的则逐步萎缩。小城镇和新农村建设的关键体现在质量上,不要刻意追求规模上的大小。[2] 一方面,要充分尊重农民意愿,保障农民权益;另一方面,还要坚持节约用地的原则,从实际出发,防止大拆大建。

而在发达农村,土地蕴含的价值高,耕地流转与农村人口移转同步进行,所以耕地流转是推动宅基地使用权流转的首要因素。[3] 这些差异也就造成了两者存在“地域差异与统一立法的内在紧张”。[4] 因此,应允许各地结合实际,采取差别性办法,适度放活宅基地使用权,确保风险可控。[5] 在第二、第三产业发达的地区,应提倡推行农宅公寓化,开发农民住宅小区。在经济比较发达的城镇周边的自然村、零星村民住宅甚至城中村,宜采取纳入城镇规划,有步骤地实现城镇化的方式。这部分农村的农民也将越来越市民化,

---

〔1〕 参见梁丹辉:《城镇化背景下农村宅基地整理问题研究》,中国农业科学技术出版社2017年版,第89页。

〔2〕 参见习近平:《干在实处　走在前列——推进浙江新发展的思考与实践》,中共中央党校出版社2014年版,第160页。

〔3〕 参见梁丹辉:《城镇化背景下农村宅基地整理问题研究》,中国农业科学技术出版社2017年版,第89页。

〔4〕 陆剑:《我国农地使用权流转法律制度研究》,中国政法大学出版社2014年版,第279页。

〔5〕 参见董祚继:《“三权分置”——农村宅基地制度的重大创新(下)》,载《国土资源》2018年第4期。

中国整体上的二元结构也将随之逐步得到改变。[1] 总之,宅基地使用权流转制度重塑必须因地制宜,突出制度构建的针对性部署和乡村治理政策的差异化。

三、宅基地“三权分置”改革要与时俱进

“统一适用于公法和私法情势变更原则,同样也可以渗透在经济法的基本原则之中。”[2]情势变更、因时而化是调控适度的题中应有之义。国家适度干预理念要求,宅基地使用权流转制度的改革必须符合客观规律的发展变化。国家的调制行为要兼顾调控和规制的需要与可能,保障各类主体的基本权利。坚持调控适度的要求,就必须在国家干预调控权的行使、调控手段的选择、调控性规范的周期变易等各方面体现适度的要求。适度就是要“合规律”,就是要把对国民财产权的“合法侵害”降至最低,就是要充分考虑市场主体的对策行为。[3] 这种适度在宅基地使用权流转问题上,主要体现为对宅基地使用权所蕴含的保障属性和资产属性的平衡协调。按照调制适度的要求,无论对保障属性的维护,还是对财产权利的实现,都要适度而不过分,以达到“止于至善”,防止“过犹不及”。限制农村宅基地等集体建设用地进入市场,既是计划经济体制的产物,也是城乡二元体制的产物。城乡土地二元体制诞生于20世纪60年代,以城乡二元户籍制为基础,以限制城乡人口流动为初衷,以农产品的统购统销为经济背景,以耕作为农民的主要谋生手段,以宅基地的生存保障为主导功能,是国家实现重工业优先发展战略目标的历史产物。宅基地使用权制度是城乡土地二元体制的重要组成部分,它的产生与发展和城乡二元户籍制度形成交织互动的关系,催生并固化了城乡二元社会结构。[4] 改革开放40余年来,我国实行社会主义市场经济体制,加

---

〔1〕 参见贺雪峰:《地权的逻辑——中国农村土地制度向何处去》,中国政法大学出版社2012年版,第69页。

〔2〕 王卫国、王广华:《中国土地权利的法制建设》,中国政法大学出版社2002年版,第40页。

〔3〕 参见王卫国、王广华:《中国土地权利的法制建设》,中国政法大学出版社2002年版,第40页。

〔4〕 参见喻文莉:《转型期宅基地使用权流转之法理分析》,载《中国土地科学》2013年第2期。

快了城乡融合,破除了二元体制,促进了经济的持续繁荣。时至今日,随着农村经济改革的纵深发展,城市化、工业化进程的不断深入,城乡人口和生产要素的流动性不断增强,社会转型期的时代特征不断凸显。大规模的农村剩余劳动力正源源不断涌入城市,乡土农村已从静态的社会向动态的社会转变,城乡二元的分化已成为这些要素流动的阻碍,对宅基地使用权的流转限制与城乡生产要素流动要求之间的矛盾日益加剧。理论上,可以解决宅基地使用权流转的路径选择问题,但何时放开流转问题不仅局限于理论层面的讨论,还必须以客观情况变化为依据,相机而动。随着社会经济的发展,宅基地使用权流转制度赖以存在的现实基础已经发生了显著变化。

第一,农民进城,城市人口大幅增加。当前,我国已有大量农民从农村进入城市,但仍保留这农民户籍,户籍上的农民并非产业上的农民。[1] 与此同时,我国城市人口已超过农村人口,[2] 大批农民仍在不断涌入城市,包括到城市打工、学习,其中,许多农民为享受城市生活和孩子教育,迫切要求突破农村户籍的束缚。可以说,城市人口的增加是一个大趋势,农业人口一定会不断下降。这种“农民带地入城”的现象,在我国目前已经非常普遍,如何在政策的制定上对这些人进行合理地关切,是我们必须认真思考的问题。在入城的农民中,有很多是难以在城市落户的。并且,一旦落户城市,一般就要丧失土地承包权、宅基地使用权和集体收益分配权,进不起城市或不舍得放弃这些现实权利。但是,不放弃土地承包权利,不放弃农村户口,不等于这些农民没有卖掉农村房屋的意愿。从这个意义上说,既实现农民转让农房的意愿,又不放弃对农民宅基地的保障,具有很强的现实针对性。

第二,城市居民和资本存在进入农村的需求。“城外的人想进来,城里的人却想出去。”与农民靠打拼想要在城市扎稳脚跟相反,很多城市居民为了享

---

〔1〕 2016年已有2.7亿人次的农村劳动力转移外出,但据估算其中约2亿人以上仍保留农民的户籍。参见神州土地研究院:《2017中国农村产权流转交易市场发展报告》,中国农业大学出版社2017年版,第52页。

〔2〕 2016年年底,城市人口已经占据全国人口总数的57.35%。而在20世纪60年代,我国城市人口占全国人口总数不到20%。参见神州土地研究院:《2017中国农村产权流转交易市场发展报告》,中国农业大学出版社2017年版,第52页。

受农村的绿色生态环境或田园生活，产生了到农村购房甚至定居的“逆城市化”需求。与此同时，一些工商企业也存在到农村投资农业，在农村建厂房、农业种植基地、牲畜养殖基地等投资设厂的需求。受限于对农村较封闭的社会管理体制，城市资本在农村的投资受到很多政策和现实的掣肘，增加了投资成本，降低了投资的积极性。这种城乡二元体制的设计在满足社会经济的发展要求上体现出越来越多的不适应性，越来越多地受到质疑，成为亟待改革的问题和对象。

第三，农业在国民经济中的地位发生变化。近年来，农业总产值在我国国内生产总值中所占的比重直线下降，[1]农业已经不可能像20世纪60年代那样作为“剪刀差”中牺牲的、“反哺”工业的产业，而只能作为被“反哺”的对象，甚至农业已经成为一些地方“三去一降一补”的任务内容。同时，全国所有的贫困县几乎都处于农业地区，脱贫工作已成为一些地方政府工作的重中之重。“三农”问题的症结在于，即使农民20多年后收入可以提高一倍，但农民相对整个社会的收入仍然在降低，这么巨大数量的农民只能从中国经济发展中分享较少的好处，如何安抚农民才是当前“三农”问题的关键所在。[2]

四、宅基地“三权分置”改革要循序渐进

国家适度干预原则要求，宅基地制度改革必须注意总体上的平衡，循序渐进。适度与平衡协调直接相关，衡量调制是否适度在很大程度上取决于是否有利于经济指标的平衡、社会分配的公平，特别是法律对各类主体法益保护的均衡。[3] 在宅基地使用权流转的重塑问题上，这种适度主要体现为流转或致风险的合理边界的把控，是对风险可能产生的后果与自由流转收益的比较，是一个“两害相权取其轻”的问题。限制流转与防控风险都是国家为

---

〔1〕 从2016年通过的“十三五”规划数据看，农业总产值在我国国内生产总值中所占的比重直线下降。我国农业占GDP比重已从20世纪60年代的67%下降到2015年的不到10%。

〔2〕 参见贺雪峰：《地权的逻辑——中国农村土地制度向何处去》，中国政法大学出版社2012年版，第253页。

〔3〕 参见王卫国、王广华：《中国土地权利的法制建设》，中国政法大学出版社2002年版，第40页。

实现维护公共利益目的而采取的重要调制手段。两种调制手段之间的协调,也是两种调制制度之间的协调。要实现利益的平衡或均衡,就要注意协调上述调制手段和调制制度之间的关系,采取循序渐进的调制手段逐步完善调制制度,从而实现调制整体效果的适度,以更好地实现制度改革的宗旨。

在“三权分置”改革后,有学者依然认为,宅基地使用权的转让、互换、赠与只能在本集体经济组织成员之间进行,出租、抵押、入股、继承可以在非本集体经济组织成员之间进行。[1] 也有学者认为,宅基地使用权的流转应该分两步走:第一步,宅基地使用权只能随住房转让,不得单独转让;第二步,再实现单独转让。[2] 笔者认为,一旦已经在流转的主体范围上放开限制,就不应再对流转的方式作出限制,应该允许各种形式的流转方式的实现,允许新宅基地使用权在本集体经济组织成员之外自由转让宅基地使用权。同时,通过宅基地从附随流转到单独流转的过渡方式的制度改革成本过高,极易引发宅基地流转市场的混乱。

循序渐进的做法还是选取试点地区先行先试。现有的政策设计也体现出了区分对待、稳步推进的原则。早在2005年原《物权法》起草的过程中,在意见稿中就曾试图对农房买卖作出“建造在宅基地上的住房转让的,宅基地使用权一并转让”的规定,并对本集体经济组织以外的人取得宅基地使用权作出了交纳使用费等配套设计。最终却被否定和搁置,仅在原《物权法》第153条作了授权性规定,把问题留给未来法律的修订去解决。10多年的时间已经过去,在此期间中央和地方都从政策实践层面作出探索,全国人大常委会也已授权国务院暂停了部分改革试点地区的流转限制,取得了很多宝贵经验,可以说,改革的条件已经日趋成熟。鉴于土地制度改革牵一发而动全身,应先选取若干地区进行试点,[3]通过在试点地区暂停相关法律法规的模式,先行先试,总结经验后再在更大范围进行下一步改革,直至上升到国家政策

---

〔1〕 参见董祚继:《“三权分置”——农村宅基地制度的重大创新(下)》,载《国土资源》2018年第4期。

〔2〕 参见叶兴庆:《农村集体产权权利分割问题研究》,中国金融出版社2016年版,第40页。

〔3〕 参见刘守英:《直面中国土地问题》,中国发展出版社2014年版,第157~158页。

和国家立法。这种方式和思路早在2012年和2013年的广东和上海自贸区改革上就进行过尝试。当时暂停了《海关法》等法律的部分条款,取得了不错的效果和可以借鉴的经验。而相关期限、使用费、农民社会保障等配套措施也应同步跟进。城乡一体化的发展方向已是大势所趋、不可阻挡。宅基地“三权分置”改革打破宅基地的封闭格局,为农村发展注入活力。但是,宅基地是农村集体建设用地最主要的组成部分,当农村土地制度改革触及宅基地时,也就是触及了制度的核心。宅基地制度的改革必须采取非常审慎的态度,考虑到开放宅基地使用权流转市场存在很大争论,而风险控制技术也不够发达,目前在农村完全放开宅基地使用权流转还不太现实。[1] 对宅基地使用权流转限制的开放也可以借鉴上述做法,通过在试验区域内封闭管理、封闭试验、风险可控的方法,逐步在增加农民财产性收入和节约农村土地之间寻找到合适的平衡点。

在试点地区的选择上,较宜选择在经济基础较雄厚的发达农村先行实现农房的商品化。地处城乡接合部的发达农村是宅基地使用权“隐形流转”的高发、多发地域,而这里的社会管理、治安稳定等问题也最集中。在这一地区先行既有改革的迫切需求,也有改革的土壤。需要强调的是,上述措施都属于宅基地使用权流转制度改革在短期内的选择,从长远看,都是为了通过“三权分置”实现宅基地使用权的自由流转所作出的探索和铺垫,流转制度的改革方向和最终目标一定是实现无主体范围限制、完全市场化的自由流转。

第二节　宅基地所有权制度

“三权分置”是宅基地“两权分离”的继承和发展,其中“继承”主要体现为对宅基地集体所有的坚持。农村土地集体所有制度是我国宪法和其他基本法律所规定的内容,是我国土地制度的基石,牵一发而动全身,意义重大。因此,坚持宅基地集体所有权是这次改革的前提和底线,不能突破。如何在“继承”基础上“发展”宅基地集体所有权,中共中央、国务院《关于实施乡村

---

〔1〕 参见刘守英:《最需要突破的就是宅基地制度》,载《发展》2013年第10期。

振兴战略的意见》提出“落实宅基地集体所有权”的改革目标。这是对宅基地集体所有权虚置等现实问题的回应,关键在于“三权分置”改革新形势下探索宅基地集体所有制度的具体实现形式的创新发展。[1]

一、宅基地集体所有权的定位

我国集体土地所有权“糅合了公法层面的治理功能、社会保障功能和私法层面的财产权功能”,[2]从来就是“一头衔接着私有财产权,一头衔接着社会公有制”。[3] 宅基地集体所有权的完善,应以公法与私法、历史与现实、政治与经济等多维度,系统性地完善集体土地所有权权能,赋予其“经济功能实现权能、社会保障功能实现权能,以及因公共利益使其权能受到限制的利益补救权能”。[4] 这既是基于对宅基地深刻政治因素、社会背景和历史积淀的考虑,也是农村集体土地财产性和资源性在制度安排中相互关系的现实映照。

一方面,宅基地所有权的权利定位应以保障权能的公权属性为基点。首先,从历史角度分析,宅基地由私有向集体所有制改造的目的在于将农民组织起来进行互助合作,消灭剥削,消除压迫,逐步缩小贫富差距,最终实现共同富裕。虽然其本质上属于一种私权,但却具有比其他所有权制度更多的公权属性。这种公权属性从表现形式上看,就是保障属性,体现为代表了一定的公共利益,在今后较长一段的时间内,保障功能仍然是宅基地公益属性最显著的表现。其次,从土地资源性的角度认识,宅基地是一种重要、稀缺的土地资源。而宅基地土地资源的稀缺性以及土地用途之间的互竞性,决定了土地利用规划的集约性,土地权利不能任意利用、任意支配,必须加以规范。最后,从价值追求看,宅基地所有权追求的是集体组织每个成员的共同的、普遍

---

〔1〕 参见蒋永甫:《让农地流转起来——集体产权视角下的农地流转机制主体创新研究》,人民出版社2017年版,第311页。

〔2〕 汪洋:《集体土地所有权的三重功能属性——基于罗马氏族与我国农村集体土地的比较分析》,载《比较法研究》2014年第2期。

〔3〕 史际春:《论集体所有权的概念》,载《法律科学》1991年第6期。

〔4〕 韩松:《农民集体土地所有权的权能》,载《法学研究》2014年第6期。

的权利的实现，而非单个或部分农民的权利，本质上追求的是一种互助合作。许多国家的农地利用权利安排也都是从农村社会整体发展出发的，这是农地所有权的社会功能。[1] 可见，保障成员的普遍权利实现，实现成员集体共同发展，是宅基地所有权的题中之义。作为财产权的宅基地集体所有权，应当接受公共利益对其所施与的限制。这种限制将通过制度化的权利限制和补偿机制来实现，以达到国家与农民利益的平衡协调。因此，在宅基地集体所有权的认识上，决不能放弃对公权权能部分的坚持和发展。

另一方面，宅基地所有权的权利定位应向成员集体财产的私权属性回归。在宅基地使用权发展初期，宅基地为村集体经济组织成员提供的保障具有替代社会保障的效应。随着我国社会保障的日益完善，尤其是农村社会保障体系的初步建立，农村宅基地对农民的保障，在整个农村社会保障体系中的重要性将进一步弱化。“三权分置”改革后，剥离或者进一步削弱集体土地上所负载的保障功能是必然趋势，土地保障必然终将在一定程度上被普遍的公共服务和完善的社会保障所替代。而随着保障属性在宅基地权能中的逐渐弱化，宅基地权能中的保障权能等公权色彩也将日益淡化，宅基地的集体所有权权能必将向公权私权并行的权能属性发展，并最终被私权主导的权能内容所替代。从公权主导到公私糅合，再逐渐回归私权本性，是理解集体土地所有权权能的基本逻辑。从制度变迁角度来看，我国农村土地的集体所有先后经历了作为国家权力、国家政策和基本权利的土地集体所有 3 个阶段，[2]集体土地所有权正在回归成员集体财产私权之基本权利属性。20 世纪 50 年代的合作化运动时期，“汲取农业生产剩余价值优先发展重工业并保证极低生活水平下共同生存”[3]的政治需要是宅基地集体所有产权制度安排的制度动因。随着改革开放后社会经济的高速发展，集体土地在保障农民基本生存、农村社会稳定和农民粮食自给等功能的基础上又新增了保障城市

---

[1] 参见高富平：《土地使用权和用益物权——我国不动产物权体系研究》，法律出版社 2001 年版，第 353 页。

[2] 参见刘连泰：《“土地属于集体所有”的规范属性》，载《中国法学》2016 年第 3 期。

[3] 赵阳：《共有与私用：中国农地产权制度的经济学分析》，三联书店 2007 年版，第 67 页。

化建设,为其提供储备充分的“廉价土地”的功能,随着《民法典》的颁行,以及一系列“还权赋能”政策的推进实施,宅基地的集体所有权现实存在的功能发生了诸多变化,其所负载的政策性功能的合理性越来越受到质疑。从长远看,面对集体土地所有权权能日益多元的趋势,宅基地集体所有权终将祛除公权的外衣,而回归集体私权的权能属性,恢复集体财产权的应然品格。

综上,对于集体土地所有权权能的理解,应以保障性的公权为基点,以成员集体私权为延伸。从公权主导向公权私权并行的二元性构造转变,直至私权属性的回归,体现了集体土地所有权制度变迁的基本脉络。这正是理解宅基地集体所有权权能的基本逻辑前提,也是坚持宅基地集体所有的具体实现路径。

二、宅基地集体所有权的加强

我国《宪法》概括规定了宅基地等农村土地属于集体所有。《土地管理法》规定了集体土地属于集体经济组织所有,但“集体”作为所有权主体,是“所有农民”“村民委员会”,还是“集体经济组织”,还不够明确。在宅基地制度的实际运转中,土地所有主体的权利地位并不突出。[1]《民法典》明确规定了农民集体经济组织可以取得法人资格,集体作为产权主体,在已经具备法人资格的前提下,宅基地的所有权人不再是农民集体这一模糊的主体。这为集体经济组织进一步行使权力,为加强集体所有权奠定了坚实的法律基础。宅基地“三权分置”改革后,表面上主要的创新似乎是在对原宅基地使用权的权利分解,而在关于宅基地集体所有权上,则没有较大动作。但随着宅基地使用权财产属性得以彰显,权利流转属性的缺失得以弥补,宅基地交易价值提高,就会有机会主义获得地利的诉求,这对基层组织的治理水平提

〔1〕 有学者指出,集体经济组织在村庄改造过程中,只负责完成把宅基地落实给每一个农户。改造后的村庄虽然实现了集体空间的更新,但却难以在所有权明晰的前提下,按“集体所有”的概念和现代企业的管理模式,按城市功能进行有效的资产整合,提高资产经营效益。参见阮洪梅:《宅基地价值化——一个义务样本的考察与思考》,同济大学出版社 2010 年版,第 37 页。

出了更高要求,[1]但这也无疑对农村集体的集体土地所有权的实现带来了更大挑战。把维护和巩固集体所有权作为宅基地使用权流转制度改革中的重要任务,既是流转目的能否真正实现的根本保障,也是对宅基地集体所有权虚置等一系列问题的及时回应与解决。

第一,保障集体组织的宅基地治理权。在农村宅基地管理过程中,会涉及国家、集体以及农民之间的关系,由于土地具有资源属性,因而必须尊重基层组织自治权、农户合法的宅基地使用权,注意国家对宅基地管理权的合理边界,不能过度干涉,以发挥基层自治组织的主体作用。[2] 一是应明确集体经济组织对宅基地的收回权利。对违法建设、超标建设的宅基地,应赋予集体经济组织及时干预、予以纠正以及按条件调整和收回的权力。对长期闲置的宅基地,应赋予集体经济组织通过回购、返租、入股等方式流转闲置宅基地,转换成村集体公益性或经营性建设用地的处置权。对闲置时间上“长期”的认定标准,应根据实际情况作出具体规定,如可规定以 2 年为标准,也可规定 1 年内无人居住的时间达到一定的比例等多种方式。二是应适度强化集体经济组织对村庄用地的规划权。在发达农村,应提倡立足未来地统一规划、集中建设;在一般农村,应提倡因地制宜地统规自建、多户联建。三是应明确集体经济组织对宅基地的统筹利用权。依靠互联网搭建闲置农房和闲置宅基地的租赁平台;通过退出的宅基地集体收购后,经过统一规划,可与社会资本合作开发,通过引入社会资本,实现多种宅基地使用权激活模式;与金融机构合作,探索针对闲置农房和闲置宅基地设计开发抵押贷款等金融产品,打通乡村振兴“人、地、钱”合理流动的新路径。四是集体经济组织应严格把关对宅基地的申请。申请宅基地使用权必须经过村民会议或村民代表

---

〔1〕 参见刘锐:《土地、财产与治理——农村宅基地制度变迁研究》,华中科技大学出版社 2017 年版,第 115 页。

〔2〕 根据《村民委员会组织法》的规定,村民委员会作为基层群众性自治组织,对宅基地使用享有自治权,应协助基层政府开展工作。就国家管理权与基层组织自治权而言,在农村宅基地管理制度的构建中,基于土地资源的稀缺性以及农村社会治理等因素的考量,国家管理权应处于主导地位。但是,为克服基层自治组织自治功能弱化的现象,国家管理权应尊重基层自治组织的自治权,集体经济组织的自治权应配合国家与政府对宅基地的管理工作来开展,发挥在农村宅基地管理过程中的基础作用。

会议的讨论决定，通过民主协商方式确认成员资格界定、人均面积、户均标准等重大事项。自治权的行使必须接受村民的监督，避免出现村干部“一言堂”现象的发生，进而维护村民的宅基地使用权。同时，应最大限度地尊重农民的意愿。长期以来，集体成员和成员集体之间未能形成民主互动的习惯，一些集体成员离农离地，导致开会表决困难，致使农民成员集体决策和监督的制度设计落空。虽然宅基地是村集体经济组织集体所有的，但对于是否流转，由于宅基地权利本身的特殊性以及其与农户自有农房不可分割的紧密联系，仍应最大限度地尊重农民的意愿。作为村集体经济组织，应坚持农民主体地位，让农民自主选择。而村委会以及村干部，也应该在流转中转变意识，不得“反仆为主”，更不能绕过集体民主决议程序与他人私相授受、谋取私利。此外，地方政府要坚持从实际出发，尊重农民意愿，切不可超越发展阶段，盲目吊高“胃口”，不应也不得强行推动“一刀切”式的强制流转。只有这样，改革才能“符合农民意愿，带给农民实惠，得到农民拥护，扎实稳步地向前推进”。[1]

第二，保障集体组织的宅基地监督权。“三权分置”实现宅基地使用权的自由流转后，集体可能更加无法掌握宅基地利用者的身份信息和宅基地利用情况，无法进行有效管理，对传统农村熟人社会、乡土社会、家族社会等社会管理模式是一种新挑战。土地执法公权力部门力量薄弱分散，且存在信息不对称的情况，难以形成长效监督机制。鉴于此，应当进一步加强集体经济组织对宅基地使用的监督权。一是通过宅基地使用权流转合同备案等规范制度，保障集体经济组织对流转情况的知情权，便于掌握流转信息，统一管理。二是在宅基地使用权流转、征收时，进一步加强集体经济组织在民主协商和决策监督等方面的权责。三是进一步理顺集体组织的经济职能和管理职能，以此次农地权能重新划分为契机，[2]对农地所有权进行重构，将村民

---

〔1〕 习近平：《干在实处　走在前列——推进浙江新发展的思考与实践》，中共中央党校出版社2014年版，第169页。

〔2〕 参见赵万一、汪青松：《土地承包经营权的功能转型及权能实现——基于农村社会管理创新的视角》，载《法学研究》2014年第1期。

大会作为农民集体经济组织的意思表示机关,探索设立农民集体经济组织的董事会和监事会。[1] 实行政经分离,合理强化集体经济组织对宅基地利用实行监管的权力。

第三,保障集体组织的宅基地收益权。实行“三权分置”,落实宅基地集体所有权,核心是明确收益权。“三权分置”改革使宅基地流转的收益显著增加,集体财力也会由于对流转收益的分配而得到有效增强。应明确集体经济组织流转收益上的分配权利,通过自主制订并实施宅基地有偿退出、有偿使用、竞价选位制度等落实收益来源。集体经济组织对宅基地使用权流转收益的分配,是集体经济组织所有权主体地位在经济上的彰显,也是确保集体经济组织有能力向集体成员提供公共产品的基础。

第三节　宅基地资格权制度

“三权分置”回到集体土地资源有效利用这一根本出发点,采取确认成员资格权、使用权自由流转的做法,使土地利用的绩效得以大幅提高。但是,我们也应清醒地看到,宅基地的流转也将为宅基地带来更多的利益关注,越来越多的权利主体会将宅基地资格权视为一种财产利益,千方百计进行追逐,这极易对宅基地资格权的认定和管理带来冲击。为此,针对宅基地资格权这一“三权分置”改革新派生出的权利,《关于实施乡村振兴战略的意见》提出了“保障宅基地农户资格权”的改革目标。因此,保障农户宅基地资格权,构建宅基地资格权制度,实现宅基地资格权的改革目的,应注意如下几个方面。

一、宅基地资格权的取得

宅基地资格权的权利入口是集体成员权。集体成员权与宅基地资格权并不能等同。集体成员权是取得宅基地资格权的前提和基础,只有具备集体

---

〔1〕 参见罗晓静、李壮壮:《“三权分置”下农村土地经营权流转的法律规则》,载黄建中主编:《农地“三权分置”法律实施机制理论与实践》,中国法制出版社 2017 年版,第 72 页。

成员权的权利人才有资格申请宅基地,获得审批后才能取得宅基地资格权;宅基地资格权是集体成员权的重要组成部分,在集体成员权的权利内容中,申请宅基地是重要的权利组成部分。但是,集体成员权并不意味着一定可以获得宅基地资格权。现实中,由于土地资源的有限性等因素,已有很多农村已无宅基地资源可供分配。因此,并不是所有集体成员都能获得宅基地资格权。同时,宅基地资格权主要是对特定宅基地(自己所享有的宅基地)的权利,对象特定;而集体成员权是对集体的土地整体所享有的成员权,对象并不限定于某一特定土地。在集体经济组织中,土地资源有限,新成员的增加就会减少原有成员的利益份额,一旦将成员的利益与集体组织的利益密切联系在一起,则对集体经济组织成员的界定无论对集体成员个人还是成员集体都是极其重要的。〔1〕 由于户内成员的资格变动,极易导致农户家庭之间代内代际持有土地份额和收益分配的不公平。集体成员一直处于一种不断的变动之中,这种不仅体现在因出生、婚姻、集体决议等原因而新加入集体的新成员,也体现为原集体成员因死亡、婚姻、纳入城镇保障体系等而丧失集体成员资格的情况。宅基地资格权获得源于集体成员的身份,只要是集体成员都有申请宅基地的资格,通过法定的程序实现成员权向资格权的转换。因此,基于对上述集体成员不断变化的认识,才应该把握住资格权的权利入口,严格把握初始取得的主体范围。

关于集体成员权的界定,法律并未明确具体的标准和程序。在现实中,目前主要是以户籍作为判断依据。但是,户籍制度的松动在一定程度上扩大了权利主体的范围。各地对宅基地的初始取得主体范围,不同程度地存在对现行法律法规的规定的突破。〔2〕 在学界,也有学者主张,以“是否依赖集体土地为其基本生存保障”〔3〕为标准,呈现主体泛化的倾向。这种对宅基地初始取得主体范围的扩大,不仅侵害了其他集体经济组织成员的权益,也会在一定程度上导致“公地悲剧”的发生,加剧了土地资源的浪费。“三权分置”

〔1〕 参见韩松:《论成员集体与集体成员——集体所有权的主体》,载《法学》2005 年第 8 期。
〔2〕 参见黄彤:《浅析户改与宅基地使用权联动机制》,载《甘肃科学学报》2013 年第 6 期。
〔3〕 韩松:《论成员集体与集体成员——集体所有权的主体》,载《法学》2005 年第 8 期。

虽然解决了流转层面的保障问题,但若想将流转与成员平等保障之间的抵牾根除,还应从宅基地使用的资格授予这一根本问题着手,以资格权作为初始取得主体的逻辑起点和最终归宿,明晰集体成员权的认定标准。一是是否具有集体经济组织成员身份,一般应以户籍为标准。同时,还要履行组织规章规定的义务,[1]结合是否以集体土地为基本生活保障、出生与收养等情况综合分析判断。要严格防止外来人口经商、投资办厂、技术帮扶等原因将户口迁入,但并不实际在集体组织生产、生活的"空挂户"享受成员权。二是进一步加大对分户的把关。针对分户能否取得新的宅基地的问题,需要根据各村的实际情况区别对待,尤其是在一些发达农村,已经没有宅基地可分配。对分户的时间也要进行严格限制,如对征收前后的立户应进行限制并作出区别对待。[2] 对经确认后的集体经济组织成员的宅基地资格权实行按人分配、按户控制、有偿调剂的多元保障方式,以此落实农户的宅基地资格权。三是对成员权的认定规范应采用实体性规定与程序性规定相结合的方式。实际情况复杂多变,采取列举的方式难以穷尽各种实际情况,难免挂一漏万。在实践探索中,有的地区采取列举与程序性规定相结合的方式,[3]这对于维护集体利益,严格把握成员权认定具有重要的实践意义。四是明确区分集体成员与村民的区别。集体成员与村民在历史渊源、构成主体、权利内容、权利性质、法律调整等方面有明显区别。[4] 根据原《物权法》的规定,集体成员享有的成员权带有较强的私权属性,有别于村民享有的公法或者组织法层面上公权属性的权利。因此,需要在认识层面明确成员权的私权属性,从解释论的层面理解土地流转的决策主体限于集体成员,而非村民。

在宅基地资格权的管理上,应继续强调"一户一宅",即一户只能申请一

---

〔1〕《广东省农村集体经济组织管理规定》《浙江省经济合作组织条例》都规定了这样的内容。

〔2〕《芜湖市户口登记管理办法》规定:"县级以上人民政府依法发布土地征收公告的区域,辖区派出所自公告发布之日起停止受理分户、立户。"

〔3〕《浙江省经济合作社会条例》就对成员权的认定作出了"经本社社员(代表)三分之二以上社员同意,且履行村经济合作社章程规定义务的,可以成为本社社员或者保留本社社员资格"的规定。

〔4〕 张志强、高丹桂:《农村集体经济组织及其成员权和农村社区组织及其成员权混同的法经济学分析》,载《农业经济问题》2008 年第 10 期。

处符合规定面积标准的宅基地。对于已经有一处宅基地且面积达标的,应视为其已经实现了宅基地资格权。资格权应该是唯一的,不能允许一户享有多块宅基地的资格权,因此,传统的“一户一宅”可以在“三权分置”的改革下进一步理解为一户只能拥有一个宅基地资格权,一处宅基地。同时,还应明确的是强调“一户一宅”并不是要求每一户都有一宅。由于土地资源的有限性,很多地区尤其是经济发达人口密集的发达农村已无宅基地可分。“一户一宅”应更多从管理的角度去理解,去严格规范“一户多宅”等现实问题,而非从福利的角度去强调对每一户的保障作用。

同时,还应继续强化宅基地资格权的身份属性。保障农户宅基地资格权,关键是处理好居住保障与财产保护的关系。宅基地是用来住的,不是用来炒的。宅基地自由流转后,如何继续保障宅基地的利用方式是居住,保障农户住有所居的权利的实现是“三权分置”改革中关于宅基地资格权的改革核心和关键问题。“居者有其屋”的权利是农户作为集体经济组织成员的基本权利,无论宅基地如何流转,都不能侵犯农民家庭作为集体经济组织成员住有所居的权利。因此,在保证宅基地可交易性、显化宅基地财产价值的同时,一定要注意防范城市资本到农村大肆炒房炒地、损害农民财产权。宅基地资格权是一种成员权,仍然具有较强的身份属性,因此,其取得主体必须限定在本集体经济组织内部。“三权分置”改革后,宅基地使用权已经实现了宅基地的流转需求,而宅基地资格权被限定在本集体经济组织内部。那么,宅基地资格权是否可以在本集体经济组织内部实现流转,也是一个亟待解决和明确的问题。笔者认为,这种内部流转没有必要,也不合理。一是在“两权分离”时代,宅基地使用权由于身份属性的障碍而限定在集体经济组织内部流转,其目的是限制流转,而这种限制性的流转其实已经无限接近禁止流转的事实。所以,集体经济组织内部的流转是对使用权的流转限制,而非资格权,没有必要在“三权分置”已经实现了宅基地使用权自由流转的情况下,再对资格权作一个限制流转的规定。二是根据“三权分置”后继续坚持的“一户一宅”原则,其他经济组织成员完全可以通过申请来实现资格权的获取,宅基地的资格权在村集体经济组织流转也没有现实的需要。三是从权利内容看,宅基地的流转内容已经被使用权分解并通过使用权的流转得以实现,因此,资格权已经没有流转的现实必要。因此,即使是同一集体经济组织内部的流转,我们也应视为对使用权的流转,而不包括资格权的流转。

二、宅基地资格权的退出

"三权分置"改革后,究竟是宅基地使用权退出,还是宅基地资格权退出,这是宅基地退出制度构建的首要问题。在"三权分置"改革前,宅基地使用权退出一直是近年来农村土地制度改革的重要内容和探索重点。从退出的方式看,可以分为农民自愿退出的直接市场化模式和以"宅基地置换"为代表的政府主导型模式两种,但这两种模式都存在妥适性困境。[1] 其本质上,仍是对宅基地使用权的一种变相流转。在"三权分置"改革后,需要对退出制度重新作出分析和认识。在"三权分置"改革前,退出,是指放弃宅基地使用权,而村集体经济组织成员身份并不一定随之放弃,国家政策文件还专门作出"不得以退出宅基地作为农民进城落户的条件"的要求。笔者认为,"三权分置"改革后,应该将退出理解为对宅基地使用权和宅基地资格权的一并退出,但并不必然导致失去集体经济组织成员身份。一方面,退出就是指将自己手中的新宅基地使用权退还给了集体,关于这块宅基地上的资格权也一并回归村集体,既放弃宅基地资格权,同时自愿放弃宅基地使用权,是对资格权和使用权的同时放弃,实现了从"三权分置"到"三权合一"的回归。另一方面,村集体经济组织的成员身份以及由此身份所享有的收益权(此处应区分对自己享有使用权的宅基地流转所得的收益)与宅基地的退出并无必然联系,宅基地资格权与使用权的退出不能导致农民失去集体经济组织成员身份的结果。可见,"三权分置"后,宅基地退出制度构建的关键是区别清楚宅基地资格权与农村集体经济组织成员权这两个概念。宅基地使用权流转是向本村集体经济组织这一所有权人之外的组织或个人的流转,出让人(原宅基地使用权权利人)仍保留其资格权。而宅基地退出是宅基地使用权流转

---

[1] 江晓华:《社区合作型宅基地使用权退出的法制路径》,载《求实》2016 年第 8 期。

回村集体,两者的受让主体存在不同,由此也导致宅基地使用权的绝对消灭与相对消灭这两种不同结果。因此,宅基地退出不能视为一种流转方式,而是宅基地资格权和使用权的权利灭失。农户可以将手中的宅基地使用权流转,却无法转让资格权,资格权是取得使用权的前提,两者是"皮"与"毛"的关系。"皮之不存,毛将焉附",资格权一旦退出则使用权也将必然不复存在。因此,虽然宅基地的退出制度是资格权与使用权共同退出的结果,但在表述上可以更根本的"宅基地资格权退出"为宜。

在宅基地资格权退出制度的具体构建上,有学者从宅基地退出的动力机制层面提出,应形成宅基地退出的压力机制、推力机制、引力机制。[1] 笔者也试从这三个方面进行分析。

从压力机制上看,退出的压力缺失导致无留置成本,也就没有了闲置成本。因此,国家应在此类宅基地上加强对农民有偿退出的引导,通过国家对宅基地的定价、对退出费用的补贴等调节形式,实现宅基地资格权的有序退出,为新农村建设提供保障。

从推力机制上看,国家不应"一刀切"地进行"撤村并居"等形式的村庄重建,而应在经过系统科学规划的居民点,引导农民新建或翻建住宅,逐渐实现废弃宅基地集中,并最终实现复垦为耕地的目标。宅基地资格权退出制度构建的着力点应该在一般农村。在"三权分置"改革后,宅基地使用权的身份属性通过新派生的资格权而从该权利中剥离,排除了宅基地使用权流转的最大障碍,宅基地的资产价值进一步凸显。而这种能够流转出去的宅基地一般都位于城郊等地的发达农村,具有较强的经济价值,但毕竟这类农村所占比重很小。对于绝大多数一般农村来说,宅基地并不具有很强的财产价值。对于这类一般农村的宅基地治理主要手段就是宅基地的退出制度。通过宅基地退出,实现对废弃宅基地"插花"格局的整治,整合土地资源,促进新农村建设。

---

〔1〕 参见袁锦秀:《农村宅基地使用权法律问题研究》,中国商务出版社 2013 年版,第 139 ~ 140 页。

从引力机制上看，宅基地资格权的退出应坚持充分尊重农民意愿的原则，不得违法调整农户宅基地，不得以退出宅基地作为农民进城落户的条件。卡尔·拉伦茨曾说过，“永远拒绝社员的退社要求是对个人自由的过度限制，是违反自愿原则，而私法上的联合正是立足于这个原则的”。[1] 无论是宅基地征收，还是宅基地的有偿退出，农户都有权按照自己的意愿作出选择。“既使经济落后地区的农民不失最低生活保障，又使经济发达地区的农民可以投身到其他产业中。”[2]退出自由应该是集体经济组织成员的基本权利。从管理宅基地的角度看，政府作为宅基地管理者也不得违法调整农户宅基地。在现有的宅基地使用权流转实践探索中，无论是宅基地置换模式还是宅基地资本化补偿模式，都涉及对农民退出意愿的尊重问题，必须作为一项基本原则来坚持，这也是“三权分置”流转模式改革中应该注意的实际问题。自愿原则应成为宅基地资格权退出制度构建的基本原则，在当前最重要的要求就是，不得将农民进城落户作为宅基地退出的条件。

同时，已流转使用权的农户虽然仍享有宅基地资格权，但不得再申请新的宅基地。这是现有法律的明确规定，在“三权分置”改革后，宅基地使用权流转必然会大量增加，仍应坚持该原则。宅基地是一种福利权，在初始取得上是无偿的，这种福利只能享有一次，因此，转让宅基地的农户已经丧失了再申请新的宅基地的资格和机会。有学者从另一个角度提出了建立宅基地资格权退出反悔机制的观点，认为“三权分置”改革提出后，可以考虑进城务工经商农民若在城市内创业失败，可以允许基于集体成员身份重新从集体组织中申请取得宅基地，但原退出所获补偿应退还集体的构想。并进一步指出，这样的规定可以有效防止农民流离失所，维护农村集体成员权利，保证农村社会结构稳定。[3] 笔者认为，这一做法其实与宅基地流转后重新申请无异，并不可取。从制度设计的目的上看，这一制度设计是为了给创业失败的农民

---

〔1〕［德］卡尔·拉伦茨：《德国民法通论（上册）》，王晓桦、邵建东等译，法律出版社 2003 年版，第 226 页。

〔2〕张力：《法人独立财产制研究：从历史考察到功能分析》，法律出版社 2008 年版，第 319 页。

〔3〕参见董祚继：《“三权分置”——农村宅基地制度的重大创新（下）》，载《国土资源》2018 年第 4 期。

保留一个退路，防止流离失所，但既然已经创业失败，也就丧失了退还补偿款的经济来源，又哪里有钱退还补偿款？显然难以真正实行。同时，宅基地资格权退出反悔机制对其他集体成员以及集体来说是不公平的，退出的成员通过退出获得了较丰厚的补偿，一旦退出后再重新申请，等于又获得了再次退出的权利。但村集体土地的整体数量是有限的，这就对其他成员和村集体的整体利益造成了损害。

三、宅基地资格权的收益

（一）利益分配的理论基础

对宅基地使用权流转问题的分析都离不开利益视角的考量，而宅基地使用权流转制度的改革就是一次利益的重新分配过程。有学者提出担心，一旦解除对流转的限制，一部分城郊和沿海发达地区农民会因为土地资本化而形成一个庞大的土地食利集团。[1] 可见，改革的成功与否与利益的分配是否符合社会整体的公共利益息息相关，各种反对流转声音的背后都是对流转可能引发的利益分配不公的担忧。显然，由于土地的不可移动性，区位因素成为土地资产价值的重要衡量标准。因为宅基地位置好的农民获利高就限制所有宅基地的流转，这种逻辑本身就存在不合理性。对宅基地使用权流转利益所引发的公平问题的担忧，应通过国家对流转收益的二次分配进行规制的途径来予以解决，而非简单地“一刀切”，一限了之。需要指出的是，农房作为农民的私有财产，转让房屋的收益显然应归农民单独享有，以充分实现和保障宅基地使用权人“财产性收入得到增加”。这里讨论的是对宅基地使用权流转收益的分配，主要涉及农户、集体、政府3个利益主体。尤其是农村集体的内部利益关系问题，如果处理不好，易引发社会问题。[2]

关于宅基地使用权流转收益的分配，主要存在以下观点：一是收益主要

---

〔1〕 参见贺雪峰：《地权的逻辑——中国农村土地制度向何处去》，中国政法大学出版社2012年版，第69页。

〔2〕 参见赵树枫、李廷佑等：《农村宅基地制度与城乡一体化》，中国经济出版社2015年版，第5页。

归集体所有的观点,认为流转所获收益应该归集体所有。有学者认为,作为宅基地权利让渡人的土地所有权人对于流转土地所获得的收益当然应归其所有。[1] 因此,宅基地有偿设立的使用费除政府提取相关税费外,应主要归集体经济组织所有,并最终根据村民自治的要求由集体经济组织内部决策究竟如何分配相应收益。[2] 二是政府应参与收益分配的观点,有学者认为,国家对其所属领土的绝对主权决定了国家应参与利益分配。[3] 支持国家参与分配的学者,绝大多数不赞成政府直接参与分配流转收益,而是应通过税费来参与分配,主张地方政府的收益分配仅限于相关税费,并不能参与到具体流转款项的分配之中。[4] 也有学者对政府参与收益分配提出质疑,认为如果地方政府进行基础设施投资就有权参与收益分配,那么是否意味着各级政府的任何行政活动所引发的商业地价及房屋等增值,均将导致政府有权参与到增值不动产流转收益的分红之中?[5]

“三权分置”实现了宅基地使用权的流转,宅基地资产价值必将进一步释放,以此获得的收益也必将大幅增加。而这种收益有别于农户出卖房产本身获得的收益,宅基地使用权流转收益的分配直接影响多方权益,甚至将因此影响整个社会秩序的稳定,应该对其利益分配作出合理规定。宅基地使用权流转的收益分配制度的构建应围绕“增加农民财产性收入”的改革目标展开。笔者认为,农户、集体经济组织、政府都应该成为流转收益的主体。就理论而言,宅基地使用权的流转事关宅基地所有权人集体经济组织、宅基地使用权人和相应地方政府的权益。在宅基地使用权流转收益分配中,个人、集体和政府三者对流转利益的分配应该坚持公平、效率的统一。

首先,从土地经济学的理论分析,宅基地使用权流转收益的分配其实是

---

〔1〕 参见王崇敏:《宅基地使用权制度现代化构建》,法律出版社 2016 年版,第 200 页。

〔2〕 参见陶进华:《集体建设用地流转的利弊与应注意的问题分析》,载《经济研究导刊》2011 年第 27 期。

〔3〕 参见卢吉勇、陈利根:《集体非农建设用地流转的主体与利益分配》,载《中国土地》2002 年第 5 期。

〔4〕 参见徐小峰:《农村宅基地退出与补偿的几点思考》,载《国土资源情报》2011 年第 8 期;程春丽:《农村宅基地退出补偿与利益机制构建探析》,载《农村经济》2014 年第 1 期。

〔5〕 参见王崇敏:《宅基地使用权制度现代化构建》,法律出版社 2016 年版,第 200 页。

宅基地作为一种自然资源将其使用权让渡给他人利用所获取的报酬，其实质是一种地租。作为流转宅基地的原宅基地使用人即农户，作为宅基地所有权人的集体经济组织以及当地政府有权成为宅基地使用权流转收益的分配主体不会存在理论的阻碍和现实的障碍，自然不会存在什么争议，目前已经成为学界通说。

其次，农村集体经济组织的流转收益本质上是宅基地地租加上宅基地价值的增值收益。根据所有权的“收益权能”，农村集体经济组织自然可以参与到农村宅基地使用权流转收益的分配之中。从现实看，宅基地流转利益的分配能够增加集体的财力，促进宅基地有偿退出的实现，推动宅基地的合理与高效利用。

最后，国家不能也不宜直接参与到农房和宅基地价值的分配中。在利益分配的范围划定上存在不同观点，主要集中在政府是否应该参与分配的问题上。国家作为管理者可享受一定的收益，并通过税收等间接方式实现。从鼓励农村宅基地使用权流转角度考虑，国家不宜直接收取，应以不动产税、土地保有税及土地流转税等税收形式分享土地级差收益。同时，国家直接参与收益分配缺乏合适的代表，一旦设置了直接参与的制度也为制度的执行带来了高昂的成本，不具有可操作性。因此，国家对宅基地使用权流转的收益应通过相应的计算规则，通过开征房产税（或物业税）、土地保有税等方式来实现分得地价收益的目的，通过税收等方式间接实现。

（二）利益分配的制度构建

第一，关于农村集体经济组织的收益分配问题。一是要严格区分乡镇集体与乡镇政府的资产，不能将二者混为一体。如果不作出严格区分，会极易导致宅基地使用权流转收益成为乡镇财政收入的补充来源。二是加强对流转收益的提取，作为专款将其主要用于农民的社会保障，加强其在使用和管理上的制约监督。三是建立公开透明且行之有效的监督机制，在宅基地使用权的流转收益分配管理中，防止村干部侵吞或挪用集体资产行为发生的可能。

第二，关于农民参与流转收益问题。按照宅基地的取得方式不同，其流转的收益分配也会不同。一是以出让方取得的宅基地使用权，宅基地使用权人已经按市场价格支付了土地使用费的，再次流转宅基地使用权时，其收益归宅基地使用权人所有。二是以无偿取得的方式，即通过初始取得获得的宅基地，如果进行流转时，是否应该补缴宅基地使用权初次取得的费用问题。笔者认为，按照现行标准补足宅基地使用权初次取得的费用的做法是不合理的。从制度演进的角度分析，宅基地本来就属于农民私有，只是由于社会主义改造时期的土地改革运动完成了集体所有，也形成了无偿取得的制度设计。在农民流转自己宅基地时补缴土地使用费的做法没有根据。如果说，补缴土地使用费是为了防止集体成员对有限的集体土地资源的抢占，防止"公地悲剧"的发生，那完全可以通过"一户一宅"等制度实现。

第三，国家应建立城乡一体化的宅基地使用权流转税收体系，通过税收方式参与流转利益的分配。一是完善印花税，扩大印花税的征税范围到宅基地使用权流转合同；二是完善契税，扩大契税的征收范围到宅基地使用权转让。上述所得收入归地方政府所有。一方面，上述税收体系的建立是财税制度优化社会资源配置的价值功能的实践，通过财税制度将一部分社会资源集中并通过财政支出的形式向社会，尤其是农村地区提供基础设施和公共服务，弥补市场配置的缺陷。[1] 另一方面，通过税收体系的调节，实现收益在由市场机制形成的各群体之间的再次分配目标，以弥补市场机制所可能引发的分配不公，实现社会整体的公平和共同的发展。除流转收益的本身外，国家财税体系在闲置宅基地的整治，"一户多宅"、超标准占用等情况的治理方面都有较大的适用空间。由于宅基地分配的无偿性，对于广大偏远农村的宅基地来说，流转的价值较低，很多农民选择低成本持有，这迫切需要运用财税工具提高宅基地的持有成本，促进土地资源的优化配置。

第四，关于收益的具体分配比例问题。简单地说，宅基地使用权流转的收益分配主要在所有权人、宅基地使用权人以及各级地方政府之间进行，目

---

〔1〕 参见冯利红：《农村宅基地制度改革及相应财税制度安排研究》，中国财政科学研究院 2016 年硕士学位论文，第 63～64 页。

前,各地对集体建设用地展开了积极探索,可为宅基地使用权流转收益分配的比例设置提供参考。湖北省随州市的探索是,国家提取 30%、集体提取 70%;上海市南汇区将集体经济组织的分配比例规定在 85% 左右;江苏省苏州市规定集体占比为 70%,其他的留给市、县、乡镇三级政府共同分配;河南省安阳市规定,所有者和管理者按 8:2 的比例分配,在所有权的所得收益这 80% 中,再按所有者和原农户 2:8 的比例分配。从目前各地的主要做法看,作为农村宅基地的所有权人和使用权人,两者的分红占较大比重,即使政府参与分成,在政府级别上也是向基层倾斜的。

笔者认为,农村集体分享土地收益的具体方式和比例属于民事行为,应由集体充分讨论决定。作为公权力代表的政府只要做好规范评估、管理好房地产市场等继承工作即可,不宜干预过多。由于宅基地的使用权本身属于农民所有,流转后对农民的影响最大,因此,应充分保护和体现农民的利益,实现农民利益最大化。因此,在法律规范层面,既要明确政府与集体之间的收益分配关系,也要明确集体与农民之间的分配比例,以避免在制度实际操作上的障碍。因此,对宅基地使用权的收益宜在村集体和农户之间以 2:8 比例分配,即村集体占 2 成,农户占 8 成,而农房的收益全部归农户所有,在流转过程中,国家收取适当的税费以实现参与分配的目的。

在让农民、农村集体经济组织分得较多宅基地使用权流转收益款项成为主流改革思路的同时,重庆市江津区则将其宅基地使用权流转分为市场主导和政府主导两种模式,在政府主导型模式中,两级政府所占比例超过总收益的一半。[1] 有学者认为,这种模式似乎是建立在政府对流转起较大作用的认识基础上,这实在欠妥。[2] 笔者赞同这一观点,不宜作出上述划分,无论政府主导还是市场主导,都应等同视之。政府主导和农民个人主导本身就很难作出规范性文件层面的划分,同时,政府即使提供了主导宅基地使用权流转的作用,也应视其为行使行政管理职权的应尽职责,不应提高自身分配收

---

〔1〕 参见倪静等:《重庆市江津区农村宅基地使用权流转收益分配探析》,载《西南大学学报(自然科学版)》2011 年第 12 期。

〔2〕 参见王崇敏:《宅基地使用权制度现代化构建》,法律出版社 2016 年版,第 198 页。

益的标准。

第四节 宅基地使用权制度

一、宅基地使用权的登记公示

(一)登记公示制度的价值功能

不动产登记即经权利人申请国家有关登记部门将有关申请人的不动产物权的事项记载于不动产登记簿的事实。[1] 回溯西方不动产登记制度的沿革,不动产登记制度源于土地税收制度,随着不动产交易和担保制度尤其是抵押制度的发展而不断完善,其功能定位除维护交易安全外,也在土地利用规划和土地用途管制上发挥了重要作用。建立宅基地使用权登记公示制度是宅基地“三权分置”改革的关键,也是建立宅基地使用权流转市场的基础。

第一,产权明晰的宅基地使用权登记制度是维护宅基地相关权利人合法权益的需要。随着“三权分置”改革,宅基地的财产属性进一步增强,民间产生较强的登记确权诉求,这为政府因势利导最大限度地避免矛盾,以最小的成本确权登记提供了有利契机。[2]

第二,产权明晰的宅基地使用权登记制度是充分利用土地资源,实现土地流转和资源优化配置,促进经济发展的需要。清晰的产权界定是市场交易的前提,市场经济的基础是权属明晰的产权制度。如果交易客体的产权归属不清,就会使交易处于不稳定状态,增大了交易的风险和不确定性。这将极大限制流转的可能,抑制资本投资和城镇居民购房的热情,阻碍城乡融合和共同发展。因此,“土地权利登记的首要法理,是完成土地权利变动所需要的物权公示,为土地权利的交易提供法律基础”。[3] 一方面,农民存在较强烈的流转意愿,愿意将手中的农房和宅基地变现;另一方面,“逆城市化”使城镇居民和资本大量涌入农村,为农村经济发展带来契机。

---

[1] 参见孙宪忠:《论不动产物权登记》,载《中国法学》1996 年第 5 期。

[2] 参见刘锐:《土地、财产与治理——农村宅基地制度变迁研究》,华中科技大学出版社 2017 年版,第 184 页。

[3] 孙宪忠:《论物权法》,法律出版社 2001 年版,第 110 页。

第三,产权明晰的宅基地使用权登记制度是完善和加强农村土地管理的需要。土地资源的有限性和稀缺性决定了政府必须加强对土地利用的监督和管理,以防止土地利用的负外部问题产生。2018 年中央"一号文件"《关于实施乡村振兴战略的意见》提出,在宅基地制度改革中要"严格实行土地的用途管制,严格禁止下乡利用农村宅基地建设别墅大院和私人会馆",这一政策目标如何落实。笔者认为,其核心和关键就是加强对宅基地使用权流转的登记公示。"克服城市房价过高以及'一户多宅'的最有效措施是建立城乡统一的房地产登记制度",[1]登记机关掌握的土地利用信息是否准确、完整,将直接关涉这一目标的实现。只有从登记入手才能便于政府监督宅基地的实际利用情况,让未登记的宅基地使用权流转得不到法律的保护,让登记成为国家掌握和监控宅基地市场的重要手段。

(二)宅基地使用权登记制度的构建

宅基地使用权的流转,本质上是一种基于民事法律行为的物权变动。大陆法系关于登记在不动产物权变动中产生的效力的界定,有要件主义(生效主义)和对抗主义两种模式。[2] 我国原《物权法》第 9 条确立了不动产物权变动,原则上以登记要件主义为主的模式。原《物权法》第 129 条、第 158 条规定的土地承包经营权的流转以及地役权的设立就是登记为对抗主义模式的表现,而非登记生效主义模式。因此,通说认为,我国原《物权法》实质上采取的是以登记生效作为一般原则,登记对抗为例外的不动产物权变动模式。[3] 对于宅基地的登记属于登记要件主义模式还是登记对抗主义模式,法律并未作出明确规定。在我国原《物权法》的制定过程,我们可以发现《物权法草案(第二次审议稿)》第 162 条曾经规定;登记是宅基地使用权设立的对抗要件,但这一规定后来被删除。《民法典》延续了这一做法,仅从第 365 条文义而言,并不涉及宅基地使用权的设立和变更,即使是宅基地使用权的

---

〔1〕 Jun Tan, *A Probe into Reform of Rural Homestead Acquisition System*, Asian Agricultural Research 5, p. 50(2013).

〔2〕 参见王利明:《物权法研究》,中国人民大学出版社 2013 年版,第 272 页;梁慧星、陈华彬:《物权法》,法律出版社 2007 年版,第 97 页。

〔3〕 王利明、尹飞、程啸:《中国物权法教程》,人民法院出版社 2007 年版,第 79 页。

转让和消灭,也仅仅是在办理了宅基地使用权的初始登记的情形下,才应当“及时办理变更登记或者注销登记”,其并没有规定登记对于宅基地使用权的转让和消灭的效力,即没有规定“宅基地使用权的转让和消灭,未经登记,不发生效力”或“宅基地使用权的转让和消灭,未经登记,不得对抗(善意)第三人”,也就不能依据第365条将宅基地使用权的物权变动解释为登记对抗主义模式。[1]

对此问题,学界一直存在争议。有学者主张,宅基地采用登记要件主义模式,理由主要有:一是以我国现有的宅基地审批制度,即使在取得宅基地后不登记,也不会发生权属不明的情况;[2]二是按照现行规定,只允许宅基地使用权在本集体经济组织内部流转,而在集体经济组织内部,仍然属于熟人社会,基于日常了解或邻里打听介绍,是否办理登记对于物权公示并没有太大意义;[3]三是农村幅员辽阔,要求对其进行全面的、实质性审查的土地登记并不现实;[4]四是如果强制登记将增加农民的负担,且强制推行也未必行得通。[5]

“三权分置”改革后,宅基地的登记公示制度面临很多新变化,上述观点的论证依据也需要与时俱进地作出重新分析,结论可能也会发生变化。首先,宅基地审批制度虽然可以解决通过正常审批程序所获得的宅基地的登记问题,但在现实中却存在私搭乱建、“隐形流转”等灰色空间,这是审批制度一般所无法触及的。其次,“三权分置”的流转模式实现了宅基地使用权的自由流转,流转不再限于集体内部,登记的现实需求更为迫切。最后,农村的熟人社会已经随着城乡流动而逐渐减弱,宗族式的乡土管理模式将逐渐被现代化的行政管理所取代。从2009年开始,国务院以及相关部门陆续出台了《关于进一步加快推进宅基地和集体建设用地使用权确权登记发证工作的通

〔1〕 参见王利明:《民法》,中国人民大学出版社2020年版,第432页。

〔2〕 参见申卫星:《从〈物权法〉看物权登记制度》,载《国家检察官学院学报》2007年第3期。

〔3〕 参见高圣平、刘守英:《宅基地使用权初始取得制度研究》,载《中国土地科学》2007年第2期;申卫星:《从〈物权法〉看物权登记制度》,载《国家检察官学院学报》2007年第3期。

〔4〕 参见王利明、尹飞、程啸:《中国物权法教程》,人民法院出版社2007年版,第387页。

〔5〕 参见王利明:《关于物权法草案中确立的不动产物权变动模式》,载《法学》2005年第8期。

知》等一系列政策文件，进一步推动了农村土地确权登记颁证工作，我国农村的不动产登记制度正在逐步完善，实施宅基地使用权初始取得与流转的一体化登记要件主义已经具备了较成熟的条件。[1] 在2016年全国国土资源工作会议上，明确提出加快推进房地一体的宅基地和集体建设用地使用权确权登记颁证工作，农村不动产统一登记工作进入一个新阶段。[2] 因此，不应轻易在农村土地问题上舍弃登记生效模式。[3] 同时，2015年实施，2019年修订的《不动产登记暂行条例》第5条最后一项设置了兜底条款，作出了“法律规定需要登记的其他不动产权利”的规定，同时也将“能够规定需要登记的不动产权利的法律限制为全国人大及其常委会颁布的规范性法律文件”，[4] 对完善宅基地使用权流转制度预留了改革空间。从现实中看，相当多的宅基地使用权受让人已经具备了一定的风险防范意识，采取登记要件主义也有利于在流转过程中提供风险防范机制，满足宅基地使用权流转双方的制度需求。完善的不动产登记是实现宅基地使用权顺利流转的前提和法律保障。宅基地使用权制度的改革基础是登记制度改革，农地改革需要不动产登记制

---

〔1〕 2009年，自然资源部（原国土资源部）出台的《关于促进农业稳定发展农民持续增收推动城乡统筹发展的若干意见》中强调“农村土地必须加快进行确权登记”。2013年《国务院机构改革和职能转变方案》正式提出，在不动产统一登记工作的背景下统筹考虑农村土地确权登记发证工作，从内容上也正式扩展为农村不动产统一确权登记发证局面。2014年，为落实党的十八届三中全会关于“保障农户宅基地用益物权，改革完善农村宅基地制度，建立城乡统一的建设用地市场”的精神，原国土资源部等部门联合下发《关于进一步加快推进宅基地和集体建设用地使用权确权登记发证工作的通知》，要求各地要将农房等集体建设用地上的建筑物、构筑物纳入工作范围，实现统一调查、统一确权登记、统一发证，力争尽快完成房地一体的全国农村宅基地确权登记发证工作。为落实中央“三权分置”政策，2015年8月国务院发布《关于开展农村承包土地的经营权和农村住房财产权抵押贷款试点的指导意见》要求试点地区要加快推进农村土地承包经营权、宅基地使用权和农民住房所有权确权登记颁证工作。2015年《不动产登记暂行条例》第5条和2016年《不动产登记暂行条例实施细则》第40条、第41条已经将宅基地使用权明确列入不动产登记范围，但对于登记的效力规定得模糊。2015年11月《深化农村改革综合性实施方案》从顶层设计上提出“探索宅基地有偿使用制度和自愿有偿退出机制，探索农民住房财产权抵押转让的有效途径”，已然为宅基地使用权制度的改革提出解决之道。

〔2〕 参见国土资源部不动产登记中心：《不动产登记暂行条例实施细则释义》，北京大学出版社2016年版，第93页。

〔3〕 参见李永军、肖思婷：《我国〈物权法〉登记对抗与登记生效模式并存的思考》，载《北方法学》2010年第3期。

〔4〕 程啸、尹飞、常鹏翱：《不动产登记暂行条例及其实施细则的理解与适用》，法律出版社2017年版，第61页。

度及时跟进。现有宅基地使用权的经济价值,必须通过流转才能体现。在流转发生时,权利人自然会选择进行转让登记,这也是从流转上督促宅基地权利人确权积极性的手段。因此,在《民法典》物权编中明确宅基地使用权登记要件主义就显得合情合理。

同时,宅基地使用权初始取得也应采用登记要件主义。基于当前农地改革的需要,为了统一而改变现在的宅基地使用权初始设立规则,是非常必要的。一方面,我国现行的宅基地使用权设立模式存在逻辑上的不合理性。我国制度实践中的宅基地使用权初始取得无须登记,宅基地使用权的设定自申请人完成审批程序时生效,政府的审批行为已成为农村宅基地使用权取得的标志。作为新设宅基地使用权的申请人和宅基地的所有人(集体经济组织),二者的合意并不能直接产生物权效力。这使宅基地使用权的设立是通过申请审批这一行政许可模式实现的缺乏物权合意的内容和形式,不尽合理。另一方面,有学者提出,应借鉴物权法理中物权设立与物权变更应当一致的原则,将农地流转与初始取得的登记模式相统一,有利于降低制度设立成本。[1] 因此,在宅基地使用权流转登记生效模式建立完成后,从制度统一与节约制度成本的角度考虑,均应对初始取得作出登记生效主义的相应规定。

严格落实宅基地登记发证工作是落实宅基地产权明晰目标的关键,也是宅基地土地行政管理层面的直接要求。在没有确权发证的地区对农村房屋所有权及宅基地使用权权属进行确权发证,为宅基地使用权流转和农房买卖提供有效凭证,对于权属清晰的宅基地使用权登记制度的构建具有重要意义。一是尊重历史,实事求是。宅基地登记历史问题是遗留问题,更是现实问题,要在不违背国家现行政策底线的前提下,多从农民的利益出发,对过去管理不严格所造成的实际后果作出合理处置。二是依法办事,坚守底线。对法律严格禁止的超标准面积占用宅基地、"一户多宅"等情况,作出凡是对违

〔1〕 参见陈小君等:《农村土地法律制度研究——田野调查解读》,中国政法大学出版社 2004 年版,第 378 页。

反法律规定占有使用的宅基地及其地上房屋，均不予以确权登记颁证的规定。严格执法，决不能让个别人钻了空子，损害集体和集体其他成员的权益。同时，对于农户由于“一户多宅”、超标准占用等原因而未取得宅基地使用权证书的土地，一旦农户与他人签订转让合同，依据原《合同法》第51条的规定属于无权处分，该转让合同应该认定为效力待定合同。坚持这一原则也是对当事人尽快办理宅基地使用权相关手续的督促，有利于权属清晰的宅基地登记机制的建立和完善。三是对“隐形流转”等与现行法律政策不符，但有可能在今后得到国家认可的行为，可以暂时不作处理，留待今后国家明确相关政策后再补缴相应费用，重新发证。四是明确房地产行政管理部门是登记发证的唯一部门，利用房地产行政管理部门已有的专业化、系统化的房地产测绘、产权登记及档案管理队伍，对城乡房屋土地纳入同一体系，实现登记机构统一、登记程序统一、权属证书统一以及档案管理统一的管理，做到城乡房屋土地“同证同权”。[1]

二、宅基地使用权的使用期限

在计划经济体制下，国家通过政策文件确立了宅基地使用权“长期使用、长期不变”的使用期限。[2] 随着社会主义市场经济的确立和发展，对于“长期使用、长期不变”的内涵的界定和更新，是亟待解决的问题。对此，一直存在较大争议。第一种观点主张，该使用权具有永久性。有学者认为，宅基地如果规定期限，将不利于农民的生存保障和农村的社会稳定。[3] 也有学者

---

〔1〕 参见刘润秋：《中国农村土地流转制度研究——基于利益协调的视角》，经济管理出版社2012年版，第175页。

〔2〕 1962年党的八届十中全会通过了《农村人民公社工作条例修正草案》规定：“生产队范围内的土地，都归生产队所有。生产队所有的土地，包括社员的自留地、自留山、宅基地等，一律不准出租和买卖。”1963年中共中央下达的《关于各地对社员宅基地问题作了一些补充规定的通知》规定，宅基地集体归属和成员长期使用的制度安排：“（一）社员的宅基地，包括有建筑物和没有建筑物的空白宅基地，都归生产队集体所有，一律不准出租和买卖。但仍归各户长期使用，长期不变，生产队应保护社员的使用权，不能想收就收，想调剂就调剂。（二）宅基地上的附着物，如房屋、树木、厂棚、猪圈、厕所等永远归社员所有，社员有买卖或租赁房屋的权利。”

〔3〕 参见王利明：《物权法研究》，中国人民大学出版社2007年版，第186页。

基于1962年的《农村人民公社工作条例修正草案》、1963年的《关于对社员宅基地问题作了一些补充规定的通知》以及《土地管理法》的规定内容认为，宅基地使用权是无期限物权，具有永久性。〔1〕第二种观点认为，宅基地使用权期限的确定应由所有权人和使用权人协商确定。宅基地使用权是否具有期间限制，自然应当取决于当事人的意愿，即由宅基地所有权人（农民集体）与使用人之间协商确定。〔2〕第三种观点主张，宅基地使用权应该具有固定的使用期限。一是从保障集体所有权人以及保护集体成员利益的角度看，在继受取得宅基地使用权的情况下，若出现“一户多宅”的现象，非本集体成员获取的宅基地使用权是无期限的，必将损害本集体成员的利益。〔3〕扩充他物权人的权能，同时也要保障所有权人的权利，设定期限是最行之有效的方式。〔4〕二是从宅基地使用权的用益物权属性分析，宅基地使用权是一种用益物权，应强化“用益物权属性”。而用益物权是一种有期限的物权，应不同于可以永久存续的所有权，对宅基地的使用限定一个期限。宅基地使用权是他物权，他物权有期限才符合物权法原理。〔5〕无论宅基地是居住权保障还是独立物权，都应有一个明确的使用年限，宅基地使用权“与所有权的本质区别之一就在于它的期限限定”。〔6〕三是从整个土地市场的统一角度分析，宅基地使用权的无限期使用客观上使土地市场存在有期限的建设用地使用权和没期限的宅基地使用权，导致土地市场不统一的局面。四是从土地的利用效率分析，无期限可能造成集体土地所有权无法实现的问题，而且如果为宅基地使用权设定了期限，则集体经济组织将期限届满且符合条件的宅地基予以收回，从而解决了宅基地长期闲置土地资源浪费的现象，充分实现了土地

---

〔1〕参见崔建远：《物权法》，中国人民大学出版社2009年版，第346页；张国华：《论宅基地使用权的可流转性及其实现》，法律出版社2013年版，第160页。

〔2〕参见高圣平：《宅基地性质再认识》，载《中国土地》2010年第1期。

〔3〕胡建：《农村宅基地使用权抵押的立法嬗变与制度重构》，载《南京农业大学学报（社会科学版）》2015年第3期。

〔4〕王崇敏：《宅基地使用权制度现代化构建》，法律出版社2016年版，第165～166页。

〔5〕王崇敏：《宅基地使用权制度现代化构建》，法律出版社2016年版，第165页。

〔6〕参见刘俊：《农村宅基地使用权制度研究》，载《西南民族大学学报（人文社科版）》2007年第3期。

使用权的价值。[1] 五是从与宅基地使用权联系较密切的土地承包经营权看，党的十七届三中全会提出保持承包关系“长久不变”。集体所有权的权能在于终极意义上的处分权，而农地使用权的有期限性正是坚持集体所有权的制度设计。

笔者赞同上述设置期限的观点，并认为在“三权分置”实现宅基地使用权的流转后，为宅基地使用权设置期限的理由更充足。现行法律没有规定农村宅基地使用权的期限，这在宅基地使用权限制流转的情况下问题似乎并不突出。但在“三权分置”改革后，宅基地使用权的物权属性日益凸显，宅基地使用权终将走向自由流转，成为一种真正完整的、真正意义上的用益物权，而为作为他物权的宅基地使用权设置期限，作为一项流转的配套制度也就显得尤为必要。同时，“三权分置”改革的题中之义是通过宅基地财产属性和身份属性的平衡，进一步促进城乡一体的土地市场构建。城镇建设用地使用权都是附有期限的，作为对应，对宅基地附期限也有利于与城镇土地的接轨，实现我国土地市场的一体化。

同时，在制度设计上还有几个问题需要注意。一是宅基地使用权所附的期限不应在流转后才开始计算，而是应该在初始取得后。在期限到期时，应区别使用权人是否还是村集体经济组织成员，如果是，则应自动免费续期，保持不变；如果不是，已经流转到集体经济组织之外的，都应到期后实行有偿续期。有学者在有偿续期的基础上提出了“低价”有偿续期的方案，[2] 笔者认为，是否低价应该由国家通过政策规范文件的形式设定一个合理范围，既防止到期后村集体经济组织漫天要价损害宅基地使用权人的利益，也可以为双方协商续期提供了一个重要依据和标准，有利于减小对预期的分歧，达成共识。二是关于具体期限问题。在“三权分置”改革前，有学者提出，考虑到宅基地的福利性，统一规定农村宅基地使用权的期限为 80 年的观点。[3] 有学

---

〔1〕 申建平：《宅基地使用权流转模式的选择》，载《政法论丛》2011 年第 3 期。

〔2〕 参见郭子圣：《住宅建设用地使用权期限届满有偿续期之争——兼及与农村宅基地使用权的对比思考》，载《农村经济》2016 年第 10 期。

〔3〕 参见龙翼飞、徐霖：《对我国农村宅基地使用权法律调整的立法建议——兼论“小产权房”问题的解决》，载《法学杂志》2009 年第 9 期。

者提出，考虑到农村宅基地转让时房屋已存续，房屋所有权人可享有30～50年的使用权。[1] 也有学者提出，应以我国人均寿命70年来设定使用权期限，[2]将农村宅基地的使用期限规定为70年，与城镇一样，到期也可以自动续期。[3] 笔者认为，将使用期限规定为70年较合理。因为在“三权分置”改革后，原宅基地使用权的福利属性已经通过资格权剥离出来，宅基地“使用权”已经变成一种真正意义的用益物权，其与城市建设用地使用权已经没有本质区别，为了更好地衔接城乡土地市场，实现统一城乡土地市场的目标，应与城市建设用地使用权保持一致。同时，“如果中国希望吸引外商投资并保持新兴市场经济持续发展，那么确保新的可转让土地的使用权稳定就极为重要”。[4] 从这个角度看，宅基地使用权的期限也不宜设置过短。在具体操作中，基于初始取得的宅基地使用权的70年是具有排他性控制和支配地位的，到期后家庭成员居住使用的，可以免费继续延长70年；通过流转取得宅基地使用权的，在权利存续期内具有排他性控制和支配的地位，但不得超过原始使用权的剩余使用期。到期后，有学者认为，应根据房屋是否损毁来决定是否有偿延长70年。[5] 笔者认为，继续延长应该与流转时一样收取使用费用，是否以房屋毁损作为续期的依据，笔者倾向作更全面细致的规定。首先，宅基地使用权已经通过权利分解实现了自由流转，再以房屋的状态来作为续期的依据不尽合理；其次，农村房屋多为自建，与城市商品房不同，很难清晰界定重建和维护的差异，只要住房者定期维护，简单以毁损与否作为续期依据显得过于单一；最后，宅基地的续期应考虑土地用途、规划等多方面因素，

---

〔1〕 参见朱岩：《“宅基地使用权”评释——评〈物权法草案〉第十三章》，载《中外法学》2006年第1期。

〔2〕 参见刘俊：《农村宅基地使用权制度研究》，载《西南民族大学学报（人文社科版）》2007年第3期。

〔3〕 参见吕军书：《物权效率维度下我国农村宅基地市场配置探微——兼论宅基地市场配置的风险防范》，载《河南大学学报（社会科学版）》2012年第1期；翟帅：《农村土地“三权分置”下权利主体之风险防范：规则审视与制度设计》，载黄建中主编：《农地“三权分置”法律实施机制理论与实践》，中国法制出版社2017年版，第99页。

〔4〕 Palomar, joyce, *Land Tenure Security as a Market Stimulator in China*, Duke Joural of Comparative and International Law 12, p. 7(2002).

〔5〕 参见叶兴庆：《农村集体产权权利分割问题研究》，中国金融出版社2016年版，第40页。

应从加强管理的角度予以治理。因此,笔者倾向与城镇住房一样自动续期,但续费问题上采取有偿续费。

三、宅基地使用权流转的规范

第一,严格禁止“一户多宅”、超标准占用的农户流转宅基地。一旦限制流转解禁,宅基地使用权的资产价值将进一步凸显,必须对其进行严格管理。具体而言,如果一户农民本身存在超标准占有宅基地的情况,其将一部分宅基地转让出去,而自己的其他宅基地还留在手中,“符合”了宅基地面积标准,但会产生大量的监管漏洞,对宅基地的管理秩序带来极大冲击。因此,在流转前,必须对流转农户所使用的宅基地进行全面统计,只要存在“一户多宅”、超标准占用的情况,一律不予登记确权,禁止流转。同时,继续坚持对超标准宅基地有偿使用的制度,考虑到各地宅基地价值存在较大差异,应以每平米数的流转价值乘以超出的平米数来设定,并应设置一个超过面积的上限。超过上限的,一律全部交还集体,以保护集体和集体其他成员的土地收益。

第二,加强宅基地使用权流转的土地用途管制。宅基地制度事关农民的居住、农村社会秩序的稳定、国家土地安全,具有广泛的社会影响和较强的敏感性。因此,现阶段放活宅基地使用权应当严格限定流转的期限,以及流转后的用途。[1] 在我国,2004 年和 2019 年新修改的《土地管理法》第 4 条均坚持明确我国实行土地用途管制制度,管制内容主要包括“农地转用管制和建设用地开发管制”[2] 两个方面:一是对农地转为宅基地实行严格的用途管制,可以有效地防范宅基地使用权自由流转后,农民对宅基地财产价值追求而带来的对耕地侵蚀的可能;二是在宅基地的开发利用管制上,《土地管理

[1] 参见董祚继:《“三权分置”——农村宅基地制度的重大创新(下)》,载《国土资源》2018 年第 4 期。

[2] 郭洁:《土地用途管制模式的立法转变》,载《法学研究》2013 年第 2 期。

法》已经作出一些具体规定。[1] "三权分置"改革后,应继续坚持宅基地"宅"的本色,保持其居住功能,对于商品住宅开发,利用农村宅基地建设别墅大院和私人会馆等情况,应该放在管理的突出位置予以严控和限制,以维护农村土地市场秩序,保障广大农民土地权益。同时,探索建立强制交易申报制度,要求交易双方通过宅基地使用权流转平台申报成交价格。作出"在达成流转意向后、变更土地登记之前或申请登记时,需向政府申报成交价格,供土地权利转移登记和课税"的规定,并以此作为政府有效监督的重要途径。

第三,构建自由、公开、公正、公平的宅基地使用权流转市场。完善的流转市场可以使宅基地和农房的交易在阳光下进行,这是规范集体建设用地的流转行为的重要依托,也是逐步建立城乡统一建设用地市场的重要组成部分,更是"农村资产市场化和农村治理方式的一次革命"。[2] 对此,在流转市场的构建上应注意以下几个方面的问题:一是建立专门的土地交易所。土地交易场所应是通过法律批准而设立的,是实现宅基地使用权流转的专门场所,设立目的是实现包括宅基地在内的农村土地的同价同权交易。二是形成有效的宅基地价格评估机制,为抵押评估提供参考,为流转价格提供参照。三是建立并完善信息登记查询制度,借助互联网进行土地交易前产权信息公示、交易过程公开、交易结果公示,提高农地权利配置效率。要充分借助互利网发展带来的巨大机遇,注重借助互联网发展带来的便捷作用,应利用信息技术建立线上信息发布平台与线下办公平台,协同线上、线下系统建立宅基地地价信息披露机制,使信息充分及时公开,使流转交易在阳光下运行。同时,宅基地使用权流转市场还应坚持以市场自我调节机制为主导,杜绝政府为推广流转平台而"定任务、下指标",防止行政干预过度,警惕脱离实际的行政主导。

---

[1] 2020年《土地管理法》第62条等条文规定,农村村民建住宅,应当符合乡(镇)土地利用总体规划、村庄规划,不得占用永久基本农田,并尽量使用原有的宅基地和村内空闲地。编制乡(镇)土地利用总体规划、村庄规划应当统筹并合理安排宅基地用地,改善农村村民居住环境和条件等。

[2] 刘守英:《中共十八三中全会后的土地制度改革及其实施》,载《法商研究》2014年第2期。

四、宅基地使用权流转的实现形式

宅基地使用权的行使规则不仅涉及权利人利益,也对集体土地所有权有直接影响。[1] 在流转问题上,宅基地使用权的行使规则就是流转的实现形式。“三权分置”流转模式下,宅基地使用权流转的实现形式可以划分为农户主导和政府主导两类。对于宅基地使用权的流转方式,应该类型化,并按照不同类型进行区别对待,采取不同规范思路和具体方式加以规制约束。在宅基地资产价值凸显的发达农村,以农户主导的自由流转为主,切实保障农民财产权利的实现,应遵循自愿原则;在宅基地资产价值相对不高的一般农村,以政府主导的宅基地置换为主,以实现土地治理的目标,应遵循国家适度干预原则。

(一)农民主导之下的流转

农民主导之下的流转其实就是农户通过自愿协商的方式与他人达成流转协议,以市场化手段实现宅基地使用权流转的方式。其内容可以涵盖转让、互换、赠与、继承、抵押等多种方式。宅基地使用权流转制度从限制到解禁的改革,对流转的实现形式也带来了诸多新问题,亟待解决和明确。笔者拟选取转让和抵押两种较有代表性的流转方式,展开论述。

第一,转让。从总体来看,宅基地使用权流转可以分为合同当事人直接就宅基地使用权达成权利让与协议的“直接转让”和合同当事人通过农房买卖协议“间接转让”宅基地这样两种类型。一是在“间接转让”的方式上。从过去的司法实践看,依据“房地一体主义”的法律规则,宅基地使用权的流转主要是通过农房买卖的“隐形流转”而间接实现的。“三权分置”的流转模式为宅基地自由流转提供了实现路径,也将“隐形流转”自然纳入规范化轨道。“隐形流转”的本质是宅基地使用权与宅基地资格权的事实分离,这是宅基地使用权制度环境变化的最大特征和最现实问题。当前,宅基地使用权“隐形流转”仍然大量存在,“隐形流转”市场活跃,缺乏有力的监督和规范的管

---

〔1〕 参见房绍坤:《民法典物权编用益物权的立法建议》,载《清华法学》2018 年第 2 期。

理,“三权分置”改革为突破流转范围的制度障碍打下基础,回应了农民对农房流转的诉求。可以预见,一旦一个规范的宅基地使用权流转体系建立起来后,宅基地使用权流转的方式将得以规范,宅基地使用权流转的法律基础将得到完善,“隐形流转”由于其本身在交易安全上的巨大缺陷,必然会自然地被杜绝和淘汰。这将有力促进一个市场预期平稳的农村土地市场的构建,促进农村土地市场的有序运行,推动农村土地流转的健康发展。二是合同当事人直接就宅基地使用权达成权利让与协议的“直接转让”问题上。在“三权分置”改革后,新宅基地使用权本身的资产价值进一步凸显,对新宅基地使用权的买卖应否支持,即宅基地本身能否单独流转。有学者认为,没有建设房屋的宅基地也应当允许转让,即宅基地可以单独转让。其理由是,宅基地使用权是一项独立的用益物权,其并不依附于房屋;若法律要求宅基地使用权的转让以建造房屋为前提,这必将促使交易双方为促成交易而构建临时建筑物,从而造成浪费。[1] 也有学者认为,原则上必须与房屋所有权一并转让,其理由是,如果允许宅基地自由单独转让,将可能诱使农户不是出于居住的实际需要出发而申请宅基地。[2] 笔者认为,随着“三权分置”改革的推进,将宅基地使用权推向市场将成为改革的方向。宅基地“三权分置”的政策动因和法律逻辑的重要内容,即促成宅基地使用权的自由流转。如果这种权利重构后转让的主体范围得到开放,但出于对兴建别墅、会馆等宅基地使用用途上的担心,就又在流转方式上作出新的限制,显然有悖改革的初衷。而且,上述担心也应在土地用途管制、土地登记确权等管理层面进行规制。

第二,抵押。在大陆法国家,抵押,一般是指债务人或第三人将一定的财产不转移占有地供与债权人作担保,[3] 素有“担保之王”的称号。抵押权是针对财产的交换价值而设定的一种物权,本质上是一种价值权,目的就是促进土地价值的流转。需要说明的是,土地抵押本身不必然导致土地流转,只有当抵押期满,债务无法履行时,才会发生变卖抵押物的宅基地使用权的流

[1] 王崇敏:《论我国宅基地使用权制度的现代化构造》,载《法商研究》2014 年第 2 期。

[2] 曹泮天:《宅基地使用权流转法律问题研究》,法律出版社 2012 年版,第 153 页。

[3] 参见郭明瑞:《担保法》,法律出版社 2006 年版,第 92 页。

转。目前,关于宅基地使用权的流转探索主要集中在宅基地使用权抵押的问题上。党的十八届三中全会提出了"赋予农民更多财产权利"这一农村土地制度改革的目标,部分地方政府更是作为改革的先驱力量,直接通过制定规范性文件肯定了农村宅基地上的房屋可以作为抵押财产,并取得了一定的效果,[1]但"三权分置"改革后仍有一些问题需要明确。一是抵押权的设定上,《房屋登记办法》第86条要求办理农民住房财产权抵押应经本集体经济组织同意。但也有学者对此提出质疑,认为无须通过集体同意。[2] 在"三权分置"改革后,宅基地使用权流转并不需要经过集体经济组织同意,举重以明轻,抵押更不应设立此前置条件。而对于宅基地的监管应通过抵押权的登记制度来实现。设置抵押时应该采取登记生效主义,由国家行政机关对宅基地的抵押情况进行掌握和管理,防止群体性抵押风险的发生。二是抵押物宅基地的处置问题。既有地方探索虽然允许的是房屋的抵押而并非宅基地使用权的抵押,但根据房地一体主义,却在实施上造成房屋抵押权的实现必然会导致宅基地使用权也需要进行同步的处分,而违反了宅基地使用权流转的限制,这也造成金融机构整体上参与改革的动力不足。在"三权分置"改革后,应删除法律上关于宅基地使用权不能抵押的内容,从而解除农房和宅基地的抵押障碍,并在借款到期不能清偿时不受限制地执行抵押房产。三是集体成员和农民集体对于抵押物是否享有优先回赎权利的问题。在抵押权的实现即抵押物的处置上,有学者认为,宅基地抵押权实现时,基于现阶段宅基地仍具有的身份性和福利性,在同等条件下应赋权于集体成员优先回赎的权利,或者在本集体成员无意购买时,农民集体可优先有偿收回,用以发展壮大集

---

〔1〕《嘉兴市农村合作金融机构农村住房抵押借款、登记管理暂行办法》第2条和第3条直接确立了农村房屋抵押给银行的法律效力。浙江湖州、湖南常德等地则通过制定相关规定性文件,直接肯定了农村宅基地作为抵押物的有效性。最早提出宅基地"三权分置"的是浙江义乌市,2015年年底义乌市农商银行发放了全国首笔农村宅基地抵押贷款,截至2017年6月,义乌市累计发放农民住房财产权抵押贷款6763笔,贷款金额32.23亿元,占全国试点地区总量的1/3以上。参见《一千亿元:义乌宅基地"三权分置"试点盘活农民沉睡的资产》,载网易新闻网,http://news.163.com/18/0117/18/D8CFSIF9000187VE.html。

〔2〕参见高圣平:《农地金融化的法律困境及出路》,载《中国社会科学》2014年第8期。

体经济。[1] 也有学者从借鉴土地承包法的角度分析,认为在宅基地使用权流转上也规定同一集体经济组织的其他成员应对宅基地享有优先受让权。[2] 笔者认为,虽然我国古代历史上有过“求田问舍,先问亲邻”的传统,在土地承包经营权上也作出了类似规定,但这与“三权分置”流转模式的改革方向是相左的。“三权分置”改革后,宅基地使用权的身份属性已经从权利内容中剥离给宅基地资格权,对宅基地使用权的抵押,不应再在抵押物处置时作出上述限制。四是应建立宅基地基准地价规范体系,不同的片区分别确定指导价格,为抵押贷款提供估值依据。同时,“三权分置”改革必然会促进农村土地金融市场的不断发展,金融机构一旦出现大面积到期债务不能清偿的情况,将会取得大片甚至连片的宅基地使用权,对于这种情况,也应对金融机构在设置抵押时和处置执行财产时作出行政管理层面的限制,如通过土地用途管制制度限制宅基地的商业用途开发等。

(二)政府主导之下的流转

有学者曾指出,还没有哪个国家通过大规模的运动模式改造农村社区、促进农民集中居住的成功例子。[3] 因此,宅基地置换中的难度和风险需要我们作出充分认识,根本上是要着眼对农民利益的维护,建立一个长期、谨慎的宅基地置换流程体系,并严格执行。

第一,应更新对宅基地置换的认识。在宅基地“三权分置”改革后,对宅基地置换等由政府主导下的流转[4] 方式的合法性和合规性的质疑得以解除,宅基地使用权的集中流转的法律基础更加不存在障碍。问题是,宅基地使用权实现自由流转后,政府主导的流转是否还有存在的必要——市场机制下的自由流转进一步凸显了宅基地的资产价值,农民是否还有意愿参与政府

---

〔1〕 参见胡建:《农村宅基地使用权抵押的立法嬗变与制度重构》,载《南京农业大学学报(社会科学版)》2015 年第 3 期。

〔2〕 参见喻文莉:《转型期宅基地使用权制度研究》,法律出版社 2011 年版,第 195 页。

〔3〕 参见汪晖、陶然:《中国土地制度改革:难点、突破与政策组合》,商务印书馆 2013 年版,第 168 页。

〔4〕 所谓政府主导之下的流转,是指在宅基地使用权的流转过程之中,其驱动、引领及指向性作用的主体是有关政府,而并非宅基地使用权人。

主导的流转。这就涉及对不同农村不同宅基地的差异的认识。如前文说述,按照中国城镇化的进程,只有5% ~10%的农村有机会实现土地的城镇化,在这些地处城郊的农村里,土地的资产价值显然会在自由流转中通过市场配置得到最大彰显,再通过政府主导的流转显然难以得到农民的支持,实际运行存在一定的困难,合理性也将受到质疑。但对于广大的一般农村尤其是偏远农村来说,其土地的资产属性并未随着自由流转的放开而得到大幅提升。国家出于土地治理的需要,对大面积闲置的"空心村"等作出政府主导下的流转显然是非常必要的,也是合理的。因此,只有那些确实已经永久性迁入城镇并从事非农产业的"空心村",以及零散的破败小村落等才具备置换的条件。政府主导之下的流转应主要在这些偏远农村展开,并以土地治理、宅基地复垦为目标。

第二,在是否置换的问题上,应遵循宅基地使用权流转之自愿原则。宅基地置换与土地征收相比,前者是一种权利的交换,本质上是一种民事交易行为。而后者并不因为土地权利人的意愿而转移,表现为一种具有国家强制性的公权力的行使。因此,宅基地置换更应强调对农民个人意愿的尊重,是否进行置换应该充分听取宅基地权利人的意见,并由其自主决定。按照物权法的一般理论分析也是如此,宅基地使用权本质上是一种权利,其是否流转的最根本性、决定性因素是权利人的自我意愿。由于宅基地置换主要是在政府主导之下进行的,所以在实践中的宅基地置换决策一般应遵循集体民主决策的模式,即由本集体经济组织的成员共同参与决策来达成最后决定。但是,在实践中个别区、镇政府深度参与利益分配,农民意愿并未得到充分尊重。[1] 农民缺乏对宅基地置换方案制订与讨论的深度参与,导致的直接后果就是个别农民对补偿的不满、拒绝或拖延房屋拆迁、工程开展进程缓慢等问题,而因不满意置换方案向法院提起诉讼,甚至信访或者网络舆情事件也时有发生。只有在制度制定和公共决策中表达和反映自身利益,才能对最后

---

〔1〕 如在天津贯庄村宅基地换房过程中,曾出现占全村45%的866户农民联合起诉的情况;在重庆的"地票"交易中,江津区两级政府与农民集体的收益分配比例为6:4,在区、镇政府如此深入参与利益分配的情况下,很难想象农民意愿会得到完全尊重。

的决策结果有更大的接受度。而对决策结果的不满，在很大程度上也是由于缺乏有力的利益诉求渠道，甚至被排斥在制度决策之外。同时，还有两个问题应该强调：一是最终决定宅基地置换的主体应该界定为宅基地使用权人，并非作为土地所有权人的集体经济组织。二是面对在宅基地置换中少数不同意宅基地使用权人的权利保护的情况，应在制度层面设置强调对个体权利充分保护的倡导性条款，并发挥村集体经济组织对农村社会特有的管理经验，在制度实施以及具体操作层面解决，强调实践中的灵活掌握，而没有必要在法律和规范文件层面作出过多强制的具体要求。

第三，置换土地与房屋性质的认定。对于农户通过宅基地置换而取得的“新房”拥有何种产权，目前并没有法律法规作出明确规定。在天津的宅基地置换探索中，置换的农房都具备大产权，可以上市交易。[1] 浙江宁波则规定，可办理房产所有权证和集体建设用地使用权证，允许出租，但不得转让。在“三权分置”改革后，宅基地使用权实现了自由流转。笔者认为，应该赋予农户对置入房屋享有完整意义上的产权，即应允许其自由流转。一是从权利对等的角度来看，政府对置入的土地享有开发处分权，那么也应该赋予置换出宅基地的农户以相同权利。二是如果不赋予农户对置入房产完整意义上的产权，那么宅基地置换也就失去了完整的经济价值，损害了农民的利益。三是宅基地使用权通过“三权分置”改革已经可以自由流转，既然其出让的宅基地使用权已不存在流转的障碍和权利的残缺，那么赋予农户完全的产权也就更加理所应当。同时，对于政府通过置换而获得这部分建设用地的产权性质的认定，也是必须明确的问题。在宅基地置换中，土地置换所交换的是土地使用权还是所有权。按照我国现行的法律规定，原本属于集体所有的土

---

〔1〕 浙江宁波于2009年12月23日下发《关于加强农村住房制度改革和住房集中改建用地管理的实施意见》（甬政办发〔2009〕271号），拟根据具体情况对农户对置人的住房赋予享有相应的产权。该文件规定，根据农民集体居住区用地之使用权的性质不同而区别对待：建设用地使用权为国有出让的，可办理完全产权的房产所有权证和建设用地使用权证，允许上市交易；建设用地使用权为国有划拨的，可办理房产所有权证和国有划拨建设用地使用权证，允许在补缴土地出让金后，有条件地上市交易。建设用地使用权为集体使用方式的，可办理房产所有权证和集体建设用地使用权证，允许出租，但不得转让（法律法规和政策规定允许转让均除外）。虽然相较其他地方而言，宁波的试点政策比较明确，但其仍然没有突破现行宅基地使用权禁止转让的制度规定。

地变为国家所有只有征收这一种途径。“三权分置”改革后，宅基地置换的本质仍是宅基地使用权的一种流转形式，政府通过置换所取得的土地仍应保持集体所有的性质，即其所有权人仍是原集体经济组织而非政府。一方面，如果改变土地性质，则宅基地置换与征收将完全等同，宅基地置换也就失去了存在的意义；另一方面，这也与政策层面提出的集体建设用地与国家建设用地同地同权进入土地市场的改革路径相一致。

（三）展望：《民法典》应确立的新宅基地权利架构

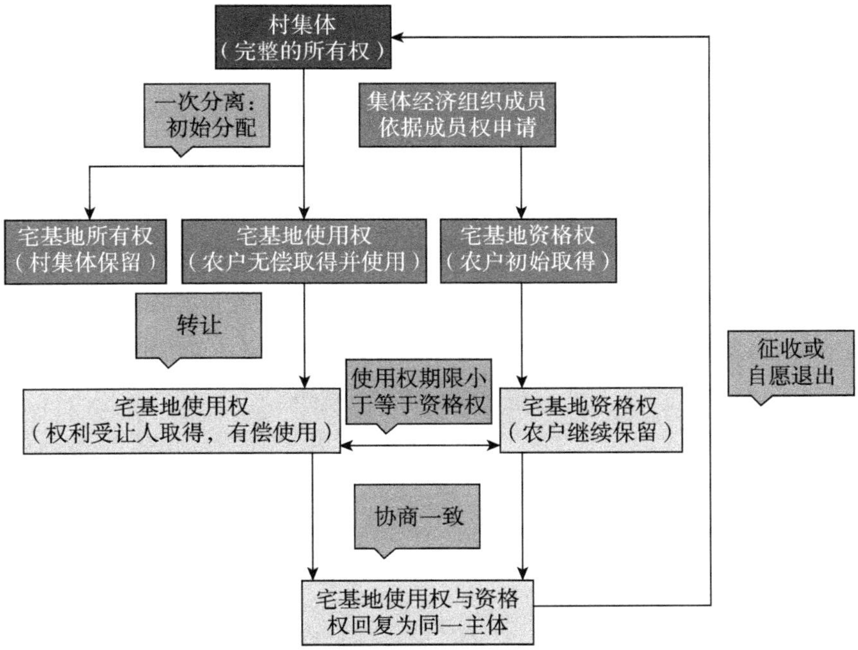

图4－1　宅基地“三权分置”改革后的制度运行

如图4－1所示，农村集体成员基于成员权而获得申请资格，在完成审批程序后同时获得某一块具体宅基地的资格权和使用权，其中，宅基地资格权的权利属性为成员权，是成员权的下位概念，权利内容主要为对宅基地的无偿使用权和收益分配请求权，这些都是集体成员权的一部分。新的宅基地使用权是一个完整、独立的用益物权，当然具有可转让性，可以自由流转。当宅基地使用权转让后，新的使用权权利人获得宅基地使用权，由于转让后的新使用权权利人不具有资格权，流转的效果等同于在时间维度上对宅基地资格权行使进行了分割，即新使用权权利期限受宅基地资格权的限制，只能小于或等于宅基地资格权的期限。当宅基地资格权与使用权为同一主体时，宅基地使用权无偿使用，当宅基地使用权与资格权非同一主体时，宅基地使用权权利人应缴纳宅基地使用费，新宅基地使用权人对于宅基地的支配优先于宅基地资格权人。相应地，在使用权与资格权非同一主体期间，资格权人须相应克减自己权利的行使，这是对自己获得转让使用权收益所付出的相应对价。当农民想退出已流转出去的宅基地时，应与宅基地使用权权利人协商一致并回转宅基地使用权。当宅基地使用权回转到资格权人后，两项权利方能同时退出。也就是说，无论宅基地使用权向外转让经过了多少权利主体，最后村集体收回宅基地使用权时都必须以宅基地资格权人同意为前提，体现了对农民意愿的充分尊重。当遇到征收时，宅基地资格权人和宅基地使用权人分别依据各自权利获得了赔偿或补偿。在司法实践中，拆迁征收时，农民向法院主张合同无效想借此独占或多占征收赔偿款的情况将被杜绝。下一步，我国《民法典》对宅基地留白内容的填补应着力于将宅基地使用权继续明确为用益物权，将宅基地资格权明确为身份权，并同时对权利内容以及资格权与集体成员权的关系进行明确，实现宅基地“三权分置”权利结构的清晰化，作出宅基地“三权分置”法律表达。

本章小结

国家适度干预理念强调国家干预的合理尺度和边界，对“度”的认识与把握是经济法法律规制的基础，也是宅基地使用权流转制度重塑应坚持的最根本的原则。因此，宅基地使用权流转制度的重塑要坚持国家适度干预理念。要因地制宜，突出制度构建的针对性；要符合规律，注意总体上的平衡，强调与时俱进；要循序渐进，注意对改革条件的把握，选取试点地区先行先试。在流转制度的具体构建上，可以从三个方面作出分析：一是强化宅基地集体所有权，这是宅基地使用权流转制度最根本的保障，宅基地所有权应坚持以保障属性为基点，逐步向成员集体财产的私权属性回归，从公权属性向公权私权并行转换。强化农民集体作为宅基地所有权主体的地位就是要正确处理政府与集体关系,保障集体组织的宅基地监督权、治理权、收益权。二是保障宅基地资格权。宅基地资格权是“三权分置”新分解的权利,是农民权利能否得到保障的关键。宅基地资格权必须明确宅基地资格权的自益权和共益权的权利内容。集体成员权是宅基地资格权的权利入口,宅基地管理应继续强调“一户一宅”,坚持以户籍为标准综合判定集体经济组织的成员身份,严格把握宅基地资格权的取得。宅基地资格权的退出要充分尊重农民意愿,退出制度的着力点应该在偏远的一般农村,退出后一般不能重新申请。要建立以宅基地资格权为基础的流转利益分配制度,明确收益分享主体范围和分配方式。三是放活宅基地使用权。宅基地使用权制度是流转制度的本体,对其制度的重塑要凸显新宅基地使用权的财产属性与可转让性。建立完善流转平台与流转市场,让宅基地使用权和农民住房在流转中实现资产价值。要明确限定流转条件,建立严格的宅基地土地用途管制制度,确立宅基地使用权登记要件主义,从制度上规范宅基地的利用。新宅基地使用权应设置 70 年的使用期限,到期区别使用权人是否还是村集体成员而决定是否有偿续期。新宅基地使用权的流转方式包括农民自主和政府主导两种,政府主导的宅基地置换模式对于土地资产价值不高的偏远地区的闲置宅基地治理仍具有现实意义。宅基地使用权流转制度的重塑以宅基地使用权流转问题的法律规制为制度目标,并不仅限于宅基地使用权制度本身,是一个以所有权为基础、以资格权为保障、以使用权为本体的有机系统。尤其是在“三权分置”改革初探的阶段,很多现实问题还亟待于政策实践中检验,再由理论论证,最后上升为立法。“罗马城”的建设,非一日之功,可以说,宅基地使用权流转制度的改革任重而道远。

结　　语

笔者通过上述分析拟形成如下共识:宅基地作为一种土地资源,资源配置低效与效率价值背离;宅基地使用权“隐形流转”市场乱象与秩序价值背离;限制流转使农房无法转让,是对农民个人财产权利的侵害和对农民群体整体利益的损害,与公平价值背离;宅基地相关诉讼纠纷的司法裁判标准无法统一,陷入形式正义的困境,与正义价值背离。

其一,上述问题的根源在于宅基地使用权自身所包含的双重属性在一定程度上的对立,一面是以保障属性、福利属性等为主要内容的公益属性,另一面是以资产价值、财产属性为内容的私益属性,宅基地的公益属性限制了宅基地在私益属性层面的可转让性。在宅基地所有权与使用权“两权分离”模式下,所有权维度由于涉及国家根本政治制度而缺乏改革的现实可能。因此,无论是在政策实践探索中宅基地置换、宅基地资本化补偿(地票)的流转模式,还是在理论探索中的法定租赁权、地上权的流转路径,实质都是为凸显宅基地资产价值等私益属性,而在赋予宅基地使用权更多权能的思路上所作的努力。但是,宅基地使用权公益与私益的双重属性又导致这些在私益权能上的扩张与宅基地自身公益权能无法根本兼顾和融合,这是宅基地制度改革无法取得实质进展的症结所在。

其二,“三权分置”对于宅基地制度改革问题来说,既是宏观思路上的全新路径,也是微观构造上的流转模式。“三权分置”放弃了对宅基地使用权自身权能的扩展,走的是一条在“两权分离”基础上对宅基地使用权作出进一步权利分解的全新路径,通过新分解的宅基地使用权自由流转实现宅基地的财产价值,通过新派生的宅基地资格权保留在农户手中继续维护宅基地的保障属性,实现了公益与私益的兼顾,是宅基地使用权流转的应然选择。现行流转制度的"政策主导"与调制法定理念"法律主治"的要求不符,应向"法律主治"转变,较宜采取直接编入《民法典》物权编的方式与现有法律衔接,在概念名称上应保持现有宅基地所有权、使用权、资格权的称谓。宅基地所有权权利性质为新型总有。宅基地资格权具有成员权属性,但又不能与集体经济组织成员的权利等同。限制宅基地使用权自由流转的身份属性与新宅基地使用权剥离,新宅基地使用权获得可转让性,成为一种与传统民法理论完全对应的、纯粹的、完整的用益物权,这也是新旧宅基地使用权的根本区别。宅基地资格权与新宅基地使用权是并列关系,而非"母子"关系。

其三,人本主义理念是经济法的元理念,如何保护弱势群体的利益,防止人的过度分化是经济法人本主义理念的题中之义。"三权分置"流转模式保障了农民的财产权利,维护了农民对宅基地保障属性的要求,促进了农民的生存和发展权益。社会本位理念是经济法的基本立场和归宿,本质上,是对社会公共利益的维护,在宅基地使用权流转问题上突出表现为对流转可能带来的风险问题的关切。宅基地流转和耕地流失不存在必然联系,规范严格的流转和土地利用的优化可以促进耕地保护。宅基地保障功能呈下降趋势,宅基地资格权制度将成为农民居住保障的基础,"流民"风险可控。宅基地使用权的自由流转是市场在资源配置中起决定性作用的表现,符合城乡生产要素流动的新要求,促进城乡一体化建设。上述经济法理念是宅基地使用权流转的理论基础,而宅基地使用权流转也是对这些经济法理念的重要实践。

其四,宅基地使用权流转制度的重塑以流转问题的法律规制为制度目标,应坚持国家适度干预理念,要因地制宜,突出制度构建的针对性;要与时俱进,注重对规律的把握和总体上的平衡;要循序渐进,注意对改革进度的掌控。宅基地使用权流转制度的重塑并不仅限于宅基地使用权制度本身,而是一个以所有权制度为基础、以资格权制度为保障、以使用权制度为本体的有机整体。宅基地所有权制度应坚持以保障属性为基点,保障集体组织的宅基地监督权、治理权、收益权，逐步将所有权定位向成员集体财产的私权属性回归。宅基地资格权制度要强调对农民权利的保护，宅基地资格权的取得要严格把关，退出要充分尊重农民意愿，建立以宅基地资格权为基础的流转利益分配制度，明确收益分享主体范围和分配方式。建立完善流转平台与流转市场，建立严格的土地用途管制制度，确立登记要件主义，设置70年使用期限，明确流转条件，规范流转方式。

宅基地使用权自身所包含的公益与私益的双重属性，使其流转问题形成了鲜明的对立和尖锐的矛盾。围绕宅基地使用权是否可以自由流转，赞成与否定双方都“坚定地各执一词”，[1]赞成的一方不断强调宅基地的资产价值，否定的一方不断重申宅基地的保障功能，双方都在不断证明自己、否定对方，难以达成共识。

宅基地使用权自身所包含的公益与私益的双重属性，使其流转问题形成了鲜明的对立和尖锐的矛盾。这些对立与矛盾的背后其实是利益的纠葛，甚至是不同利益集团的角力。它似一个天平，总有两方在天平的两端不断加码，又好似拔河，绳子的两端不断拉扯。一方是公益，另一方是私益，代表公益的是对宅基地保障功能的维护，是对社会“流民”风险、耕地流失风险的防控，代表私益的则是农民对转让农房、实现个人财产权利的诉求，是资本市场对宅基地背后经济价值的窥视与蠢蠢欲动，是城镇居民到乡村买块地的执念。

利益的背后，其实是价值的取向。一方代表公平价值，是社会整体的公平，是基于公共利益对农民弱势群体利益的维护；另一方代表效率价值，是产权理论对“可转让性”的要求，是土地通过市场流转实现资源优化配置的需求，是城乡要素有效流动实现城乡一体化体制机制建设的需要。一方又代表自由价值，是个人财产处置自由的合理需求，是法无禁止即可行对宅基地“隐形流转”合法化意愿的表达；另一方又代表秩序价值，是宅基地“隐形流转”对社会管理秩序、经济秩序、司法秩序冲击的不满。

---

[1] 华生：《新土改：土地制度改革焦点难点辨析》，东方出版社2015年版，第351页。

无论是利益还是价值,都最终指向了一个对象——人。人是我们认识宅基地使用权流转问题各种复杂交织的利益、价值的基础。没有人,土地只是土地,正是由于有了土地上人的存在,土地变成了人生存与生产的工具,成为一种资源,不同位置的土地按照人的喜好和标准而被标注上了不同的价格。人与人之间的交往、互助、融合产生了社会,人有了自己在社会中的位置,处于相同位置、阶层的人慢慢形成了自己的群体。我们在讨论宅基地问题时,常常把农民作为一个整体来分析,其实农民这个群体早已在不断分化。处于城市近郊、经济发达地区的农民由于地理位置的优越性等因素的影响,在收入构成、经济能力上早已不同于一般传统意义上的农民,这是土地区位属性在人的发展上的映照。因此,当我们在讨论宅基地使用权流转问题时,无法简单地将农民与城镇居民作出二元划分,也不能将农民作为一个整体而不考虑不同地区农民的差异。到底是谁,什么人希望流转,又是哪些人不希望流转?华生、贺雪峰等学者都曾提出,对宅基地自由流转最迫切的不是农民,而是部分有经济能力的城镇居民。而绝大多数的农民是弱势的,他们发声的渠道有限,在作为我国最高权力机关、行使国家立法权的全国人民代表大会上,能够真正代表农民提出议案、发言讨论、作出表决的并不多,所谓的农民代表大多集中于乡镇政府领导或合作社的带头人,他们的工作、生活甚至利益阶层归属已经远远超越了农民身份的本身。但值得庆幸的是,在我们的政府和学界,并不缺乏为农民发声的代表,正是他们的坚持让宅基地使用权流转并未盲目放开。

宅基地制度改革最好的方案就是对不同利益、不同价值、不同权能、不同理念的兼顾,实现求同存异下的统一。无论是中央、地方政府还是学术界,改革探索一直不曾停步,正是在不断的制度试验和学理争鸣中,“三权分置”的改革路径逐渐清晰起来。宅基地“三权分置”改革方案从经济学产权解构的理论借鉴而来,兼顾了财产属性和保障属性,对“放开”“限制”两方面的需求都有所考虑,既回应了对“风险”的担忧,在保障农村社会稳定的前提下,有条件放活宅基地使用权的入市流转,又关切了对农民财产权益的保护和实现,赋予流转农户具有保障属性的宅基地资格权,似是妥协的方案,实则是充满智慧的制度安排。“一子落而满盘活”，总体上看，“三权分置”的流转路径解开了宅基地“稳”与“活”的死结，打破了当前宅基地制度改革的困局，有利于凝聚农村土地制度改革共识，是在宅基地制度改革关键节点的重大创新。

正如笔者开篇所言，我们不能忽视农村土地问题本身就不是一个纯粹的私法问题这一现实，我们不能忘记法学界自身早已形成的宅基地使用权流转问题，充满了各方力量的交织、各方利益平衡的认知共识。如果批判精神是学界求真求实应保有的不变品格，那么解决问题、提供方案就应该是学界永恒的最终目标。作为法律人，我们既应该负责问题的批判，也更应该致力于问题的解决，以一种负责任的态度为国家的政策决策提供法律理论基础和证成，以一种更加包容的心态认识“三权分置”模式下对宅基地使用权流转的实现。“不管黑猫白猫”，我们先让这只猫扑腾扑腾，试一试。

正如“罗马城不是一天建成的”，也许没有一劳永逸的规范制度设计或一蹴而就的问题解决方案，所有制度的完善或问题的解决都是在实践中不断摸索，在理论探讨中逐渐改进，并无限接近于完美的渐进过程。宅基地“三权分置”作为一种改革路径是全新的——新分解的宅基地资格权、发生重大变化的新宅基地使用权，权利的架构，新分解权利的性质，甚至是称谓，都是没有定论的问题，对它的研究充满了大块的空白，很多现实问题还亟待于政策实践中去检验，再由理论论证，最后上升为立法。落笔至此，笔者仍有很多问题觉得难以达到一个满意的效果，比如，对宅基地使用权期限的设置，笔者采用了与城镇建设用地等同的70年的观点，但到底应如何设置，其实更多应建立在实证调研的基础上从全国的情况作出分析判断。再如，对“三权分置”后新的宅基地资格权的权利内容应如何作出规定，笔者基于资格权具有成员权属性，但又与作为集体经济组织成员的成员权利存在差异的对比作出了分析，从自益权和共益权两个方面作出论证，但仍觉得对流转后的农民的保障力度不足，如果继续把一些保障性的内容加入其中，似有超越成员权之嫌，目前仍是一种政策术语的宅基地资格权如何上升为法律概念，仍有很大的讨论空间。囿于学识所限，笔者由衷地认为，自己所做的努力不过是“引玉之砖”，文中的不当与浅薄之处，还有待不断地完善与深入。

在中国法学理论研究领域,能有这样一个待开发的领域,是挑战,更是机遇。宅基地使用权流转法律问题下一步研究的着力点无疑是如何实现“三权分置”流转模式与既有法律理论以及规范体系的衔接,将政策层面的改革方案上升为法律法规。显然,问题的解决还有很长的路要走。在这一过程中,我们会争辩、坚持、被对方说服或说服对方,但笔者坚信,正是这一路上学术的争鸣和思想的碰撞,共同构筑起了明天崭新的宅基地使用权流转制度,推动我们啃下这颗改革开放40余年来“最难啃的硬骨头”。“路漫漫其修远兮,吾将上下而求索。”

参考文献

著作

[1]习近平:《干在实处　走在前列——推进浙江新发展的思考与实践》,中共中央党校出版社2014年版。

[2]习近平:《习近平总书记系列重要讲话读本(2016年版)》,学习出版社、人民出版社2016年版。

[3]王卫国:《中国土地权利研究》,中国政法大学出版社1997年版。

[4]江平:《中国土地立法研究》,中国政法大学出版社1999年版。

[5]潘静成、刘文华:《经济法》,中国人民大学出版社1999年版。

[6]李昌麒:《经济法——国家干预经济的基本法律形式》,四川人民出版社1999年版。

[7]王保树:《经济法原理》,社会科学文献出版社1999年版。

[8]沈宗灵:《法理学》,北京大学出版社1999年版。

[9]江平:《民法学》,中国政法大学出版社2000年版。

[10]漆多俊:《经济法基础理论》,武汉大学出版社2000年版。

[11]中国物权法研究课题组:《中国物权法草案建议稿:条文、说明、理由与参考立法例》,社会科学文献出版社2000年版。

[12]梁慧星:《中国物权法草案建议稿:条文、说理、理由与参考立法例》,社会科学文献出版社2000年版。

[13]费孝通:《江村经济——中国农民的生活》,商务印书馆2001年版。

[14]孙宪忠:《论物权法》,法律出版社 2001 年版。

[15]张文显:《法哲学范畴研究》,中国政法大学出版社 2001 年版。

[16]高富平:《土地使用权和用益物权——我国不动产物权体系研究》,法律出版社 2001 年版。

[17]郭洁:《土地资源保护与民事立法研究》,法律出版社 2002 年版。

[18]肖江平:《中国经济法学史研究》,人民法院出版社 2002 年版。

[19]单飞跃:《经济法理念与范畴的解析》,中国检察出版社 2002 年版。

[20]王卫国、王广华:《中国土地权利的法制建设》,中国政法大学出版社 2002 年版。

[21]王利明:《民法总则研究》,中国人民大学出版社 2003 年版。

[22]王骚编著:《政策原理与政策分析》,天津大学出版社 2003 年版。

[23]李郁芳:《体制转轨时期的政府规制行为》,经济科学出版社 2003 年版。

[24]张守文:《经济学理论的重构》,人民出版社 2004 年版。

[25]杨震:《法价值哲学导论》,中国社会科学出版社 2004 年版。

[26]岳彩申:《经济法的形式理性》,法律出版社 2004 年版。

[27]陈小君等:《农村土地法律制度研究——田野调查解读》,中国政法大学出版社 2004 年版。

[28]郑永流:《当代中国农村法律发展道路探索》,中国政法大学出版社 2004 年版。

[29]王利明:《中国民法典学者建议稿及立法理由》,法律出版社 2005 年版。

[30]杨遂全:《中国之路与中国民法典不能忽视的 100 个现实问题》,法律出版社 2005 年版。

[31]靳相木:《中国乡村地权变迁的法经济学研究》,中国社会科学出版社 2005 年版。

[32]单飞跃、卢代富等:《需要国家干预——经济法视域的解读》,法律出版社 2005 年版。

[33]杨家栋、秦兴方、单宜虎:《农村城镇化与生态安全》,社会科学文献出版社 2005 年版。

[34]李昌麒:《中国农村法治发展研究》,人民出版社 2006 年版。

[35]杨紫烜:《经济法》,北京大学出版社、高等教育出版社 2006 年版。

[36]卓泽渊:《法的价值论》,法律出版社 2006 年版。

[37]刘俊:《中国土地法理论研究》,法律出版社 2006 年版。

[38]邓建鹏:《财产权利的贫困》,法律出版社 2006 年版。

[39]梁慧星、陈华彬:《物权法》,法律出版社 2007 年版。

[40]梁慧星:《民法总论》,法律出版社 2007 年版。

[41]王利明、尹飞、程啸:《中国物权法教程》,人民法院出版社 2007 年版。

[42]孙毅、申建平:《建设用地使用权 · 宅基地使用权》,中国法制出版社 2007 年版。

[43]赵阳:《共有与私用:中国农地产权制度的经济学分析》,三联书店 2007 年版。

[44]李晓明:《私法的制度价值》,法律出版社 2007 年版。

[45]费孝通:《乡土中国》,人民出版社 2008 年版。

[46]汪军民:《土地权利配置论》,中国社会科学出版社 2008 年版。

[47]张力:《法人独立财产制研究:从历史考察到功能分析》,法律出版社 2008 年版。

[48]丁文:《物权限制研究》,北京中国社会科学出版社 2008 年版。

[49]孙宪忠主编:《中国物权法:原理释义和立法解读》,经济管理出版社 2008 年版。

[50]李昌麒主编:《经济法理念研究》,法律出版社 2009 年版。

[51]崔建远主编:《房屋拆迁法律问题研究》,北京大学出版社 2009 年版。

[52]孟勤国:《中国农村土地流转问题研究》,法律出版社 2009 年版。

[53]温铁军:《三农问题与制度变迁》,中国经济出版社 2009 年版。

[54]阮洪梅:《宅基地价值化——一个义务样本的考察与思考》,同济大学出版社2010年版。

[55]喻文莉:《转型期宅基地使用权制度研究》,法律出版社2011年版。

[56]毕宝德等:《土地经济学》,中国人民大学出版社2011年版。

[57]蒋晓玲、李慧英、张建:《农村土地使用权流转法律问题研究》,法律出版社2011年版。

[58]曹泮天:《宅基地使用权流转法律问题研究》,法律出版社2012年版。

[59]王小莹:《我国农村土地流转法律制度研究》,法律出版社2012年版。

[60]任中秀:《农村宅基地使用权制度研究》,山东大学出版社2012年版。

[61]刘守英、周飞舟、邵挺:《土地制度改革与转变发展方式》,中国发展出版社2012年版。

[62]刘承韪:《产权与政治:中国农村土地制度变迁研究》,法律出版社2012年版。

[63]刘润秋:《中国农村土地流转制度研究——基于利益协调的视角》,经济管理出版社2012年版。

[64]李宴:《农村土地市场化法律制度研究》,中国法制出版社2012年版。

[65]董景山:《农村集体土地所有权行使模式研究》,法律出版社2012年版。

[66]陈文成:《农村土地流转:一个阶层分析的视角》,人民出版社2012年版。

[67]贺雪峰:《地权的逻辑Ⅱ——地权变革的真相与谬误》,东方出版社2013年版。

[68]王利明:《物权法研究》,中国人民大学出版社2013年版。

[69]张守文:《经济法原理》,北京大学出版社2013年版。

[70]薛克鹏:《经济法基本范畴研究》,北京大学出版社2013年版。

[71]张国华:《论宅基地使用权的可流转性及其实现》,法律出版社2013年版。

[72]郭洁:《集体建设用地使用权流转市场法律规制的实证研究》,法律出版社2013年版。

[73]于霄:《中英比较视野下的宅基地法律改革》,上海人民出版社2013年版。

[74]袁锦秀:《农村宅基地使用权法律问题研究》,中国商务出版社2013年版。

[75]汪晖、陶然:《中国土地制度改革:难点、突破与政策组合》,商务印书馆2013年版。

[76]黄宗智:《明清以来的乡村社会经济变迁:历史、理论与现实》,法律出版社2014年版。

[77]刘守英:《直面中国土地问题》,中国发展出版社2014年版。

[78]高富平:《物权法原论》,法律出版社2014年版。

[79]陆剑:《我国农地使用权流转法律制度研究》,中国政法大学出版社2014年版。

[80]王利明:《法治:良法与善治》,北京大学出版社2015年版。

[81]张庆华:《新型城镇化背景下的农村土地物权流转法律制度研究》,法律出版社2015年版。

[82]邢会强:《走向规则的经济法原理》,法律出版社2015年版。

[83]华生:《新土改:土地制度改革焦点难点辨析》,东方出版社2015年版。

[84]赵树枫、李廷佑、张强、黄序:《农村宅基地制度与城乡一体化》,中国经济出版社2015年版。

[85]向勇:《中国宅基地立法基本问题研究》,中国政法大学出版社2015年版。

[86]王崇敏:《宅基地使用权制度现代化构建》,法律出版社2016

年版。

[87]叶兴庆:《农村集体产权权利分割问题研究》,中国金融出版社 2016 年版。

[88]向勇:《中国宅基地权利发展研究》,中国社会科学出版社 2016 年版。

[89]国土资源部不动产登记中心:《不动产登记暂行条例实施细则释义》,北京大学出版社 2016 年版。

[90]程啸、尹飞、常鹏翱:《不动产登记暂行条例及其实施细则的理解与适用》,法律出版社 2017 年版。

[91]庄开明、彭亮、黄敏、任平、黄燕:《农村闲置宅基地有偿退出与优化利用——基于四川省农地改革与探索的实践》,人民出版社 2017 年版。

[92]刘锐:《土地、财产与治理——农村宅基地制度变迁研究》,华中科技大学出版社 2017 年版。

[93]神州土地研究院:《2017 中国农村产权流转交易市场发展报告》,中国农业大学出版社 2017 年版。

[94]蒋永甫:《让农地流转起来——集体产权视角下的农地流转机制主体创新研究》,人民出版社 2017 年版。

[95]梁丹辉:《城镇化背景下农村宅基地整理问题研究》,中国农业科学技术出版社 2017 年版。

[96]孙建伟:《城乡统筹视野下的城乡建设用地置换法律问题研究:以我国宅基地置换中的新型权利为视角》,法律出版社 2017 年版。

[97]贺雪峰:《新乡土中国》,北京大学出版社 2018 年版。

[98]黄薇主编:《中华人民共和国民法典释义》,法律出版社 2020 年版。

[99][法]孟德斯鸠:《论法的精神》,张雁深译,商务印书馆 1961 年版。

[100][英]马尔萨斯:《政治经济学原理》,厦门大学经济系翻译组译,商务印书馆 1962 年版。

[101][古希腊]亚里士多德:《政治学》,吴寿彭译,商务印书馆 1965 年版。

[102] [英]亚当·斯密:《国民财富的性质和原因的研究》,郭大力、王亚南译,商务印书馆1972年版。

[103] [美]伊利、莫尔豪斯:《土地经济学原理》,滕维藻译,商务印书馆1982年版。

[104] [美]雷利·巴洛维:《土地资源经济学——不动产经济学》,谷树忠等译,贺锡苹校订,北京农业大学出版社1989年版。

[105] [美]罗伯特·考特、托马斯·尤伦:《法和经济学》,史晋川、董雪兵等译,上海三联书店1991年版。

[106] [美]道格拉斯·C.诺思:《经济史中的结构和变迁》,陈郁等译,上海三联书店1991年版。

[107] [美]道格拉斯·C.诺思:《制度、制度变迁与经济绩效》,刘守英译,上海三联书店1994年版。

[108] [美]科斯主编:《财产权利和制度变迁》,刘守英译,上海三联书店1994年版。

[109] [奥]凯尔森:《法与国家的一般理论》,沈宗灵译,中国大百科全书出版社1996年版。

[110] [英]洛克:《政府论》,瞿菊农、叶启芳译,商务印书馆1996年版。

[111] [美]理查德·A.波斯纳:《法律的经济分析》,蒋兆康译,法律出版社1997年版。

[112] [美]本杰明·卡多佐:《司法过程的性质》,苏力译,商务印书馆1998年版。

[113] [美]罗纳德·德沃金:《认真对待权利》,信春鹰、吴玉章译,中国大百科全书出版社1998年版。

[114] [美]西奥多·舒尔茨:《改造传统农业》,梁小民译,商务印书馆1999年版。

[115] [美]斯蒂格利茨:《经济学》,梁小民等译,中国人民大学出版社2000年版。

[116] [英]弗里德利希·冯·哈耶克:《法律、立法与自由》,邓正来译,

中国大百科全书出版社 2000 年版。

[117] [美]詹姆斯·C. 斯科特:《农民的道义经济学》,程立显、刘建等译,译林出版社 2001 年版。

[118] [日]田山辉明:《物权法(增订本)》,陆庆胜译,法律出版社 2001 年版。

[119] [美]罗斯科·庞德:《法律史解释》,邓正来译,中国法制出版社 2002 年版。

[120] [英]罗伯特·D. 考特、托马斯·S. 尤伦:《法和经济学》,施少华等译,上海财经大学出版社 2002 年版。

[121] [美]罗伯特·C. 埃里克森:《无需法律的秩序》,苏力译,中国政法大学出版社 2003 年版。

[122] [德]柯武刚、史漫飞:《制度经济学:社会秩序与公共政策》,韩朝华译,商务印书馆 2003 年版。

[123] [德]卡尔·拉伦茨:《德国民法通论》,王晓桦、邵建东等译,法律出版社 2003 年版。

[124] [德]卡尔·拉伦茨:《法学方法论》,陈爱娥译,商务印书馆 2003 年版。

[125] [德]迪特尔·梅迪库斯:《德国民法总论》,邵建东译,法律出版社 2004 年版。

[126] [德]M. 沃尔夫:《物权法》,吴越、李大雪译,法律出版社 2004 年版。

[127] [英]彼得·斯坦、约翰·香德:《西方社会的法律价值》,王献平译,中国法制出版社 2004 年版。

[128] [日]长野郎:《中国土地制度的研究》,强我译,中国政法大学出版社 2004 年版。

[129] [德]马克思、恩格斯:《马克思恩格斯全集》,中共中央马克思恩格斯列宁斯大林著作编译局译,人民出版社 2005 年版。

[130]冯友兰:《中国哲学简史》,赵复三译,天津社会科学院出版社 2005

年版。

[131] [日]金泽良雄:《经济法概论》,满达人译,中国法制出版社 2005 年版。

[132] [日]近江幸治:《民法讲义》,王茵译,北京大学出版社 2006 年版。

[133] [美]科尼利厄斯·M. 克温:《规则制定——政府部门如何制定法规和政策》,刘璟、张辉等译,复旦大学出版社 2007 年版。

[134] [美]庞德:《法理学》,余履雪译,法律出版社 2007 年版。

[135] [美]盖伊·彼得斯:《美国的公共政策——承诺与执行》,顾丽梅、姚建华等译,复旦大学出版社 2008 年版。

[136] [美]汉密尔顿、杰伊、麦迪逊:《联邦党人文集》,程逢如、在汉等译,商务印书馆 2009 年版。

[137] [美]约翰·G. 斯普兰克林:《美国财产法精解》,钟书峰译,北京大学出版社 2009 年版。

[138] [美]E. 博登海默:《法理学——法哲学及其方法》,邓正来译,中国政法大学出版社 2010 年版。

[139] [德]古斯塔夫·拉德布鲁赫:《法哲学》,王朴译,法律出版社 2013 年版。

[140] [荷]何·皮特:《谁是中国土地的拥有者——制度变迁、产权和社会冲突》,林韵然译,社会科学文献出版社 2014 年版。

[141] [美]苏珊瑞:《在中国城市中争取公民权》,王春光、单丽卿译,浙江出版联合集团、浙江人民出版社 2009 年版。

[142] [美]保罗·萨缪尔森、威廉·诺德豪斯:《经济学》,萧琛主译,人民邮电出版社 2014 年版。

[143] [美]丹尼尔·曼德克:《美国土地利用管理:案例与法规》,郧文聚、段文技等译,中国农业大学出版社 2014 年版。

[144] [美]罗尔斯:《正义论》,何怀宏、何包钢等译,中国社会科学出版社 2015 年版。

[145] Holden S. T. ,Otsuka K. & Place F,*The Emergence of Land Markets in Africa*:*Assessing the Impacts on Poverty and Efficiency*,New York,Resources for the Future Press,2009.

[146] F. Pollock & F. W. Maitland,*The History of English Law before the time of Edward* Ⅰ,Cambridge,Cambridge University Press,1978.

[147] S. Popkin,*The Rational Peasant*:*The Political Economy of Rural Society in Vietnam*,Berkeley,University of California Press,1979.

[148] See Avinash K. Dixit,*Lawlessness and Economics*:*Alternative Modes of Governance*,Princeton,Princeton University Press,2004.

期刊论文

[1]关春根:《略论农村土地转包》,载《湖南农学院学报》1985 年第 4 期。

[2]孟勤国:《关于政策法的若干问题研究》,载《天津社会科学》1990 年第 1 期。

[3]史际春:《论集体所有权的概念》,载《法律科学》1991 年第 6 期。

[4]江平、张洪礼:《市场经济和意思自治》,载《中国法学》1993 年第 6 期。

[5]阮防:《法律的价值目标——富有正义、效率的秩序》,载《法学》1994 年第 7 期。

[6]舒国滢:《权利的法哲学思考》,载《政法论坛》1995 年第 3 期。

[7]孙宪忠:《论不动产物权登记》,载《中国法学》1996 年第 5 期。

[8]张燕飞、陈平:《论我国集体土地所有权的不完全与完善》,载《中国土地》1996 年第 11 期。

[9]杨飞:《制度效率:价值目标的契合——关于法律经济学的一点思考》,载《宁夏社会科学》1998 年第 4 期。

[10]肖方扬:《集体土地所有权的缺陷及完善对策》,载《中外法学》1999 年第 4 期。

[11]叶剑平、罗伊·普罗斯特曼等:《中国农村土地农户30年使用权调查研究:17省调查结果及放策建议》,载《管理世界》2000年第2期。

[12]方行:《中国封建经济发展阶段述略》,载《中国经济史研究》2000年第4期。

[13]孙宪忠:《确定我国物权种类以及内容的难点》,载《法学研究》2001年第1期。

[14]贺雪峰:《论人口流动对村级治理的影响》,载《学海》2002年第1期。

[15]王铁雄:《集体土地所有权制度之完善——民法典制定中不容忽视的问题》,载《法学》2003年第2期。

[16]曹云清、曾红波:《试论农村宅基地使用权的性质——兼论集体土地所有权的有关问题》,载《江西公安专科学校学报》2003年第5期。

[17]史清华、贾生华:《农户家庭农地流转及形成根源——以东部沿海苏鲁浙三省为例》,载《中国经济问题》2003年第5期。

[18]桂华、贺雪峰:《宅基地管理与物权法的适用限度》,载《法学研究》2014年第4期。

[19]蒋淑玲:《产权、契约与经济绩效——中国“三农”问题解读》,载《湘潭论坛》2005年第1期。

[20]孟勤国:《物权法开禁农村宅基地交易之辩》,载《法学评论》2005年第4期。

[21]韩世远:《宅基地的立法问题——兼析物权法草案第十三章“宅基地使用权”》,载《政治与法律》2005年第5期。

[22]韩玉斌:《农村宅基地使用权立法的价值选择》,载《西南民族大学学报(人文社科版)》2005年第5期。

[23]王利明:《关于物权法草案中确立的不动产物权变动模式》,载《法学》2005年第8期。

[24]韩松:《论成员集体与集体成员——集体所有权的主体》,载《法学》2005年第8期。

[25]朱岩:《“宅基地使用权”评释——评〈物权法草案〉第十三章》,载《中外法学》2006年第1期。

[26]汤玉权:《论户籍制度改革与农村土地制度的变革——对四川省南充市马桥村的调查分析》,载《东南学术》2006年第1期。

[27]胡杨:《中国农村社会保障改革的路径依赖与制度创新》,载《兰州学刊》2006年第1期。

[28]王飞鸿:《〈关于人民法院执行设定抵押的房屋的规定〉的理解与适用》,载《人民司法》2006年第1期。

[29]叶剑平、蒋妍、罗伊·普罗斯特曼等:《2005年中国农村土地使用权调查研究——17省调查结果及政策建议》,载《管理世界》2006年第7期。

[30]戴治勇、杨晓维:《间接执法成本、间接损害与选择性执法》,载《经济研究》2006年第9期。

[31]杨立新:《关于建立大一统的地上权概念和体系的设想》,载《河南省政法管理干部学院学报》2007年第1期。

[32]郭明瑞:《关于宅基地使用权的立法建议》,载《法学论坛》2007年第1期。

[33]高海燕:《20世纪中国土地制度百年变迁的历史考察》,载《浙江大学学报》2007年第5期。

[34]温铁军:《中国的“城镇化”与发展中国家城市化的教训》,载《中国软科学》2007年第7期。

[35]史卫民:《农村宅基地使用权流转的法律思考》,载《理论导刊》2007年第9期。

[36]杨思斌、吕世伦:《和谐社会实现公平原则的法律机制》,载《法学家》2007年第3期。

[37]北京天则经济研究所中国土地问题课题组:《城市化背景下土地产权的实施和保护》,载《管理世界》2007年第12期。

[38]厉以宁:《论城乡二元体制改革》,载《北京大学学报(哲学社会科学版)》2008年第2期。

[39]王菊英、王晓明:《城乡户籍制度改革与农村土地集体所有权变革的思考》,载《吉林省经济管理干部学院学报》2008年第4期。

[40]张志强、高丹桂:《农村集体经济组织及其成员权和农村社区组织及其成员权混同的法经济学分析》,载《农业经济问题》2008年第10期。

[41]张璐:《农村土地流转的法律理性与制度选择》,载《法学》2008年第12期。

[42]沈永敏:《农村宅基地使用权抵押问题探讨》,载《东南大学学报(哲学社会科学版)》2008年第12期。

[43]高飞:《论集体土地所有权主体之民法构造》,载《法商研究》2009年第4期。

[44]丁关良、阮伟波:《农村集体土地产权“二权分离”论驳斥——以土地承包经营权流转“保留(土地)承包权、转移土地经营权(土地使用权)”观点为例》,载《山东农业大学学报(社会科学版)》2009年第4期。

[45]孙涛、黄少安:《制度变迁的路径依赖、状态和结构依存特征研究——以改革开放以来中国农村土地制度变强为例》,载《广东社会科学》2009年第2期。

[46]高圣平、严之:《从“长期稳定”到“长久不变”:土地承包经营权性质的再认识》,载《云南大学学报(法学版)》2009年第4期。

[47]龙翼飞、徐霖:《对我国农村宅基地使用权法律调整的立法建议——兼论“小产权房”问题的解决》,载《法学杂志》2009年第9期。

[48]高圣平:《宅基地性质再认识》,载《中国土地》2010年第1期。

[49]刘凯湘:《法定租赁权对农村宅基地制度改革的意义与构想》,载《法学论坛》2010年第1期。

[50]陈耀东、吴彬:《“小产权”房及其买卖的法律困境与解决》,载《法学论坛》2010年第1期。

[51]叶剑平、丰雷、蒋妍、罗伊·普罗斯特曼等:《2008年中国农村土地使用权调查研究——17省份调查结果及政策建议》,载《管理世界》2010年第1期。

[52]北京大学国家发展研究院综合课题组:《还权赋能——成都土地制度改革探索的调查研究》,载《国际经济评论》2010 年第 2 期。

[53]李永军、肖思婷:《我国〈物权法〉登记对抗与登记生效模式并存的思考》,载《北方法学》2010 年第 3 期。

[54]黄文艺:《作为一种法律干预模式的家长主义》,载《法学研究》2010 年第 5 期。

[55]严金明、王晨:《基于城乡统筹发展的土地管理制度改革创新模式评析与政策选择》,载《中国软科学》2010 年第 7 期。

[56]陈小君、蒋省三:《宅基地使用权制度:规范解析、实践挑战及其立法回应》,载《管理世界》2010 年第 10 期。

[57]倪静等:《重庆市江津区农村宅基地使用权流转收益分配探析》,载《西南大学学报(自然科学版)》2010 年第 12 期。

[58]申建平:《宅基地使用权流转模式的选择》,载《政法论丛》2011 年第 3 期。

[59]陶进华:《集体建设用地流转的利弊与应注意的问题分析》,载《经济研究导刊》2011 年第 27 期。

[60]张铁薇:《侵权法危机的伦理诊断》,载《法学家》2012 年第 1 期。

[61]吕军书:《物权效率维度下我国农村宅基地市场配置探微——兼论宅基地市场配置的风险防范》,载《河南大学学报(社会科学版)》2012 年第 1 期。

[62]王利明、周友军:《论我国农村土地权利制度的完善》,载《中国法学》2012 年第 1 期。

[63]韩松:《新农村建设中土地流转的现实问题及其对策》,载《中国法学》2012 年第 1 期。

[64]何博、夏立安:《地方法院"造法"的逻辑——以温州等地宅基地流转试验为切入点》,载《政治与法律》2012 年第 2 期。

[65]曹泮天:《论宅基地使用权流转的理论基础》,载《法学杂志》2012 年第 6 期。

[66]宋伟、陈百明、张英:《中国村庄宅基地空心化评价及其影响因素》,载《地理研究》2013 年第 1 期。

[67]韩俊:《中国“三农”问题的症结与政策展望》,载《中国农村经济》2013 年第 1 期。

[68]郭洁:《土地用途管制模式的立法转变》,载《法学研究》2013 年第 2 期。

[69]喻文莉:《转型期宅基地使用权流转之法理分析》,载《中国土地科学》2013 年第 2 期。

[70]黄彤:《浅析户改与宅基地使用权联动机制》,载《甘肃科学学报》2013 年第 6 期。

[71]冯海发:《对十八届三中全会〈决定〉有关农村改革几个重大问题的理解》,载《农业经济问题》2013 年第 11 期。

[72]刘守英:《最需要突破的就是宅基地制度》,载《发展》2013 年第 10 期。

[73]韩松:《论农民集体土地所有权的集体成员受益权能》,载《当代法学》2014 年第 1 期。

[74]陈锡文:《关于解决“三农”问题的几点考虑——学习〈中共中央关于全面深化改革若干重大问题的决定〉》,载《中共党史研究》2014 年第 1 期。

[75]赵万一、汪青松:《土地承包经营权的功能转型及权能实现——基于农村社会管理创新的视角》,载《法学研究》2014 年第 1 期。

[76]汪洋:《集体土地所有权的三重功能属性——基于罗马氏族与我国农村集体土地的比较分析》,载《比较法研究》2014 年第 2 期。

[77]郑尚元:《宅基地使用权性质及农民居住权利之保障》,载《中国法学》2014 年第 2 期。

[78]刘守英:《中共十八三中全会后的土地制度改革及其实施》,载《法商研究》2014 年第 2 期。

[79]王崇敏:《论我国宅基地使用权制度的现代化构造》,载《法商研究》

2014 年第 2 期。

[80]叶兴庆:《从"两权分离"到"三权分离"——我国农地产权制度的过去与未来》,载《法学研究》2014 年第 4 期。

[81]陈小君:《我国农村土地法律制度变革的思路与框架——十八届三中全会〈决定〉相关内容解读》,载《法学研究》2014 年第 4 期。

[82]韩松:《农民集体土地所有权的权能》,载《法学研究》2014 年第 6 期。

[83]温世扬:《农地流转:困境与出路》,载《法商研究》2014 年第 2 期。

[84]高圣平:《农地金融化的法律困境及出路》,载《中国社会科学》2014 年第 8 期。

[85]周学东:《农村土地"两权"抵押法律问题研究》,载《中国金融家》2014 年第 11 期。

[86]王卫国、朱庆育:《宅基地如何进入市场——以画家村房屋买卖案为切入点》,载《中国政法大学学报》2014 年第 3 期。

[87]蔡立东、姜楠:《承包权与经营权分置的法构造》,载《法学研究》2015 年第 3 期。

[88]刘守英:《农村宅基地制度的特殊性与出路》,载《国家行政学院学报》2015 年第 3 期。

[89]丁文:《论土地承包权和土地承包经营权的分离》,载《中国法学》2015 年第 3 期。

[90]胡建:《农村宅基地使用权抵押的立法嬗变与制度重构》,载《南京农业大学学报(社会科学版)》2015 年第 3 期。

[91]申惠文:《农地三权分离改革的法学反思与批判》,载《河北法学》2015 年第 4 期。

[92]李国强:《论农地流转中"三权分置"的法律关系》,载《法律科学》2015 年第 6 期。

[93]刘灵辉:《土地承包关系"长久不变"政策的模糊性与实现形式研究》,载《南京农业大学学报(社会科学版)》2015 年第 11 期。

[94]刘庆、关欣、张凤荣、何长元:《关于农村宅基地使用权流转的思考》,载《农村经济》2006 年第 1 期。

[95]高圣平、刘守英:《宅基地使用权初始取得制度研究》,载《中国土地科学》2007 年第 2 期。

[96]申卫星:《从〈物权法〉看物权登记制度》,载《国家检察官学院学报》2007 年第 3 期。

[97]龙开胜:《宅基地使用权制度改革的现实逻辑与路径选择》,载《社会科学家》2016 年第 2 期。

[98]孙建伟:《论宅基地"长期使用"权》,载《暨南学报(哲学社会科学版)》2016 年第 3 期。

[99]刘连泰:《"土地属于集体所有"的规范属性》,载《中国法学》2016 年第 3 期。

[100]江晓华:《宅基地使用权社区合作型退出的法治路径》,载《新疆大学学报(哲学・人文社会科学版)》2016 年第 5 期。

[101]惠建利:《农村宅基地使用权及流转规范与法律制度创新》,载《湖南农业大学学报(社会科学版)》2016 年第 5 期。

[102]郑若瀚:《土地承包经营权制度改革:逻辑、原则与制度选择》,载《西北农林科技大学学报(社会科学版)》2016 年第 5 期。

[103]王小映:《"三权分置"产权结构下的土地登记》,载《农村经济》2016 年第 6 期。

[104]孙宪忠:《推进农地三权分置经营模式的立法研究》,载《中国社会科学》2016 年第 7 期。

[105]江晓华:《社区合作型宅基地使用权退出的法制路径》,载《求实》2016 年第 8 期。

[106]郭子圣:《住宅建设用地使用权期限届满有偿续期之争——兼及与农村宅基地使用权的对比思考》,载《农村经济》2016 年第 10 期。

[107]江晓华:《宅基地使用权转让的司法裁判立场研究》,载《法律科学(西北政法大学学报)》2017 年第 1 期。

[108]刘恒科:《“三权分置”下集体土地所有权的功能转向与权能重构》,载《南京农业大学学报(社会科学版)》2017 年第 2 期。

[109]崔建远:《民法分则物权编立法研究》,载《中国法学》2017 年第 2 期。

[110]陈小君:《我国农民集体成员权的立法抉择》,载《清华法学》2017 年第 2 期。

[111]蔡立东、姜楠:《农地三权分置的法实现》,载《中国社会科学》2017 年第 5 期。

[112]谢皖东、田双清、陈宇阳、陈文宽:《基于农户满意度的城镇近郊区空心村综合整治绩效评价》,载《中国农业资源与区划》2017 年第 6 期。

[113]房绍坤:《民法典物权编用益物权的立法建议》,载《清华法学》2018 年第 2 期。

[114]童列春:《论中国农民成员权》,载《浙江大学学报(人文社会科学版)》2018 年第 2 期。

[115]印子:《论宅基地使用权实现的法律制度模式——兼评〈土地管理法(修正案)〉(征求意见稿)》,载《思想战线》2018 年第 3 期。

[116]董祚继:《“三权分置”——农村宅基地制度的重大创新(下)》,载《国土资源》2018 年第 4 期。

[117]宋迎新、钟和曦:《浙江省农村宅基地“三权分置”的实践与思考》,载《浙江国土资源》2018 年第 4 期。

[118]宋志红:《宅基地“三权分置”的法律内涵和制度设计》,载《法学评论》2018 年第 3 期。

[119]李凤章、赵杰:《农村宅基地资格权的规范分析》,载《行政管理改革》2018 年第 4 期。

[120]席志国:《民法典编纂视域中宅基地“三权分置”探究》,载《行政管理改革》2018 年第 4 期。

[121]陈耀东:《宅基地“三权分置”的法理解析与立法回应》,载《广东社会科学》2019 年第 1 期。

[122]孙建伟:《宅基地“三权分置”中资格权、使用权定性辨析——兼与席志国副教授商榷》,载《政治与法律》2019 年第 1 期。

[123]温世扬、韩富营:《从“人役权”到“地上权” ———宅基地使用权制度的再塑造》,载《华中师范大学学报(人文社会科学版)》2019 年第 3 期。

[124]姜楠:《宅基地“三权”分置的法构造及其实现路径》,载《南京农业大学学报(社会科学版)》2019 年第 3 期。

[125]邱丽:《善治视域下的宅基地制度改革》,载《华南农业大学学报(社会科学版)》2020 年第 1 期。

[126]于飞:《从农村土地承包法到民法典物权编:“三权分置”法律表达的完善》,载《法学杂志》2020 年第 2 期。

[127]高海:《宅基地“三权分置”的法律表达——以〈德清办法〉为主要分析样本》,载《现代法学》2020 年第 3 期。

[128]张永健:《物权法之经济分析导论——共有、共决、半共用》,载《月旦法学杂志》2014 年第 9 期。

[129]卢克·埃里克森:《关于中国农村土地私有化的辩论》,官进胜译,载《国外理论动态》2008 年第 8 期。

[130]Csaba Csaki、Zvi Lerman:《中东欧及前苏联国家农村土地改革的对比分析》,杨丽等译,载《中国农村经济》2001 年第 12 期。

[131]Feder G. & Lawrence J. Lau & Justin Y. Lin & Xiaopeng Luo, *The Determinants of Farm Investment and Residential Construction in Post-reform China*, Economic Development and Cultural Change41, 1992.

[132]Cf · Harold Demset, *The Problem of Social Cost*, Journal of Law and Economics 3, 1960.

[133] Michael Heller, *The Tragedy of the Anticommons: Property in the Transition from Marx to Markets*, Harvard Law Review 111, 1998.

[134] Richard A. Posner, *Creating a Legal Framework for Economic Development*, World Bank Research Observer 13, 1998.

[135]Micelli, Thomas J. , C. F. Sirmas & Geffrey K. Turnbull. *The Dynamic Effects of Land Title Systems*, Journal of Urban Economics 47, 2000.

[136]Xiaolin Guo, *Land Expropriation and Rural Conflicts in China*, The China Quarterly 166, 2001.

[137] Palomar, Joyce, *Land Tenure Security as a Market Stimulator in China*, Duke Joural of Comparative and International Law 12, 2002.

[138] Besley T, *Property Rights and Investment Incentives: Theory and Evidence from Ghana*, Journal of Political Economy 103, 1995.

[139] Jun Tan, *A Probe into Reform of Rural Homestead Acquisition System*, Asian Agricultural Research 5, 2013.

学位论文

[1]周文华:《法的正义价值及其实现》,中国社会科学院研究生院 2003 年博士学位论文。

[2]郜永昌:《中国土地使用管制法律制度研究》,重庆大学 2007 年博士学位论文。

[3]王旭东:《中国农村宅基地制度研究》,财政部财政科学研究所 2007 年博士学位论文。

[4]程雪阳:《中国土地制度的反思与变革——基于公法的视角》,郑州大学 2011 年博士学位论文。

[5]窦希铭:《土地流转法律制度比较研究——以中国、美国和欧盟主要工业国的对比为视角》,中国政法大学 2011 年博士学位论文。

[6]秦小红:《经济法视域中的若干涉农制度研究——基于对农民理性的分析》,西南政法大学 2014 年博士学位论文。

[7]冯利红:《农村宅基地制度改革及相应财税制度安排研究》,中国财政科学研究院 2016 年硕士学位论文。

论文集论文

[1][意大利]阿尔多·贝杜奇:《地上权:从罗马法到现行意大利民法典》,刘家安、杨振山译,载[意大利]桑德罗·斯奇巴尼编:《罗马法·中国法与民法典》,中国政法大学出版社 2001 年版。

[2]岳彩申:《论经济法形式理性的优先性》,载吴志攀主编:《经济法学家(2003)》,北京大学出版社 2004 年版。

[3]陈锡文:《农村土地制度改革与“三权分置”制度探讨》,载黄建中主编:《农地“三权分置”法律实施机制理论与实践》,中国法制出版社 2017 年版。

[4]张罡:《“三权分置”背景下土地承包经营权的解析与重构》,载黄建中主编:《农地“三权分置”法律实施机制理论与实践》,中国法制出版社 2017 年版。

[5]罗晓静、李壮壮:《“三权分置”下农村土地经营权流转的法律规则》,载黄建中主编:《农地“三权分置”法律实施机制理论与实践》,中国法制出版社 2017 年版。

[6]翟帅:《农村土地“三权分置”下权利主体之风险防范:规则审视与制度设计》,载黄建中主编:《农地“三权分置”法律实施机制理论与实践》,中国法制出版社 2017 年版。

[7]杜志勇:《农村土地“三权分置”改革立法困境与出路》,载黄建中主编:《农地“三权分置”法律实施机制理论与实践》,中国法制出版社 2017 年版。

[8]陈振涛:《物权法定下土地经营权的体系定位》,载黄建中主编:《农地“三权分置”法律实施机制理论与实践》,中国法制出版社 2017 年版。

[9]栗阳:《“三权分置”下农村土地经营权性质认定与制度构建》,载黄建中主编:《农地“三权分置”法律实施机制理论与实践》,中国法制出版社 2017 年版。

[10]H. 德姆塞茨:《关于产权的理论》,载科斯等主编:《财产权利与制

度变迁》,上海人民出版社 1994 年版。

报纸中析出的文献

[1]华生:《人口城市化是厘清土地问题的主线》,载《中国证券报》2012 年 10 月21 日,第 1 版。

[2]邢云鹏、郭锋:《奏响乡村振兴曲——山西省农村闲置凋敝宅基地盘活利用调查》,载《中国国土资源报》2017 年 11 月 9 日,第 1 版。

[3]宋志红:《民法典对土地承包经营制度的意义》,载《经济参考报》2020 年 8 月 25 日,第 8 版。

网络文献

[1]王政、梁倩:《多地探索建立宅基地使用权流转制度》,载经济参考报网,http://news. xinhuanet. com/housel/2014 - 06/06/c_1111008035. html。

[2]《2016 年中国城镇化率、城镇人口数量及农村人口数量分析》,载中国产业信息网,http://www. chyxx. com/industry/201701/489712. html。

[3]《国务院:2020 年全国耕地保有量不少于 18. 65 亿亩》,载东方财富网,http://finance. eastmoney. com/news/1348,20170123705840361. html。

[4]《2006 ~ 2015 年我国房地产开发投资完成情况及我国城市建成区面积增长情况分析》,载中国产业信息网,http://www. chyxx. com/industry/201610/461864. html。

[5]《国家统计局:2017 年全国居民人均可支配收入 25974 元》,载中国经济网,http://finance. sina. com. cn/roll/2018 - 01 - 18/doc-ifyqtycw9505362. shtml。

[6]《一千亿元:义乌宅基地"三权分置"试点盘活农民沉睡的资产》,载网易新闻,http://news. 163. com/18/0117/18/D8CFSIF9000187VE. html。

[7]丽水市政协调研组:《推进宅基地使用权流转 加快新农村建设——关于"我市农村宅基地使用权流转问题"的调研报告》,载中国人民政治协商会议丽水市委员会网,http://www. lszx. gov. cn/zyhy/cwhy/2j18c/t20090416_

537524. html。

[8]《摸底中国耕地:18 亿亩红线守得住吗?》,载土地资源网,http://www. tdzyw. com/2019/0221/90745. html。

后　记

本书由我的博士学位论文修改而成。2014 年,通过一项最高人民法院的调研课题,我开始接触宅基地问题。2015 年课题结项,我又将此作为博士学位论文的主题。毕业后,我从一名法官转型做了一名大学老师。从第一篇核心期刊论文到博士学位论文,从自己主持的第一个校级课题再到市厅级、省部级课题……过去的 7 年里,宅基地问题一直像一位老友,一步一步,陪我并肩前行,并在我的学术生命中有了越来越重要的意义。

回首过往,我心怀感恩。我要感谢曾经工作 8 年的黑龙江省高级人民法院的领导与同事;感谢我的母校黑龙江大学的各位老师,尤其是我的导师张铁薇教授;感谢绍兴文理学院的领导和同事;感谢法律出版社法治与经济分社分社长沈小英编审、毛镜澄编辑,本书的出版离不开他们的支持。

我还要感谢我的家人,我的妻子,父亲、母亲以及岳父、岳母。在我工作、学业和家庭生活分身乏术时,他们给予了我最温暖、最坚定的支持,尤其是临近博士毕业的那段时间里,他们悉心照顾年幼的大女儿,让我有了更多的时间和精力去完成博士学位论文的写作和修改。2021 年,我的小女儿出生,看着两个女儿如花的笑靥,我总能忘却身体的疲惫,那是我动力的源泉。

最后我想感谢脚下这片中国大地,从东北的辽阔壮丽到江南的繁盛秀美,我的学术研究始终与这片土地紧密相连。作为一个学术界的新丁,我已并不年轻。回望来时的路，人生就像一场旅行，每一段都有它的风景。无论未来的路如何，当我放眼前方，脚下的这片土地总能给予我无穷力量。

2021 年 9 月 23 于浙江绍兴